Para

com votos de paz.

/   /

DIVALDO PEREIRA FRANCO
Pelo Espírito VICTOR HUGO

QUEDAS E ASCENSÃO

Salvador
5. ed. – 2023

COPYRIGHT © (2003)
CENTRO ESPÍRITA CAMINHO DA REDENÇÃO
Rua Jayme Vieira Lima, 104
Pau da Lima, Salvador, BA.
CEP 412350-000
SITE: https://mansaodocaminho.com.br
EDIÇÃO: 5. ed. (1ª reimpressão) – 2023
TIRAGEM: 1.000 exemplares (milheiro: 25.500)
COORDENAÇÃO EDITORIAL
Lívia Maria Costa Sousa

REVISÃO
Luciano Urpia
Lívia Maria C. Sousa
Plotino da Matta
CAPA
Cláudio Urpia
EDITORAÇÃO ELETRÔNICA
Marcus Falcão
COEDIÇÃO E PUBLICAÇÃO
Instituto Beneficente Boa Nova

PRODUÇÃO GRÁFICA
LIVRARIA ESPÍRITA ALVORADA EDITORA – LEAL
E-mail: editora.leal@cecr.com.br

DISTRIBUIÇÃO
INSTITUTO BENEFICENTE BOA NOVA
Av. Porto Ferreira, 1031, Parque Iracema. CEP 15809-020
Catanduva-SP.
Contatos: (17) 3531-4444 | (17) 99777-7413 (WhatsApp)
E-mail: boanova@boanova.net
Vendas on-line: https://www.livrarialeal.com.br

Dados Internacionais de Catalogação na Publicação (CIP)
(Catalogação na fonte)
BIBLIOTECA JOANNA DE ÂNGELIS

F825   FRANCO, Divaldo Pereira. (1927)

Quedas e ascensão. 5. ed. / Pelo Espírito Victor Hugo [psicografado por] Divaldo Pereira Franco. Salvador: LEAL, 2023.
240 p.
ISBN: 978-85-8266-174-1

1. Espiritismo 2. Psicografia 3. Lei de Causa e Efeito 4. Reencarnação I. Franco, Divaldo II. Título

CDD: 133.93

Bibliotecária responsável: Maria Suely de Castro Martins – CRB-5/509

DIREITOS RESERVADOS: todos os direitos de reprodução, cópia, comunicação ao público e exploração econômica desta obra estão reservados, única e exclusivamente, para o Centro Espírita Caminho da Redenção. Proibida a sua reprodução parcial ou total, por qualquer meio, sem expressa autorização, nos termos da Lei 9.610/98.
Impresso no Brasil | Presita en Brazilo

Sumário

Quedas e ascensão 7

Primeira parte

1. Reencontro com o passado tormentoso 13
2. Reminiscências amargas entre angústias 23
3. A tragédia e suas consequências dolorosas 35

Segunda parte

1. A peculiar existência de *Don* Lorenzo de los Hoyos ... 47
2. Caminhos e descaminhos da perversidade 59
3. Na confissão, a primeira tragédia, que não seria a última ... 75
4. Os envolvimentos infelizes que terminam em desdita ... 89
5. O crime é executado com fúria bestial 103
6. Surpresas dolorosas e desencantos cruéis 117
7. A insânia prossegue infelicitando os envolvidos ... 129
8. A alucinação acompanha a infâmia 143
9. O infortúnio irrompe violento 157
10. Crimes, castigos e alucinações 175
11. *Abyssus, abyssum inovocat* 183
12. *Don* Lorenzo de los Hoyos enfrenta-se a si mesmo ... 197

Terceira parte

1. Pilarzito descobre o passado e integra-se no presente ... 209
2. Tramas das trevas e programas da Luz Divina ... 219
3. A suprema vitória do amor 231

QUEDAS E ASCENSÃO

O ser humano, herdeiro dos impositivos antropossociopsicológicos do processo da evolução que nele jazem, encontra-se em aperfeiçoamento através das sucessivas reencarnações, a fim de alcançar o estágio superior de angelitude que lhe está reservado.

Espírito que desperta da sombra para a infinitude da luz, a sua marcha é lenta e segura, desenvolvendo os valores sublimes que lhe dormem no íntimo, à medida que se liberta dos atavismos ancestrais, nimbando-se de claridades diamantinas.

Momentaneamente, mais vinculado à Terra, onde amplia os recursos valiosos do progresso do que às Esferas superiores que o aguardam, avança lentamente entre percalços que supera através dos recursos incomparáveis do sofrimento, embora o pudesse conseguir mediante as gloriosas ações do amor.

Mais interessado nos fenômenos hedonistas do mundo físico do que nas expressões transcendentes da Espiritualidade, compromete-se, quase sempre, quando vencido pelas paixões servis, tombando nos resvaladouros do crime e do primarismo, a fim de desfrutar ao máximo, sem que se conscientize da finitude da existência corporal ante a permanência da vida plena.

Em razão dessa torpe opção, gasta muito tempo no processo de ir e vir, de nascer e renascer, sem alcançar a libertação de que necessita para a fascinante viagem de elevação intelecto-moral que lhe diz respeito.

Muito fácil é comprometer-se com as manifestações dos instintos em detrimento das expressões sublimes do sentimento, que exigem renúncia e abnegação, esforço e constância no bem.

Como consequência, cada existência é-lhe uma lição preciosa no livro da ascese moral da Humanidade, que ainda rasteja no lodo da Terra, tentando erguer-se com grande sacrifício aos páramos da felicidade sem jaça.

Não são poucas, portanto, as criaturas humanas que ainda preferem as experiências dolorosas, defluentes dos jogos enganosos das paixões servis, às libertadoras, que se conseguem através do despertar da consciência e da responsabilidade pessoal perante o processo reencarnacionista.

Sucessivas quedas morais assinalam-lhes o caminho iluminativo, até quando, aparentemente não mais havendo solução, as expiações santificantes surgem-lhes como soluções, impondo-se inevitáveis, e emulando-as para a frente e para a liberdade.

◆

A história que narro na presente obra é real, e algumas das suas personagens ainda se encontram reencarnadas na Terra, retificando compromissos infelizes, estabelecendo metas para o próprio progresso, crescendo interiormente...

Ao apresentá-la aos caros leitores, que me concederem a honra de sua leitura, elucido que não tive o cuidado nem o interesse de modificar-lhes as trajetórias, localizando-as onde mais próprio me pareceu para o desiderato a que me houvera proposto. Os fatos tiveram lugar nas localidades espanholas de Salamanca *e* Ciudad Real, *que foquei sem muitos detalhes. Mantive a preocupação de apresentar as pessoas sob nomes fictícios por motivos óbvios. Igualmente não atentei para o zelo de estudar os acontecimentos históricos da época, os seus conflitos nacionalistas, a fim de melhor definir o comportamento dos envolvidos nos dramas apresentados, havendo-me dedicado à análise da sua conduta moral e dos seus interesses humanos, sociais, econômicos, religiosos, que foram de grande significado para a exposição, fiel quanto possível, das ocorrências que lhes assinalaram as experiências, promovendo-lhes a existência atual.*

Convencido da gravidade e da alta significação do Espiritismo em relação ao ser humano e das possibilidades que concede para a sublimação dos sentimentos e a elevação do seu desenvolvimento mental, procurei referir-me aos seus postulados sem os enunciar tacitamente, porém, realizando-o por meio do significado que tiveram na conduta daqueles que o buscaram, modificando-a totalmente e ajudando-os a encontrar o significado moral da existência, de que se vêm utilizando com sabedoria.

Reconhecido ao Excelente Filho de Deus, que nos ofereceu o incomparável legado das Suas lições libertadoras, e a Allan Kardec, o egrégio mestre lionês, pela sua grandiosa contribuição para a felicidade do ser humano e da sociedade em geral, através da Codificação do Espiritismo, desejo aos caros leitores uma boa viagem no tempo e na história aqui narrada, que pretendo seja uma advertência e, ao mesmo tempo, uma proposta saudável para a felicidade de todos.

Salvador, Natal (25 de dezembro) de 2002.

VICTOR HUGO

PRIMEIRA PARTE

1
Reencontro com o passado tormentoso

O espetáculo estava aguardado com expressiva ansiedade. *Ciudad Real* ^(*) se engalanara pela honra de receber os melhores toureiros do país que, após os triunfos ali vivenciados, deveriam exibir-se em *San Isidro*, aparecendo nos cartazes de propaganda ao lado dos maiores do mundo, na etapa gloriosa e final das corridas em Espanha, naquele ano.

A tauromaquia é um esporte bárbaro que remonta à Antiguidade. O homem, não se havendo despojado dos instintos primitivos, vem dando prosseguimento aos divertimentos selvagens a que se acostumara nos períodos primevos do seu desenvolvimento. Uma necessidade imperiosa nele tem predominado, mediante a qual se compraz no crime, que lhe constitui espairecimento ignóbil, dando curso às agressões a povos e nações, que os transformam em escravos e escombros, para que permaneça a glorificação do seu ego sanguinário e destruidor.

As *corridas de touros* tiveram início na Península Ibérica, de onde se espalharam para outros países. Existe um baixo-relevo, originário da Tessália, no qual um homem domina um touro, segurando-o pelos cornos, expressando a luta entre um ser humano e um animal irracional. Provavelmente, pode haver tido um caráter ritual de natureza religiosa bárbara, depois se transformando em combate violento entre a força sob o comando da inteligência e a brutalidade instintiva, na qual nem sempre é vencedor o homem.

(*) As cidades citadas nesta narrativa são simbólicas e os acontecimentos não necessariamente ali sucederam. Os nomes atribuídos aos personagens são fictícios.

Na Espanha, em particular, onde o animal deve morrer, o mesmo que acontece em outros países que lhe herdaram a macabra tradição, romanos, gregos, árabes, todos os povos que a conquistaram no passado, adquiriram o hediondo hábito e o levaram aos seus países, sendo que Plínio, o historiador, refere que o próprio Júlio César, que lá estivera, chegou a experimentar o prazer infeliz de picar o animal...

Embora as transformações experimentadas a partir do século XVIII, deixando de ter um caráter aristocrático, a prática transformou-se em divertimento popular rendoso, que proporciona fortuna colossal aos seus aficionados, que, semelhantes a abutres, alimentam-se das carniças que disputam.

A cultura, a ética e a decantada civilização ainda não conseguiram extirpar essa chaga dos prazeres asselvajados, nem insculpir no homem o respeito pela vida sob qualquer forma em que se expresse, particularmente a do animal, que lhe tem sofrido maus-tratos e extermínio sistemático pelos séculos afora.

Essa conduta, por sua vez, desenvolve-lhe e mantém-lhe a belicosidade, que o leva à compulsão homicida, à traição, aos crimes.

São preservados esses estados guerreiros e macabros nos esportes violentos, ainda hoje em voga, e através de outros mais, denominados radicais, em que a vida não tem o menor significado, a fim de atender ao aturdimento pessoal e à busca de emoções fortes em grupos sociais vazios de objetivos e de significados existenciais, que a verdadeira civilização há de banir dos seus espetáculos, optando por aqueloutros que desenvolvem o físico, mas também mantêm a dignidade humana e o direito de sobrevivência dos animais, que são inferiores apenas na escala zoológica.

Infelizmente, agredindo os padrões do desenvolvimento tecnológico e moral do ser humano durante o novo milênio, são movimentadas expressivas fortunas na preservação de brigas de galos, de cães, de pássaros, em lutas de boxe e outras equivalentes, mantendo o apetite de sangue nas arenas modernas, favorecendo o desenvolvimento de organizações mafiosas que sustentam e exploram os seus fanáticos, transformando-os em novos *deuses*, em modernos incomparáveis gladiadores.

Não bastassem essas lamentáveis ocorrências, continuam pelas ruas de algumas cidades ditas civilizadas, em países que se acreditam dignos do galardão de pertencerem ao Primeiro Mundo, as corridas de touros pelas ruas, celebrando acontecimentos religiosos, em cujas festas são vilmente mortos ou queimados vivos, quando se lhes atam archotes crepitantes aos cornos e os espantam, a fim de que a velocidade do seu movimento mais ateie as labaredas. Não apenas essas vergonhosas ações consideradas divertimentos, noutros lugares algumas cabras são postas nas torres mais altas das igrejas, enquanto um público desvairado as desafia, mediante acusações e deboches, remoques e provocações que, não respondidos, despertam a ira da turbamulta que, então, as atira do alto, matando-as, porque não souberam defender-se...

O primarismo do ser humano é ainda espantoso, somente porque se nega ao processo iluminativo, ao desenvolvimento do seu potencial de beleza e divindade que nele se encontra adormecido, aguardando apenas a sua contribuição para o despertamento pleno e compensador.

Mas, não era exatamente sobre tais considerações que dialogavam o jovem toureiro e os seus picadores, bandarilheiros e patrão.

O jovem Pilarzito vinha de uma jornada coroada de glórias na arena. Desde os cinco anos, quando fora assistir a uma primeira corrida, que o *vírus* da tauromaquia se lhe infiltrou, despertando o hábito infeliz que dormia, fazia decênios, nos refolhos da inconsciência espiritual.

Fora o seu genitor que o levara a um espetáculo, embora a criança, naquele momento, não tivesse qualquer interesse pela matança legal.

Depois que vira o touro ser picado várias vezes e morto, despertou-lhe a ferocidade inata e, a partir dali, fugia para granjas e fazendas onde podia contemplar os animais e começar a exercitar-se, iniciando-se, aos nove anos, quando abandonava os deveres escolares para mergulhar no poço fundo da hórrida carreira.

Seguia, portanto, a trajetória, embriagado pelos alcoólicos, pelo dinheiro, pelo sexo, e pela necessidade permanente da glória mentirosa.

Ciudad Real era uma experiência a mais, definidora do seu futuro, e também ali estava cercado de bajulação, de falsos amigos, ainda quase adolescente, aos dezessete anos.

Como parte da embriaguez dos sentidos, divorciara-se de Deus.

"Afinal, para que Deus – pensava muitas vezes – *se tinha o mundo nas mãos e Deus era apenas uma alegoria religiosa?!"*

Aquele dia, porém, surgira com prenúncios macabros...

— *Tenho a impressão de conhecer esta cidade* — afirmou o jovem toureador ante o aturdimento dos amigos. — *Durante a noite sonhei percorrendo-lhe as ruas e terminando por perambular pela arena, pelo fosso, pelas passagens que levam dos camarins à praça. Havia corredores sombrios sob arcadas escuras e povoadas de seres animalescos que me causaram verdadeiro horror. Não pude dormir e, de certo modo, encontro-me indisposto.*

Sem entenderem bem o que falava o jovem vencedor, os amigos puseram-se a sorrir em tom de mofa, exclamando:

— *Não nos diga que você está com medo! Afinal, estamos indo apenas para conhecer o local da glória de amanhã...*

— *Não se trata de medo, mas de um presságio terrível* — explicou o toureiro. — *A verdade, creiam-me ou não, é que conheço* Ciudad Real, *embora nunca houvesse estado aqui anteriormente. Sinto sua atmosfera psíquica e sei que uma tragédia me acontecerá aqui, como se eu tivesse uma dívida para pagar, sem meios de evitá-lo. Desde que cheguei, encontro-me dominado por estranha angústia que não me sai do coração, e isso é a primeira vez que me ocorre.*

Como o rapaz falasse com seriedade, imprimindo na voz o que se passava no mundo interior, Manolo, o seu patrão, resolveu mudar de assunto, apelando para os sentidos mais fortes:

— *Bem, suponhamos que tudo isso seja verdade. Pensemos, porém, no que nos espera, logo mais: mulheres, vinho, prazer... Claro que somente a partir de amanhã, porque hoje serão necessários muito repouso e calma para a corrida. Exceto se quisermos ser daqui expulsos a pedradas, conforme já aconteceu com outros que nos precederam...*

Estrídula gargalhada espocou-lhe dos lábios, naturalmente se recordando do que sofreram outros toureadores que foram malsucedidos naquela arena e a cidade os fizera correr sob inclemente perseguição.

Todo o grupo se renovou, e o assunto pareceu superado, quando chegaram à praça que já se encontrava em fase final de engalanamento.

Pilarzito saltou do veículo com os amigos, dirigiu-se à praça, e ante o espetáculo da imensa arena, retomou o ânimo, começando a observar a construção que parecia muito antiga, com suas arcadas bem construídas e suas colunatas adornadas por guirlandas de mirto.

A arena, em tom marrom, encontrava-se varrida e preparada para o espetáculo.

A tarde estava esplêndida e, por isso mesmo, após a inspeção natural, o patrão convidou a equipe para ir conhecer os animais que deveriam participar da grande festa no dia seguinte.

Por uma tradição supersticiosa isso não deveria ocorrer, pois se tornava um mau agouro que se evitava.

Um estranho sortilégio fez que todos anuíssem e, de imediato, a condução os levou à granja, nos arredores da cidade onde os fortes touros se encontravam.

Recebidos com muito júbilo e saudações festivas, Pilarzito e o grupo foram conduzidos ao curral onde permaneciam os animais, especialmente aqueles reservados para o festival da matança.

Examinados com atenção pelos visitantes eufóricos, Pilarzito deteve o olhar em um deles de aspecto feroz, com os cornos pontiagudos que, por sua vez, o enfrentou, escavando o solo com a pata de maneira ameaçadora. Como se o conhecesse e soubesse do próprio destino, tornou-se furioso e avançou contra *el Matador*, que estava resguardado, várias vezes, soltando baforadas quase venenosas...

Foi exatamente esse pavoroso animal que foi sorteado para ele, parecendo que se confirmaria o presságio de que vinha sendo objeto.

O toureiro tremeu e retomou a preocupação.

Acercou-se do patrão e dos picadores e demonstrou seu desagrado em relação ao animal.

Tentaram acalmá-lo, resolvendo programar-se que aquele seria o último da corrida, depois que outros desfilassem e contribuíssem para a glória do toureador. Definido esse detalhe, retornaram ao hotel. Pilarzito não pôde esquecer o gigante com mais de seiscentos e oitenta quilos de massa e ferocidade, que alcançaria no momento próprio força insuperável para o enfrentamento com a sua fragilidade de homem.

Igualmente preocupados com a brutalidade do touro, todos os membros da equipe volveram inquietos, embora procurando dissimular a forte emoção de que foram objeto.

Pairava no ar um bafio mefítico prenunciador de tragédia. Para diminuir a tensão, o patrão do grupo sugeriu que saíssem para dar uma volta pela cidade, fruindo o agradável e lucúleo entardecer, com o que todos concordaram, e após percorrerem alguns quarteirões centrais da urbe, detiveram-se em uma tasca muito típica e, quebrando a tradição, tomaram um ou dois tragos fortes de aguardente para afastar o mau agouro, o que conseguiram depois de boas gargalhadas resultantes de anedotas algo chulas.

A volta ao hotel deu-se sem maiores preocupações. Ali, porém, aguardavam-nos os habituais cafofas, que buscam acolitar os poderosos, os triunfadores de um dia para logo os abandonar por outros que os substituem nas charolas da ilusão.

Ante o jovem toureador a algazarra se fez espontânea, estrondosa, como se defrontassem um pequeno deus que, afinal, não passava de um carniceiro, um matador profissional.

A baba pegajosa da adulação sempre arrasta no seu curso aqueles que se permitem o endeusamento, anestesiados pelos vapores da presunção, olvidados da transitoriedade dos favores terrestres.

Por outro lado, a imaturidade do jovem atirado à volúpia das paixões e do profissionalismo por pessoas pervertidas quão exploradoras, respondia pela ebriedade dos sentidos a que se permitia. A fanfarronice, muito própria dos indivíduos inexperientes e irresponsáveis, sentia-se exaltada ante a adulação dos seus aficionados que auguravam o maior triunfo na corrida assinalada para a tarde do próximo dia.

Transcorreram as horas entre promessas de gozo e lucro, quando o patrão estabeleceu a necessidade do recolhimento de toda a equipe ao leito para o indispensável repouso.

Pilarzito passara da depressão em que se encontrava à exaltação. Parecia-lhe que todos estavam inebriados pelo seu júbilo. Antevia-se ataviado no traje azul brilhante, ajaezado e ajustado, realçando-lhe o porte esguio que despertava inveja e o tórax forte que fascinava as mulheres sempre ansiosas por espécimes novos. Ante essa natural evocação, sorriu de júbilo e expectativa, mal aguardando os próximos acontecimentos.

Não lhe era essa uma conduta habitual. É certo que a véspera sempre se lhe apresentava inquietadora, com interrogações e ansiedade controlada, tal a certeza dos triunfos que se manifestavam quase automaticamente. Naquele momento, porém, tudo era diferente.

Demorou a adormecer, até que foi vencido por um torpor estranho, como se os nervos relaxassem após demorada dilatação. Esse entorpecimento fez-se acompanhar de uma desagradável sensação de asfixia tomando-lhe o peito, que parecia estertorar de angústia. Começou a agitar-se, desejando desembaraçar-se da desagradável constrição, quando experimentou forte perturbação mental seguida por vertigem incontrolável.

Estava estremunhado nessa manifestação incomum, que jamais o assaltara antes, quando se viu fora do corpo, qual se estivesse flutuando acima do leito e se observasse em decúbito dorsal ressonando agitadamente.

Ainda não adquirira a lucidez necessária, quando se sentiu agredido por uma chusma de estranhas personagens de má catadura que o acusavam, utilizando verbetes vulgares e expressões cruéis, dizendo-se suas vítimas, e informando que lhe houvera chegado o momento da desforra.

Pilarzito, destituído de qualquer informação espiritual, desequipado dos valiosos recursos da oração, foi acometido de pavor e disparou em desabalada correria, sem rumo, que terminou nas passagens sombrias da praça de touros, conforme pensou. Em realidade, porém, encontrava-se no Convento da Imaculada, no seu piso inferior que, aos seus olhos, desmesuradamente abertos, parecia repleto de gente em trajes escuros encapuzados, num simulacro de julgamento arbitrário.

Podia ver um religioso de semblante patibular, que se sentava num arremedo de trono, como se fosse o juiz da assembleia que lhe causava enfado e náusea. Alguém lia um relatório de acusações, referindo-se a crimes contra a Igreja e o Estado, à heresia na conduta moral, verbal e religiosa, em razão de seguirem o *Corão*, em vez de o Evangelho, pronunciando o nome de Alá ao invés do santo nome de Deus.

Os acusados protestavam inocência inutilmente, enquanto uma turbamulta violenta enxovalhava-os com doestos ferozes e ameaças que logo se concretizariam em realidade hedionda.

Sem qualquer defesa, nem diretamente ou através de qualquer voz que se levantasse em seu favor, os réus choravam e se lastimavam, misturando as palavras espanholas com o idioma de sua origem ou a dos seus ancestrais.

De nada, porém, resultavam as suas súplicas abafadas pela algazarra feroz dos indivíduos transformados em hienas ou chacais, momentaneamente apresentados em forma humana.

Encerrada entre gritos as diatribes que lhes eram imputadas como razão para a punição, o julgador indiferente levantou-se, obeso e suarento, declarando-os culpados, e cujas almas deveriam ser purificadas através da roda que lhes deslocariam os ossos e os músculos, facultando-lhes tempo de arrepender-se dos crimes antes da chegada benfeitora da morte.

Pilarzito deteve-se a fitar o algoz e sentiu-se atraído terrivelmente pelo verdugo, um psicopata insensível, dando-se conta, pela alta carga de emoções experimentadas, que se tratava dele próprio através de um sortilégio que não lhe era possível identificar ou pelo menos entender.

Don Lorenzo de los Hoyos, bispo e remanescente inquisitorial, representava a santa e pia ordem de defesa e preservação da fé católica na região e junto ao governo civil, que nunca ou quase nunca era escutado. E mesmo que o fosse, não se atreveria a ir contra a doutrina teológica nem a sabedoria papal.

O triste espetáculo, vergonhoso e obsceno, foi encerrado enquanto os condenados foram atirados em grupo numa cela infecta, na qual aguardariam a morte naquele mesmo dia, quando a noite piedosamente descesse sobre o cárcere infame.

Pilarzito, como se estivesse imantado ao odiento sicário, percebeu-se caminhando em largas passadas, apesar do peso das enxúndias, subindo ao piso imediato e indo refrescar-se com vinho capitoso que lhe foi trazido por servidor untuoso e sem qualquer valor moral.

Ato contínuo, rumou à residência episcopal, e, ali chegando, atirou-se numa poltrona forrada de veludo roxo. Sua Eminência arrotou estrondosamente e, de imediato, perguntou ao fâmulo qual era o repasto preparado para a ceia dentro de alguns minutos.

Nesse comenos, adentrou-se bem vestido um nobre senhor, que saudou com reverência a autoridade religiosa e indagou-lhe sobre o curso do julgamento.

– *Como não desconhece o caro* alcalde – respondeu com fingida dignidade o religioso –, *o nosso tribunal reconheceu a justeza das acusações apresentadas e resolveu por salvar as almas dos infames, aplicando pena compatível com a gravidade das ofensas a Deus e à Santa Madre Igreja. Assim, deverão ser punidos, às altas horas, depois de serem ouvidos em confissão, caso o desejem, facilitando-lhes a entrada no Reino dos céus, cujas portas sempre estão abertas para aqueles que se arrependem dos erros praticados.*

Falava com tal naturalidade e ressaibos de arrogância, que parecia estar convencido do que informava.

— *Louvado seja Deus!* — arrematou o visitante ilustre, que se sentia feliz com a resolução tomada pelo bispo, e que o isentava de qualquer culpa

— *A sabedoria de Vossa Eminência é conhecida e admirada por todos aqueles que temos a honra de viver sob a sua cordial orientação pastoral.*

Ambos, porém, eram comparsas do mesmo aberrante crime. O prefeito recebia a acusação, encaminhava ao juiz que, por sua vez, informando que o seu conteúdo dizia respeito à fé religiosa, endereçava-a a quem de direito, no caso, o bispo da diocese, responsável também pelo Convento da Imaculada, zelador da fé e preservador do apostolado católico.

Apesar das aparências, que sabiam compor muito bem, não se respeitavam, porque tinham consciência de que não era a fé religiosa que estava em jogo, mas sim o patrimônio dos perseguidos que, após a morte, era confiscado, passando a fazer parte dos tesouros da Igreja, antes, porém, dividido com os dois safardanas.

Aturdido, sem saber se ele próprio, naquela alucinação onírica, era *Don* Lorenzo, se sonhava ou enlouquecera, o cenário desapareceu e, inesperadamente, enfrentou a chusma asselvajada blasfemando, que lhe gritava:

— *Eis o que foste, miserável! É chegado o momento de devolveres em sangue todo o sangue que fizeste derramar. Pagarás em dores sem-nome, todas as aflições que impuseste aos demais. Retribuirás em lágrimas todo o pranto que impuseste às tuas vítimas indefensas. Hoje é o nosso dia de desforço, que vínhamos esperando por toda uma eternidade. Não nos fugirás, pois que nós te aguardávamos nos mesmos lugares onde nos destruíste, bem como àqueles a quem amávamos.*

As acusações prosseguiam em crescendo, mas o jovem, semimorto de horror e pânico, conseguiu evadir-se e despertou agitado, empapado de suor glacial, gritando e debatendo-se.

Como ocupasse toda uma suíte especial, ricamente decorada e luxuosa, de amplas dimensões, ninguém pôde ouvir-lhe a gritaria nem o desespero.

O toureiro levantou-se atroado, abriu as amplas janelas e recebeu no rosto congestionado o agradável e frio vento da noite, assumindo o controle dos sentidos. Dirigiu-se ao quarto de banho, umedeceu a face e os cabelos suarentos e sentou-se no divã junto a uma mesinha com *abat-jour* que acendeu, banhando a penumbra do quarto com diáfana e azulada claridade.

Procurou coordenar as ideias, repassar os acontecimentos que lhe estavam vivos na memória e os reexperimentou com toda a riqueza de detalhes.

Não podia entender a ocorrência em forma de pesadelo que o aturdia. Jamais algo semelhante lhe houvera acontecido.

— *Quem seria Don Lorenzo?* — interrogou-se, abismado. Nunca se interessara em colher informações sobre a Inquisição e o seu nefasto desempenho na história dos povos, particularmente dos hispanos. Seria aquilo uma forma de loucura?

Pilarzito percebeu-se trêmulo, dominado por desconhecido medo, que o levou a recordar-se da infância em seu país natal, quando o que ele considerava destino levou-o à execrável profissão.

— *Matador!* — eis como o chamavam — voltou a pensar. Afinal, qual a grandeza na arte de matar vilmente os touros na arena, pelo prazer de atender a massa bestializada que acorria às arquibancadas sanguissedentas? Qual era o sentido da sua vida? E quando a agilidade cedesse lugar à morosidade de movimentos? Saberia parar no momento próprio? Raros companheiros chegavam à idade provecta dos quarenta anos... Os que não morriam vitimados pelas certeiras cornadas, ficavam imobilizados, suicidando-se depois, ou amargando todo o restante da existência em situação que lhes parecia abominável.

Instintivamente se levantou e deu-se conta de que estava chorando. Fazia muito tempo que as lágrimas não lhe passavam pela comporta dos olhos, oferecendo-lhe o refrigério da reflexão emocionada.

— *Eu quero viver!* — quase gritou.

Deixou-se novamente cair no confortável canapé veludoso e adormeceu de cansaço até altas horas do dia ensolarado.

2
REMINISCÊNCIAS AMARGAS ENTRE ANGÚSTIAS

Através desse miraculoso caleidoscópio rico de imagens quase infinitas, que é a memória, o jovem toureiro, antes de preparar-se para o desjejum, não conseguiu apagar as impressões fortes que lhe dominavam as paisagens mentais, resultado natural do episódio que o levara a um mundo real e pulsante, embora fosse de caráter onírico, como aquele do qual acabara de retornar.

Instintivamente repassou o período infantil quando, por primeira vez, conforme já referido, fora levado pelo genitor a assistir a uma tourada, numa propriedade particular.

Ainda criança, portanto inexperiente, fora acompanhado por outros colegas de jogos infantis. Era-lhe aquele um momento de grande alegria e mesmo de felicidade. No entanto, aguardava-o uma cena profundamente constrangedora, que agora reconhecia ser um chamado de Deus à reflexão, ao discernimento, de forma que pudesse evitar os terríveis acontecimentos que estavam por tornar-se realidade.

Observava com os demais amigos de folguedos um ninho de pombos pequeninos, quase recém-nascidos, quando chegou o proprietário da *finca* e destroçou o lar risonho dos pássaros indefesos. Tomou as avezitas com mãos fortes e as afogou em uma poça de água, resultado de chuvas torrenciais da véspera. Os pássaros intentavam libertar-se pelo instinto de conservação da vida sem o conseguir, movendo-se, agitados, até que pereceram ante a indiferença do seu matador.

De imediato, após atirar-lhes os cadáveres em um monte de lixo próximo, como a justificar-se do ato ignóbil, explicou: – *Esses miseráveis reproduzem-se como verdadeira praga e estão a trazer-me piolhos e prejuízos à propriedade.*

Aquele ato macabro fora-lhe nauseante e provocara-lhe profunda perturbação, mantendo na recordação os movimentos de resistência dos passarinhos que lutavam, quase inermes, pela sobrevivência, direito natural que a vida concede a todos os seres.

Naquele momento, Pilarzito voltou a experimentar a estranha sensação de repugnância, porque, mediante associação de ideias, retornou-lhe ao campo mental outro rude acontecimento, quando, após uma corrida com vacas, tendo-se desincumbindo do compromisso criminoso, ao sair da arena viu que o animal que matara estava com gravidez avançada e os magarefes retiravam-lhe o feto para o atirarem fora, ação essa perturbadora que o fizera evocar aquela da infância.

Agora entendia que eram chamados da Vida para que se abstivesse da nefária profissão a que se entregava. No entanto, estava surdo à voz da Verdade, na paixão tormentosa de conquistar o mundo do prazer, que desejava sorver até ao máximo.

O desfile das recordações, nem sempre felizes, prosseguia inestancável.

Assim mesmo, tentou caminhar pela suíte como desejando libertar-se da opressão que lhe impunha a memória através de um sortilégio indesejável e percorreu os caminhos do passado pela sua evocação.

A figura do genitor continuava-lhe forte e parecia ouvi-lo falar com entusiasmo sobre as corridas e as glórias que proporcionavam aos seus *deuses toureadores*.

Na sucessão dos anos voltou a ver as touradas que passaram a fascinar-lhe a mente juvenil. Ao completar dez anos, resolveu que se lhes dedicaria sob qualquer preço que tivesse de pagar. Muitas vezes, faltava às aulas para ir ver os animais das *fincas* próximas e começar a enfrentá-los sob a conivência de picadores encarregados de acompanhar as bestas-feras, aguçando-lhes os instintos.

Tinha a sensação de que conhecia os meneios, os movimentos, e sentia a audácia dos triunfadores, tal a facilidade com que manejava a capa e a espada, muitas vezes imaginárias.

Um olhar atento, e já estava descoberto por dois cuidadores de touros, que se prontificaram a iniciá-lo na estranha arte, ao constatar-lhe a tendência inata. A partir daí, a paixão tomou-lhe todo o corpo e a alma, vivendo-a intensamente. Aos onze anos de idade confessou à genitora o seu anelo de dedicar a vida às *corridas*, informando-a, inclusive, que vinha faltando às aulas, bem como o desejo infrene que tinha de as abandonar em definitivo... Tomada de receio, a senhora de los Angeles discutiu com o pequeno sonhador a necessidade de informar ao esposo e pai, prontificando-se a auxiliar o filho, conforme aconteceria depois.

Após ouvir a narração entusiasta do pré-adolescente com sua honestidade ainda infantil e a anuência da mãe, *Don* Armando de los Angeles Saucedo aceitou o desafio educacional do menino, impondo-lhe a condição de concordar com a sua decisão desde que não abandonasse os estudos, concluindo, pelo menos, a fase ginasial que precede à universidade.

Ante a concordância de todos, o assunto ficou definido, e o jovem Juan Miguel cederia espaço para que nascesse Pilarzito, mediante cujo nome se tornaria célebre e desgraçado.

A glória da carreira fora fulminante. Os seus passos, quase de mágica, levavam as plateias devoradoras ao delírio, aclamando-o com loucura. Tornara-se o mais jovem toureador do mundo, e tudo eram-lhe sorrisos, felicidades, promessas.

Muito cedo se iniciara nos jogos do sexo aviltado, experimentando as paixões alucinantes e sendo atraído ao vinho capitoso dos hotéis de luxo onde passara quase a residir, em razão das apresentações em diferentes espetáculos e praças para cujas corridas era disputadamente convidado, ganhando altos soldos.

Nem sempre o progenitor podia acompanhá-lo, em razão dos seus compromissos profissionais, na condição de médico que era, próspero e respeitado.

Contava dezesseis anos, quando outro fato incomum lhe acontecera. Isto ocorreu ao exibir-se ao lado de famoso e experiente companheiro, que se chamava *el Conquistador*. Ao saudá-lo por primeira vez, deu-se conta de o conhecer, e grande empatia tomou-lhe os sentimentos, no que foi correspondido pelo novo compatrício. Tornaram-se amigos inseparáveis, como se o destino os houvesse reunido para algo de muito relevante.

Realmente, a de ambos seria uma caminhada especial.

Na oportunidade em que os dois se apresentavam, *el Conquistador* deveria encerrar a *fiesta* enfrentando um touro especialmente reservado para aquele final arrebatador. Quando o animal negro da raça *miúra*, volumoso e selvagem, apareceu na arena, escavando o solo e bufando pelas narinas dilatadas, um estranho silêncio fez-se na praça repleta. Um presságio cruel tomou os assistentes, que não se permitiram aclamar o animal nem o seu toureador como de costume. O balé – que seria trágico – teve o seu início com a fanfarra, as músicas nos clarins estridentes, o ressoar dos tambores e toda a equipe agitando-se receosa ante o animal, que resfolegava enfurecido sob o açodar da selvageria.

Provocado pelos picadores a cavalo, que eram enfrentados pela fera volumosa, que investia contra os animais, tentando feri-los e cravando os cornos no couro protetor das selas imensas, Pilarzito não pôde ocultar o pavor que o dominou, temendo pela vida do companheiro que se encontrava no auge da fama. Aplicadas algumas bandarilhas coloridas no cachaço do animal feroz, afastaram-se os provocadores do animal, a fim de que a luta se travasse desigual...

No instante do enfrentamento da fera com o homem, a arremetida do touro com peso superior a seiscentos quilos, agora aumentado o impacto pela velocidade furiosa da carreira na direção do toureiro, fez-se temeroso, provocando um silêncio sepulcral na plateia ávida de sangue...

Quando o animal avançou com a cabeça baixa, preparado para o golpe irremediável, o hábil toureador fez um movimento com a capa sob a qual estava a espada, girando com beleza e permitindo que a fera seguisse em disparada, perdendo a arremetida...

A praça, eletrizada, ergueu-se num grito uníssono e grandioso: – *Olé!*

Nova arrancada, e outro passo ágil quão formoso manteve o delírio de todos, anulando, aparentemente por definitivo, o augúrio infeliz. Na etapa final, entretanto, quando deveria ser aplicado o golpe fatal, o jovem saudou a plateia imensa, fascinada, e preparou-se com destreza e magia para, frente a frente, abater o animal vencido.

Tudo aconteceu em um átimo. O touro avançou com celeridade, a capa colorida estava distendida pela mão esquerda do toureiro e levemente movida pela brisa da tarde, enquanto a lâmina, fortemente segura pela mão direita, levantava-se para o golpe certeiro, que deveria ser fulminante, e a fera, num movimento brusco, instintivo, sacudiu a enorme cabeça que se voltou para a esquerda e atingiu na virilha o adversário humano, arremessando-o a distância e logo retornando com toda a força para despedaçá-lo.

Um grito de espanto, dor e desencanto percorreu todas as arquibancadas e frisas privilegiadas, bem como a equipe vigilante, que correu na direção do animal, para desviá-lo do intento macabro, e que somente conseguiu após o jovem ser pisoteado e novamente alcançado nas costas, e em razão da sua postura de defesa, logo tombara no solo, recurvando-se...

O pandemônio que tomou conta da arena afastou o *miúra*, que continuou agressivo, escavando o solo com a pata e atirando areia para o ar, enquanto padioleiros acorreram precípites e levaram o toureador para dentro do edifício, na sua parte inferior, a fim de receber os primeiros socorros e logo depois conduzido ao hospital para o imediato tratamento cirúrgico.

O espetáculo sinistro foi encerrado e o público, de imediato, dividiu-se em comentários, uns jocosos e outros de comiseração, em face do infausto desfecho.

Pilarzito acompanhou o amigo recente e participou de toda a sua tragédia nos dias imediatos, quando, após a cirurgia ficou constatado que ele jamais voltaria à arena e permaneceria em uma cadeira de rodas pelo resto da existência, em razão da paraplegia em que resultaram as cornadas do animal feroz.

Naquele momento, recordava-se, tornou-se o natural herdeiro de *el Conquistador*, havendo-lhe ocupado o lugar da fama, que a infelicidade lhe retirara de maneira cruel.

Manteve os laços de amizade e acompanhou o desdobrar terrível do inditoso acontecimento, através da sua amargura, que culminou em suicídio covarde, conforme sempre ameaçava, já que, para ele, a existência já não tinha qualquer finalidade ou razão de ser.

Essa tragédia impressionou sobremaneira o célebre matador, e agora voltava-lhe à memória com todas as cores daqueles turbulentos dias do passado. Dava-se conta que a antipatia que nutrira pelo animal na véspera derivava-se da lembrança do assassino do seu colega. Em tudo eram semelhantes os dois touros, como se o atual fosse o anterior renascido e igual.

Imaginava também que se algo assim lhe acontecesse, o suicídio seria a única forma honrosa de sair da vida, porquanto a nada mais se poderia dedicar, especialmente considerando a perda dos prazeres, que lhe constituíam a meta segura da juventude.

Com essas reflexões perturbadoras recebeu a visita da sua equipe, e o chefe, percebendo-lhe a palidez da face e o estado de amolentamento geral, perguntou-lhe o que se passava, sendo informado de todo o transtorno emocional que o dominava.

Sem saber o que lhe dizer, pois que ele também se sentia estranho e desconfortável, desde quando buscara o leito, à véspera, procurou, assim mesmo, dissuadi-lo desse lamentável estado emocional, considerando que aquele era o grande passo para a afirmação do seu futuro já brilhante, tendo em vista o significado de uma apresentação em *Ciudad Real*.

Situada em região esplendorosa, a *Província de la Mancha*, também conhecida como *Castilla la Nueva*, é uma das catorze que constituem o território da Espanha. Sua capital, situada na Comarca do Campo de Calatrava, numa área imensamente plana, havia sido uma vila do século XIII com um belo passado histórico. Fundada por Afonso X, *el Sabio*, no ano de 1255. Aliás, naquela província, que se celebrizou por vultos notáveis da literatura, tais como Santa Teresa d'Ávila, São João da Cruz, Miguel de Cervantes e muitos outros, ocorreu um enorme progresso durante o período dos *Reis Católicos,* que enfrentaram muitas batalhas e dissidências, sendo que, no século XVII, foi quase arrasada por grandes epidemias que dizimaram quase toda a sua população, que ficou cruelmente reduzida.

Entre as suas grandes conquistas, também se celebrizou graças às corridas de touros, especialmente as que se realizavam na *Plaza de las Virtudes*, em *Ciudad Real,* com a peculiaridade de ser retangular, diferindo das demais existentes.

Era essa cidade, pertence à bela província, que iria viver momentos de glória e de choque ao entardecer.

Dessa forma, os comentários do grupo passaram de imediato para as expectativas da *fiesta* e os prazeres que viriam após o triunfo de Pilarzito, o novo Conquistador. Aquela seria uma tarde inesquecível, e a noite estaria engalanada de alegrias, vinhos, mulheres, sexo, gozo infindo, e as possibilidades que se abririam atraentes para o futuro do jovem toureiro.

Estimulado na ambição da glória terrena, *el Matador* foi arrancado do mal-estar que o dominava e recuperou a alegria, o entusiasmo, o interesse pela luta que logo mais iria travar.

As horas correram entre expectativas e comentários variados, nos quais a glória e o poder eram a temática dominante.

Quando as horas começaram a desenhar a aproximação da corrida, a equipe foi conduzida às salas de preparação do toureiro, onde uma estátua adornada de flores representando a *Virgen de la Macarena*[1] era cultuada entre círios votivos e medalhões evocativos de outros santos, uns dourados e outros em cobre reluzente, compondo singular recanto de orações.

Ali também dispunha de lugar de destaque a padroeira da cidade, *La Virgen del Rosario*, porém, o toureador era devoto da Santa *Macarena*, respeitando, no entanto, todas as demais representações que se encontravam adornadas no altar, que recendia o desagradável odor de velas acesas misturado ao das flores variadas...

O trabalho de vestir e equipar o toureiro obedece praticamente a um verdadeiro ritual. As calças muito justas, presas nas meias altas que as fixam com beleza, e a faixa na cintura, muito bem ajustada sobre a camisa normalmente em rendas finas e trabalhadas, são completadas com o jaleco enfeitado e folgado nas mangas, para facilitar a movimentação do toureador. O cabelo preso, terminado em delicado *rabo de cavalo* curto e preso, dão ao conquistador da arena um porte elegante, que impressiona a massa adoradora. O sapato *escarpin*, bem ajustado aos pés, é complemento indispensável para a corrida, próprio para facultar a rápida movimentação do verdadeiro passo de balé. Complementado pelo gorro que raramente vai posto na cabeça, o herói está preparado para a batalha.

---

1. A *Virgen de la Macarena* é o nome que se dá a Nossa Senhora da Esperança. Originou-se em Sevilha, vindo do tempo em que se venerava a Senhora junto ao famoso arco Macarena, uma das portas de entrada da cidade, na muralha que, no século XVII, a cercava. Embora parte da muralha haja desaparecido, ficou intacta essa porta. A coroação canônica, no entanto, somente aconteceu no ano de 1964. Existe, ainda hoje, uma confraria em sua honra com mais de 10 mil membros, cuja antiguidade vem desde há 400 anos (nota do autor espiritual).

Pilarzito era *guapo* no auge da sua juventude, de que se orgulhava. O seu porte altivo e esguio atraía as mulheres *salerosas,* que o disputavam com aguerrido combate de charme e indiscutível sedução.

A tarde tornara-se quente no começo do verão, que pretendia ser abrasador.

Embora a região gozasse de excelente clima, naquela quadra experimentava a natural mudança prenunciadora de próximas temperaturas elevadas.

As arquibancadas regurgitavam com a multidão ansiosa pelo espetáculo profusamente divulgado, que atraíra adeptos das cidades vizinhas, assim como de outras mais distantes.

Todos desejavam aclamar o estrangeiro, o atual conquistador das arenas, e a alegria tomava conta da multidão sempre ávida de novos espetáculos.

Ao som das fanfarras, a corrida deveria ter início com o desfile dos toureiros e suas respectivas equipes, que entraram na arena como os futuros conquistadores, com as roupas brilhantes e coladas aos corpos, exibindo toda a pujança da juventude sonhadora.

Pilarzito seguia à frente e, aproximando-se da arquibancada central onde estavam as autoridades locais e convidados especiais, curvou-se e atirou a boina, que foi rapidamente alcançada por uma jovem sensual, de beleza peregrina, que respondeu ao gesto tirando uma flor do cabelo negro e lançando-a ao Conquistador. Este saltou e segurou-a no ar antes que caísse no solo, beijou-a e afastou-se com o grupo ovacionado.

A programação elaborada constituía-se de algumas corridas antes, quando iniciantes e candidatos à glória se exibiam, preparando o público para o grande momento em que o triunfador deveria apresentar toda a técnica de que era possuidor.

Momento a momento, aproximava-se a hora de Pilarzito, e ele, na sala de espera, ajoelhou-se aos pés do altar da *Virgen de la Macarena,* entregando-lhe a existência, como era hábito entre os toureadores. Não era um supersticioso no sentido amplo da palavra, nem um religioso convencido. Aceitava os hábitos da fé dominante sem muita crença, repetindo-os automaticamente, sem a flama ardente da convicção. Nunca fora afeito à busca de Deus, já que todos os seus sonhos se concentravam na profissão abraçada, e como nunca necessitara do apoio emocional que a religião oferece, tornara-se indiferente a Deus e aos postulados religiosos.

Naquele momento, porém, não saberia explicá-lo, sentiu uma inusitada emoção e exorou a proteção da Senhora dos Anjos. Os olhos umedeceram-se e esteve a ponto de chorar, qual se um presságio estranho lhe anunciasse que nunca mais voltaria àquele lugar.

O patrão aproximou-se gentil e sussurrou-lhe quase aos ouvidos:
– Está na hora, *Conquistador*.

Ele levantou-se, persignou-se e, audaz, formoso como um raio de sol, entrou na arena ante a ovação espontânea da multidão.

Os clarins soaram em festa de notas agudas, acompanhados pelo rufar dos tambores e o portão foi aberto.

Todos os olhos se cravaram naquela direção, de onde saiu um *miúra* negro, que se avultou como um gigante furioso, avançando na direção do grupo colorido que lhe chamava a atenção. A fera bufava furiosa com as narinas agigantadas e molhadas pela respiração ofegante. Esburacava o solo e arremetia contra tudo e todos que surgiam à sua frente.

El Conquistador, sem ocultar a surpresa, em relação ao que fora estabelecido, olhou os companheiros e experimentou um frêmito, após o qual avançou com coragem, galhardia e revolta íntima, sentindo-se traído em relação ao que ficara convencionado.

Os picadores enfrentaram os primeiros ataques da fera com a lança de madeira terminada com uma ponta em forma de pequena pirâmide de aço, que tem por finalidade cravar-se no alto do pescoço onde se situa a força taurina. Concomitantemente, os bandarilheiros atraíram o animal, que parecia recusar-se a sair do objetivo de vencer o desafiante, e com movimentos rítmicos aplicaram-lhe as farpas enfeitadas, que provocam dores violentas, mais açulando a alucinação e ferocidade do animal.

Enquanto isso, o toureiro observava as características de agressividade e ataque do touro, sua força e celeridade, suas reações defensivas...

Nesse ínterim, outros toureiros realizaram os convencionais passos de capa, aturdindo a fera, preparando-a para a etapa final.

O animal terrível, ferido e encolerizado, vendo o jovem frágil a sós na imensidão da arena, que lhe acenava com a muleta, avançou em desabalada correria na sua direção, igualmente atraído pelo tom avermelhado e debruado de amarelo-ouro da capa flutuando no ar.

Quando parecia iminente a sua morte entre os chifres pontiagudos do touro, ele girou com elegância em um passe de capa gracioso, e o animal passou resfolegante a poucos centímetros do seu tórax, para logo retornar com maior força de violência.

Como se conhecendo o destino que o aguardava, o touro investiu com todas as forças na direção do seu desafiante, que parecia petrificado, e, no justo momento em que parecia ir atingi-lo, dando-lhe o golpe com uma cabeçada, foi defraudado pelo movimento ágil e bem realizado pelo seu antagonista.

O animal freou, quase caindo, deixando marcas bem-sulcadas dos seus cascos poderosos no chão, logo mudando de direção, retornando com maior fúria. Todos os músculos se encontravam inteiriçados, os olhos esbugalhados enquanto uma baba pegajosa, branca, escorria-lhe da boca entreaberta. O corpo volumoso aumentava de tamanho à medida que se aproximava do homem quieto na arena, igualmente tenso, e novamente arremeteu, como se desejasse despedaçá-lo. Outro movimento destro e o animal passou fremente roçando-lhe o ventre contraído.

O aplauso e os gritos, os *olés* ribombaram pela imensa arena.

A expectação tomou conta da praça, e todos, com a respiração presa, aguardaram o desfecho final da luta entre o homem e o animal através da estocada certeira.

◆

O animal, quando se vê acossado ou experimenta fome, sai à caça. Nutre-se até estar com o apetite saciado, deixando os restos para os abutres, chacais e hienas. Fora desses momentos, mesmo no seu estado selvagem, convive com as demais espécies sem as perseguir ou as prejudicar. O ser humano, no entanto, possuidor de raciocínio e inteligência, de sentimentos e capaz de raciocinar, mata por prazer, quando contrariado, em disputa espontânea de espaço, por esporte, por crueldade, comprazendo-se no festim da ferocidade, que já deveria ter abandonado, mas ao qual se entrega com euforia.

Sejam as caçadas habituais, às codornas, patos, ursos e outros animais, ou às *elegantes* contra as raposas, quando covardemente matilhas ferozes as sitiam em tocas ou encurralam-nas, para que os seus perseguidores muito bem equipados com armas de excelente qualidade e pontaria, sem correrem qualquer risco, covardemente as assassinam legalmente, disputando ociosidade e ostentação nos castelos onde se refestelam e desperdiçam a existência que poderiam dedicar a algo de mais nobre e útil para eles mesmos e a sociedade. A indústria da caça movimenta expressivas somas e sustenta milhares de trabalhadores que vivem para a sua manutenção, a fim de que os aficionados possam dar largas aos seus sentimentos bestiais e aos instintos agressivos, impossibilitados como se encontram de saírem à caça do seu próximo, o que muito gostariam, e que conseguem, quando dos linchamentos aplicados em outros infelizes que foram colhidos pelas malhas da Lei, ou indefesos são arrancados dos cárceres onde expungem, e, mesmo antes de qualquer julgamento, são insanamente destroçados pelos que se acreditam no direito de fazer justiça com as próprias mãos.

Conforme sucedeu ao duelo, que desapareceu legalmente da face da Terra, vestígio que era do barbarismo ainda predominante em a criatura humana, dia virá, não muito distante, em que esses esportes criminosos passarão à ilegalidade, depois serão banidos da Terra, quando o planeta mudar de posição moral na escala dos mundos.

Trabalhem todos os homens e mulheres em favor desse futuro acontecimento feliz desde hoje, modificando as tendências primitivas e transformando-as em recurso de solidariedade e de serviço em favor do progresso da Humanidade.

3

A tragédia e suas consequências dolorosas

Quando o animal novamente avançou incontrolável, todos perceberam que a tragédia aconteceria, mas ninguém dispôs de um momento para detê-la. Esse era o momento em que o toureiro deveria movimentar a muleta com destreza, de forma que o touro se cansasse e, abaixando a cabeça, descobrisse o cachaço para receber o golpe final, a estocada. Avançando em linha reta entre os chifres, com incrível agilidade, o toureiro não se pode equivocar. Foi, porém, rápido demais o seu desfecho, pois que o animal alcançou Pilarzito antes que ele tivesse tempo de mover-se. A cornada certeira atingiu-lhe o estômago e ele foi atirado ao ar como um trapo à mercê do vento para cair a alguns metros de distância, sendo vítima do perseguidor, que retornou em seguida e tentou escorneá-lo outras vezes, embora a equipe que correu na sua ajuda para desviar a atenção da fera e arrancá-la dali. Assim mesmo, o jovem foi pisoteado e recebeu outras chifradas que o feriram na coxa, no pulmão e noutros órgãos, ficando exangue.

Inconsciente, foi retirado pelos padioleiros apressados e conduzido ao interior do imenso edifício para imediata assistência, enquanto a ambulância se preparava para levá-lo ao hospital.

O espetáculo, porém, não foi interrompido. Outro toureador foi colocado na arena e novo touro foi atirado contra ele, dando prosseguimento ao festival de insânia e de embriaguez dos sentidos.

O circo oferecia divertimento e as massas voluptuosas queriam mais vítimas, na sua ânsia de atender aos desvarios íntimos que as execravam. Nem mesmo a tragédia diminuiu a sede do prazer, antes parecendo que mais a espicaçou. É que, estabelecido o brocardo *Rei morto,*

Rei posto, o espetáculo deveria continuar a qualquer preço. Sejamos sinceros: nos terríveis eventos, a criatura humana se destaca e sente-se dignificada, especialmente se consegue sobreviver, não importando muito o que ocorre com os demais, desde que sobreviva para narrá-lo aos coevos e aos pósteros, o que faz com grande ênfase e satisfação renovada.

O patrão da equipe, desnorteado, seguiu na mesma ambulância que conduzia o jovem toureiro, de imediato levado ao centro cirúrgico, onde foi atendido por largas horas, travando nova e pertinaz luta entre a vida e a morte. Logo que estancado o sangue e feitas transfusões imediatas, radiografias cuidadosas anunciaram a gravidade das lesões, especialmente na quinta vértebra cervical, acompanhada de um trauma cranioencefálico que denunciava uma paralisia irreversível, como normalmente acontecia com aqueles que sobreviviam à hediondez da luta.

O fato de estar vivo já era um milagre, devendo agradecer a Deus, considerando-se a gravidade dos ferimentos.

O fim da tarde e a noite poderiam ser denominados como de horror para o jovem anestesiado e os seus amigos, agora desiludidos e sem saberem o que fariam das vidas a partir daquele momento.

De quando em quando, porém, ao esfumar-se a tarde quente, podia-se escutar a gritaria da arena, enaltecendo o novo *deus* das corridas. Tombado um conquistador, outro, de imediato, tomava-lhe o lugar.

A ilusão tem que prosseguir, porque o povo necessita transferir os seus arquétipos inconscientes para a realidade, a fim de que se humanizem, e constituam-lhes condutores, saindo da magia dos mitos para o palco da vida objetiva, sem que se deem conta que estão transferindo-se de uma para outra fantasia.

Informados por telefone, os pais de Pilarzito foram estar com ele no hospital, dias após, acompanhando-o durante o coma que parecia vencê-lo. Em atendimento prolongado na Unidade de Terapia Intensiva, a pouco e pouco, no entanto, foi recobrando a lucidez, embora permanecesse como de alta gravidade o seu quadro.

Enquanto, porém, esteve no letargo da inconsciência em relação à vida física, vivenciara uma outra realidade para a qual não se houvera preparado.

Em Espírito, após o rude acontecimento, conseguiu claridade mental e passou a sentir todas as dores e angústias que lhe assinalavam o corpo arrebentado. Podia ver-se livre e imantado ao leito, engessado em grande parte, imobilizado, no entanto, com movimentos dolorosos, às vezes, que não lhe impediam de acompanhar as ocorrências do dia a dia hospitalar. Desse modo, pôde experienciar as aflições que tomaram os seus pais, o desespero materno que se prolongava diante do filho quase morto, e sofria todos esses dramas que nunca imaginara pudesse existir.

Simultaneamente, passou a perceber a presença dos perversos inimigos, em um mundo de pesadelos incessantes, que pareciam surgir das sombras em volta e o acusavam de terríveis flagícios que lhes impusera, encerrando-lhes as existências com a traição, o garrote, a roda, o estrangulamento... Diziam-se mouros alguns, outros cristãos, outros amigos enganados, e referiam-se aos dias cruéis que se sucederam ao exílio que a alguns havia sido imposto. Diversos se apresentavam deformados, com as características da morte que lhes arrebatara o corpo, afirmando que não haviam sucumbido às tramas infames do perseguidor inclemente, e que, anos após, ao identificarem-no outra vez no corpo, haviam tramado a sua destruição, porém de maneira lenta e mui dolorosa.

Incapaz de compreender em toda a profundidade o que se lhe apresentava, Pilarzito permanecia estarrecido e implorava à *Virgen de la Macarena* que o protegesse dos demônios que se haviam unido em infame sortilégio para destruí-lo. Momentos outros havia em que não lhes suportando as ameaças, conseguia fugir-lhes da sanha, em disparada correria por estranhos e sombrios caminhos do sem-fim, logo retornando exausto e incapaz de reagir-lhes ao cruel massacre moral. O tormento prolongou-se pelos meses que se sucederam ao infausto acontecimento, mesmo após ser deslocado para um apartamento especial da casa de saúde, por instâncias do seu genitor, quando recuperara o discernimento.

O estado comatoso impede a comunicação do paciente com o mundo exterior, em razão dos impedimentos e bloqueios dos centros e mecanismos cerebrais. O Espírito, porém, permanece lúcido, acompanhando o calvário a que está exposto e aos variados sucessos que se lhe apresentam, sem que os possa alterar.

Durante aquele período, em um espaço de menor angústia derivada da inclemente perseguição, apareceu-lhe Juan Badajoz y Aguirre, *el Conquistador*, que se encontrava totalmente louco, por decorrência do suicídio no qual sucumbira. A fácies denotava as deformações que lhe ocorreram e, quase irreconhecível, suplicava perdão aos Céus pela loucura da fuga sem justificativa, não conseguindo identificar o amigo, cuja afinidade poderia tê-los ajudado na ascensão espiritual, caso as suas fossem existências direcionadas para outros fins, bem diversos daqueles a que se entregaram.

Tomado de horror e pensando que lhe sucederia o mesmo, Pilarzito procurou fugir do ambiente, agitando-se de tal maneira que o corpo lhe reproduziu alguns dos estertores e aflições, que não puderam ser compreendidos pelos médicos que o atendiam.

Ocorre que o ser é, antes de tudo, o Espírito com anterioridade vivencial e portador de toda a herança dos atos que realizou nas experiências multifárias das reencarnações.

Digamos de uma vez: Pilarzito, *el Matador*, encontrava-se resgatando o passado rico de crimes a que se entregara. A sua atual existência repetia a insânia da anterior com menor gravidade. Naquela, utilizara-se da inteligência para o crime soez contra o seu próximo, dominado pela avareza e cobiça desmedida, pela ganância exacerbada e ambição de poder, havendo alterado o comportamento, que ora se apresentava com as mesmas características, matando os animais em espetáculos que o aclamavam como poderoso e lhe ofereciam dinheiro, poder e ostentação. Houve mudança de significado existencial, mas não uma real alteração de conduta moral, pelo que agora sofria na quase imobilidade no leito hospitalar.

Logo que passou a crise do coma, mais ou menos dois meses após, foi transferido para um outro hospital com melhores recursos em Toledo, o Hospital de Paraplégicos, onde pôde começar os exercícios de fisioterapia.

Quando, porém, constatou a impossibilidade total de recuperar o movimento dos membros inferiores, a revolta assomou-lhe, violenta, levando-o aos transtornos de comportamento, com ideia fixa para o suicídio, dominado por severa depressão.

Nesse ínterim, surgiu a possibilidade de uma nova cirurgia nos Estados Unidos da América, acenando longínqua esperança.

A esperança é o anjo consolador dos aflitos, sem a qual tudo se encontra perdido.

Logo após, em ali chegando, foi constatada a profundidade da lesão e o diagnóstico desesperador prosseguiu, sem oferecer-lhe possibilidades de recuperação.

Foi nesse período que lentamente começou a pensar no sentido da vida. Observava que, à medida que se esvaíam os dias e somavam meses, nos quais a aflição permanecia dominante e mais cruel – em face do período de paralisia atenuada, mas longe de qualquer possibilidade de reconquista de todos os movimentos – aqueles que o aplaudiram, que o bajularam foram-se afastando, dele se esquecendo, enquanto outros ambiciosos triunfadores tomaram-lhe o lugar, passando a receber as homenagens festivas e mentirosas do mundo de párias morais entre o retinir das moedas adquiridas na indignidade. Não poucas vezes, percebeu-se interrogando por onde andariam os amigos, os que lhe constituíam a corte do prazer, e a sua se tornou uma solidão muito mais cruel, porque era de natureza interior.

Os pais, com o suceder do tempo, acostumar-se-iam com as limitações do filho, e, embora nada lhe faltasse, não dispunham de espaços físicos e mentais para a demasiada assistência, a presença costumeira, os diálogos esperançosos, porque a Medicina ainda não conseguira debelar a tragédia que decorre do seccionamento da medula.

Meditando, ele concluía que se encontrava no verdor dos anos, quando os sonhos e ambições se apresentam programando o futuro, e o seu era sombrio, sem expectativas, sem realizações.

Não afeito, porém, ao mundo da cultura e da arte, mais vinculado à grosseria animalesca dos instintos, tinha atrofiado o sentimento da emoção nobre e desconhecia as belezas que se derivam do conhecimento, das viagens mentais pelos livros, tornando-se ainda mais penosa a sua situação.

Recordando-se dos intérminos pesadelos do período de inconsciência, que por pouco não o enlouqueceram, perguntava-se qual seria o significado deles, o que representavam em sua vida, como os poderia entender?

Enquanto no hospital americano, Pilarzito reaprendeu a movimentar-se, a adquirir consciência do seu estado, minimizando a paralisia. Logo depois, exercitou-se na condução de automóvel, passando a relacionar-se com outros portadores de problema equivalente.

O réprobo sempre tem oportunidade de tomar conhecimento de si, da sua loucura e encontrar o recurso valioso para a transformação moral, que lhe constitui a única terapia que lhe poderá proporcionar lenitivo às aflições da vida.

Foi o que aconteceu a Pilarzito, que tomou conhecimento, através desses mesmos companheiros, de como podem os Espíritos interferir nas existências humanas. Diversos deles frequentavam reuniões de *Santería*,[2] que eram muito comuns na Flórida.

Alguns paraplégicos e limitados outros falaram-lhe da excelência de tais experiências mediunistas, informando-lhe, oportunamente, da presença de um médium-cirurgião espírita que deveria atender a grande número de enfermos naquela cidade, e em cujo cometimento poderiam participar.

Embora sem entender o de que se tratava, o jovem enfermo, no auge do sofrimento moral, resolveu buscar esse desconhecido socorro, porquanto no desespero todo aceno de esperança merece ser recebido a qualquer custo.

A reunião tinha lugar na residência de um cavalheiro de origem cubana, que recebia médiuns e conferencistas espíritas para a divulgação da Doutrina codificada pelo eminente Allan Kardec.

Quando Pilarzito e seus amigos chegaram ao local, tornava-se necessário preencher uma ficha, na qual fosse anotado o problema que os afligia, ademais o nome e o endereço do paciente. Tomando a iniciativa de submeter-se à ajuda espiritual, ele não teve dúvida, obedecendo às instruções que lhe facultariam a possibilidade de ser atendido, não obstante o número de candidatos que excedia a cifra de trezentos...

Após uma breve leitura edificante e a apresentação do médium, este entrou em transe, apresentando significativas modificações faciais e comportamentais, passando a expressar-se de maneira especial, inconfundível, mui diferente do cidadão quando no seu estado de consciência lúcida. Ele acercou-se da urna onde se encontravam as fichas preenchidas e dali retirou apenas vinte, referentes àqueles que teria possibilidades de atender.

---

2. *Santería* – Seita religiosa constituída por fragmentos do culto católico, de práticas animistas e mediúnicas, de origem africanista, originário em Cuba e propagado por todo o Caribe, com expansão em outros países do centro e do norte da América (nota do autor espiritual).

Para surpresa geral, Pilarzito e um outro colega, igualmente vítima de um touro, com menor carga de limitação, foram incluídos entre os selecionados.

Iniciadas as interferências mediúnicas, os fenômenos passaram a despertar interesse nos circunstantes, pois que, sem qualquer aplicação de assepsia nem cuidados outros, as cirurgias, à bruta, não produziam dor, embora a ausência total de qualquer substância anestésica, bem como realizando-se a natural hemostasia e imediata cicatrização. Fascinados, os assistentes não continham a emoção. No momento em que o seu colega foi submetido à intervenção, mediante um corte profundo na área afetada, *o Matador* sentiu-se constrangido e nauseado, notando, porém, que o colega não apresentava qualquer reação de natureza dolorosa, antes permanecendo como se nada lhe estivesse acontecendo. Terminado o tratamento especial, ele demonstrou imediata melhora entre júbilos e exclamações.

Chegada a sua vez, o jovem não sabia como traduzir a emoção e o contentamento.

O Espírito incorporado no médium examinou-o detidamente, sem observar o que estava escrito na ficha sorteada, e descreveu-lhe a tragédia da arena em *Ciudad Real*, seus êxitos e alegrias, suas frustrações e ansiedades...

Depois de um silêncio grave, a Entidade observou:

— Trata-se de um *carma* irreversível. A *Lei de Causa e Efeito* cumpre-se inapelável. Não tenho como o socorrer, e penso que ninguém no mundo, neste momento, possa modificar o seu destino que é irrefragável. Sugiro que busque conhecer-se em profundidade, descobrindo as causas das humanas aflições e dos destinos, a fim de compreender e aceitar a imposição que o convida a reflexões libertadoras. Você ainda será muito feliz, descobrindo que as pernas e seus movimentos, que as touradas e suas glórias de mentira não são tudo na vida de um ser humano, mas somente constituem recursos transitórios para a aprendizagem, para a evolução de cada qual. Confio que saberá compreender o que lhe sucedeu e disso tirará o maior proveito, muito maior do que se continuasse no exercício funesto da carreira que seguia, criminosa e nefasta...

Encerrada a entrevista, o jovem, frustrado, retornou ao hospital em grande desespero. Vira o amigo recuperar-se, serem extraídos diversos tumores, cataratas serem extirpadas sem dor, diversos problemas na área da saúde serem resolvidos, e, não obstante, ele, que tanto necessitava, ao revés, recebeu um diagnóstico fatal, de que o seu era um mal irreversível, um *carma*. Nunca houvera ouvido pronunciar-se essa palavra, ignorando-a totalmente. O fato legítimo das curas realizadas não podia ser descartado, no entanto, por que ele não fora também beneficiado?

Só mais tarde, quando lhe chegou às mãos a obra monumental de Allan Kardec, *O Livro dos Espíritos*, é que, abrindo-o, ao acaso, deparou-se com o tema da reencarnação, que o cativou definitivamente. As explicações, portadoras de imbatível lógica, elucidavam o porquê das ocorrências infelizes, das tragédias diárias, dos nascimentos inditosos, das vidas sem significado, das enfermidades dilaceradoras e desgastantes, dos distúrbios emocionais e mentais graves, das degenerescências desde o berço, da fatalidade do sofrimento, da miséria sob qualquer aspecto, da infelicidade...

Pilarzito suavemente começou a entender os desígnios divinos e a adquirir consciência dos seus erros. O sangue que fizera os animais derramarem na arena voltava-se contra ele, e as loucuras passadas acometiam-no, submetendo-o ao impositivo da reparação.

A reencarnação é o mais nobre processo educativo de que dispõe a Humanidade, representando a Justiça Divina.

Graças às suas Leis todos os Espíritos crescem no rumo da perfeição relativa sem exceção, conquistando, a esforço pessoal e até mesmo a sacrifício, os diferentes níveis de consciência que os aproximam da Realidade Cósmica. Facultando os mesmos mecanismos para o crescimento, não elege uns seres em detrimento de outros, favorecendo a vida humana com as inabordáveis concessões iluminativas que são conseguidas mediante o empenho e da luta realizada. Proporcionando identificação de objetivos existenciais, apresenta o futuro como o objetivo a conquistar, mas dignifica o presente pelos meios que enseja para que possa alcançá-lo.

Quando todos os homens tomarem consciência de que são os responsáveis por tudo quanto lhes acontece, pensarão com muito cuidado antes de tomarem decisões infelizes, aquelas que se transformam em frutos apodrecidos para o porvir, procurando agir com elevação de propósitos, sempre firmados na fraternidade e no bem geral, de forma que jamais se arrependerão da maneira correta de agir. Igualmente identificarão que a finalidade da existência carnal é desenvolver todos os potenciais de que se constituem, embora adormecidos no momento, ampliando as possibilidades realizadoras. Perceberão que o conforto, a fortuna, o poder, a saúde, na Terra, são valiosos, porém de caráter transitório, que o túmulo receberá e consumirá, liberando apenas aqueles valores imperecíveis dos sentimentos, que são a *alma* da vida.

Somente por esse processo se pode entender a paisagem terrestre dos homens e da sociedade, especialmente nestes períodos de agressividade e de perversão que predominam em toda parte, após os inauditos esforços da ética, da cultura e da própria civilização.

FIM DA PRIMEIRA PARTE

SEGUNDA PARTE

1
A peculiar existência de
Don Lorenzo de los Hoyos

Há vidas que se engrandecem pelas realizações em favor da Humanidade, constituindo pilares de segurança para os padrões de comportamento social e moral dos tempos. Outras, porém, parasitas e inúteis, transformam-se em lições perturbadoras de exploração dos seus coevos, que delas se recordam com amargura e ironia ou as têm em conta de degeneradas quão infelizes.

Pilarzito, quando da sua chegada a *Ciudad Real*, não pôde deixar de reconhecer aqueles lugares como já existentes nos painéis da sua memória, embora o esquecimento parcial de que se via objeto. Igualmente, na noite aterradora que precedeu a corrida de touros, o pesadelo que o amesquinhou, bem como a presença desagradável do enxundioso bispo responsável pelo desonroso julgamento que presenciara, permaneceram vivos na sua lembrança. Pior ainda: identificara-se, tão profundamente, com a estranha personagem, que se permitiu acreditar ser ele próprio, embora não pudesse compreender por meio de qual sortilégio isso seria possível. A realidade, porém, é que o vaticínio da tragédia consumou-se, levando-o à paraplegia, ao largo sofrimento que vinha experimentando.

A figura insensível e perversa que saíra do julgamento arbitrário para a mesa de repasto opíparo impressionara-o fortemente, ainda mais quando o *alcalde* José Mateus de Santander apareceu para congratular-se com os resultados infames, já aguardados, aliás, prognosticando a morte dos réus.

Sempre lhe voltava à memória aquela cena grotesca, familiar e perturbadora, mesmo que sem saber a razão pela qual isso acontecia.

Tomando conhecimento da reencarnação através da leitura da obra de Allan Kardec, passou a decodificar o enigma, entendendo que, em alguma das suas existências anteriores, deveria ter sido o torpe cidadão. E havia, sim, razões muito fortes e legítimas para essa conclusão.

Don Lorenzo de los Hoyos chegara a *Ciudad Real* procedente de Salamanca, a velha capital da província de *León*, onde realizara os seus estudos superiores, na antiga universidade criada no século XIII, quando alcançara o seu apogeu, e com o concurso de teólogos no convento dominicano de *San Esteban*, igualmente famoso desde o século XVI, época da sua fundação, havendo granjeado as promoções a peso de ouro, por meio dos sórdidos caminhos do suborno, da perseguição e de outros crimes. Não era, no entanto, daquela cidade, seu *paese* natal era Segóvia, capital da província de *Castilla la Vieja,* situada na serra de Guadarrama, onde permaneciam o aqueduto romano e outras construções então em ruínas, e descendia de família anteriormente abastada, porém, à época da sua juventude, em plena decadência, efeito inevitável do desperdício na ostentação e dos insucessos políticos vivenciados. Portador de temperamento venal e violento, fugira de casa quando contava quatorze anos, desejando viver libertina e aventureiramente. Depois de peregrinar por várias províncias, em infeliz vadiagem, havendo também vivenciado as alucinações madrilenas, chegou a Salamanca, onde se uniu a um grupo de jovens ricos ociosos, captando-lhes a simpatia e a confiança mediante as artes da astúcia e do engodo. Vagarosamente foi se destacando e adquirindo prestígio no grupo de perniciosos sociais, conseguindo amealhar desonestamente algumas economias que lhe permitiam luxo e extravagâncias, bons vinhos e o conúbio com diversas aventureiras do mesmo jaez moral.

Aos vinte anos foi vítima de uma escaramuça policial e, ferido, foi recolhido a um hospital de misericórdia da cidade, onde, à semelhança de Santo Inácio de Loyola, lendo o medieval *Imitação de Cristo*, arrependeu-se da vida que se permitiu e, depois de pagar a sua dívida para com a sociedade em um encarceramento de pouco tempo, resolveu recolher-se a um convento para estudar e servir na *defesa da fé católica.*

Hábil na dissimulação e ávido de glórias, cedo percebeu o acerto da sua escolha religiosa, descobrindo, na ingenuidade e na fé legítima de alguns mestres e colegas, o que o futuro lhe poderia oferecer, caso os conquistasse, demonstrando-lhes lealdade e bom manuseio das questões e dos problemas da grei.

Administrando com habilidade as heranças doentias do seu passado próximo, conseguiu domar em parte as tendências do sexo pervertido e descontrolado, bem como das libações alcoólicas a que se afeiçoara, limitando-se às possibilidades permitidas na Instituição e nos seus atos litúrgicos. Com especial felonia em relação aos seus orientadores, logrou destacar-se e quase impor-se aos mais fracos, sendo ordenado sacerdote com facilidade, e logo encaminhado para uma pequena paróquia, onde ficou por pouco tempo, já que as suas ambições incontidas eram expressivas.

O primeiro quartel do século XIX esplendia em belezas, os ideais libertários pairavam em toda parte, as heranças da Revolução Francesa de 1789 alargavam os horizontes culturais do mundo, especialmente o europeu, e Salamanca, com a sua Universidade, atraía inteligências privilegiadas e fortunas expressivas para a sua comunidade. Os insucessos napoleônicos e a sua posterior expulsão da França permitiram que os seus adversários nos países antes conquistados restaurassem a liberdade e ampliassem os seus domínios, voltando às glórias pretéritas.

Nesse mundo de sonhos e de fantasias, o jovem sacerdote não teve dificuldade em relacionar-se com personalidades de destaque, especialmente no cabido da catedral, onde vez que outra oficiava, a convite dos religiosos que o constituíam. Graças à sua maneira fácil de comunicar-se, à loquacidade esfuziante, tornou-se figura obrigatória nas reuniões que se tornaram habituais, favorecidas com a sua presença.

Em razão da morte de um dos membros da congregação, foi elogiosamente indicado para substituí-lo, o que conseguiu sem maiores esforços, sendo transferido para a capital. Logo percebeu quão pouco de honestidade existia em alguns dos seus membros e quanto distantes se encontravam dos legítimos interesses da Igreja que diziam representar. Foi o suficiente para liberar as paixões que se encontravam sob férreo controle, e, mediante boa planificação, permitir-se os gozos que sempre esperara fruir.

Não era o que poderíamos denominar como um homem belo, mas as maneiras agradáveis e a voz bem modulada concediam-lhe uma aparência simpática, e o porte altivo, dominador, seduzia aqueles que se lhe acercavam. Só mais tarde, graças às licenças morais e perversões a que se acostumara, é que imprimiu no corpo, que se fez volumoso e exausto, as características vulgares que bem o distinguiriam. Naquele começo das dissipações, aos vinte e seis anos, ainda não chegara a promiscuidades e vilezas a que somente se entregaria no suceder dos anos.

De compleição moral perversa, era um intrigante muito gentil, que conseguia convencer os seus superiores em torno de qualquer outro sacerdote contra quem se voltasse. Assim, com habilidade não disfarçada, enredou um amigo em calúnias sórdidas, que o fizeram ser removido da paróquia, próspera e cobiçada, onde oficiava para outra distante e quase sem valor, conseguindo-lhe o lugar por esse meio sacrílego.

Foi aí que os sentimentos do deboche e do desprezo pelas pessoas se acentuaram, pois que o cônego, há pouco tempo, passou a conhecer no confessionário – o nefando instrumento de que muito se utilizava para fins inglórios a velha instituição religiosa – a senhora Josefa de la Cruz Ordoñez y Proenza que, ocupando lugar de destaque na sociedade, também se permitia uma vida irregular, traindo vergonhosamente o esposo e mantendo relacionamentos perigosos. Insinuante e sensual, a dama, que já ultrapassara os quarenta anos, sabia dos recursos de sedução que lhe eram peculiares e mudava de amantes com a naturalidade com que a brisa altera a sua direção, havendo-se tornado famosa pelas extravagâncias nas festas que oferecia ao público ávido de prazer sob o suporte do marido enganado e estúpido. Fazendo-se crer vítima de abjeta perseguição de inimigos invejosos do seu destaque na sociedade, de calúnias destituídas de fundamentos e de maledicências bem-tecidas, a dama terminou por confessar ao cônego de los Hoyos suas debilidades morais, buscando conselhos, que certamente não pretendia seguir, e recursos espirituais para a salvação da alma, evitando as penas infernais que lhe estavam reservadas, segundo a Religião, e nas quais certamente não acreditava...

Os perfumes fortes que exalava no ato da confissão e os detalhes com que narrava os deslizes que se permitia terminaram por incendiar a imaginação do sacerdote aturdido, que se sentiu arrastado pela rede do fascínio que a estranha pecadora lhe atirou, conseguindo envolvê-lo.

Não era uma ingênua. Sabia o que estava fazendo, desejosa de um relacionamento proibido pela Religião e pela sociedade com um homem que se deveria devotar totalmente aos deveres da sua fé. Acostumada às paixões fortes e aos conflitos da posse carnal, insaciável nos objetivos insanos a que se entregava, Dona Josefa enrodilhou o incauto, também corrompido, nas malhas seguras da sua conduta inescrupulosa.

Das confissões realizadas com caráter inicial autopunitivo à declaração de amor foi um passo, num entardecer especial, quando a igreja se encontrava deserta. Chorando, ou fingindo fazê-lo, a leviana mulher terminou por narrar o seu sofrimento decorrente do *amor* que dedicava ao seu confessor, e de que muito se envergonhava. Embora esperasse por esse momento, a forma como foi apresentada emocionou o cônego, que se levantou do confessionário, abriu-lhe a porta e a cortina que o separavam do mundo exterior e, erguendo a mulher, que estava ajoelhada no lado externo, abraçou-a com sofreguidão e entregou-se às carícias arrebatadoras e aos beijos alucinados...

A pilantra, fingindo-se surpresa, tentou desembaraçar-se dos braços fortes que a cingiam, e ofegante, avermelhada, propôs:

— *Não aqui, na Casa de Deus. Perdoe-me pela confissão abrupta. Mas poderemos conversar à vontade em minha casa, logo mais, à noite, quando disporemos de muito tempo... Meu esposo encontra-se viajando, e eu estarei a sós, aguardando-o, pois pretendo liberar os empregados, logo mais, para evitar testemunhas, embora sendo a sua a visita de uma autoridade da Igreja...*

O cônego recompôs-se, procurou controlar a emoção que o desorganizara interiormente. Ela estava de pé e exalava sensualidade naquele crepúsculo perigoso ao lado do confessionário, que ele jurara honrar e saber silenciar as ocorrências que ali tivessem lugar.

Tomando-lhe a mão enluvada, osculou-a com falso respeito, sentindo-se atordoado com a tentação de que estava sendo objeto.

Aquele beijo iria selar uma parceria infeliz, que se transformaria em sucessivos pesadelos futuros.

Assim as pessoas se mancomunam em crimes terríveis, em face das ambições desordenadas a que se entregam e da falta de escrúpulos que as caracterizam.

Retomando a postura beatífica, após corrigir a indumentária que poderia estar amarfanhada, a dama saiu com passo firme pelo corredor da igreja onde estava o confessionário, rumando na direção da porta principal com destino à faustosa herdade.

Estava consciente da conquista que acabara de consumar. Não obstante, o seu interesse era outro. Havia um jovem na cidade que a arrebatava, mas não lhe concedia a gentileza de um olhar comprometedor. Frequentador assíduo da igreja, parecia desconhecer as expressões de sedução que a perversa lhe dirigia. Talvez, porque pertencesse a uma família socialmente de menor destaque, não imaginava que uma dama rica pudesse sentir qualquer coisa por ele, algo canhestro e tímido. Ainda não ultrapassara os vinte anos, nem tivera tempo para perverter-se como então era habitual naquela como noutras comunidades. Por isso mesmo, inspirava interesse nas pessoas pérfidas, depravadas, que anelavam por conquistá-lo. Dona Josefa estava incluída nesse rol, sentindo-se ofendida pela contínua indiferença do jovem, reconhecendo ser disputada, ao mesmo tempo, por outros homens igualmente pervertidos.

O interesse pelo cônego não passava de um capricho a mais que se impunha, em face do tormento pela variação de parceiros, espicaçada pela aparente dificuldade que parecia impedir a consumação do vínculo aberrante.

Lamentavelmente não conhecia o novo quinhoeiro, o de que era capaz e dos métodos que lhe apraziam utilizar para alcançar as suas metas.

Mulher venal, gostava de desafios. Conseguira um casamento de conveniência com abastado cidadão, bem mais velho do que ela, e que a atendia nos mínimos desejos, mesmo quando exorbitava. De origem quase desconhecida, destacara-se subitamente no meio social, graças aos seus encantos, que os sabia exibir com magnitude, deles tirando os melhores resultados possíveis. Insensível ao amor real, era uma *sexólatra* atormentada, cujo prazer de uma companhia não durava sequer uma estação do ano. Graças a isso, tornou-se muito conhecida entre os homens, demasiadamente comentada e algo invejada por muitas mulheres da sua espécie, que se encontravam disfarçadas de esposas ou permaneciam solteiras por falta de quem as elegesse.

Sentindo-se, mais uma vez, vitoriosa, retornou ao lar, digamos melhor, à casa faustosa, pois o edifício não era um lar, e após leve repasto dispensou os empregados e preparou-se para o encontro despudorado.

Às 20h, conforme estabelecido, o cônego ansioso tocou a campainha de entrada do jardim bem desenhado, sendo atendido pela proprietária risonha.

Ele demonstrava incontida emoção, em face do período de castidade que se impusera, nem sempre preservada com dignidade. Evitando relacionamentos públicos ou particulares, em razão das ambições que acalentava, temendo ser desmascarado pelos inimigos, que não eram poucos, utilizava-se de outros expedientes obscenos para dar largas aos tormentos que o afligiam. Era um crápula moral, fantasiado de religioso, ocultando com perícia as misérias da sua trajetória ignóbil.

Conduzido à sala de visitas, debilmente iluminada por candeeiros situados em pontos estratégicos, foi convidado a tomar uma taça de precioso licor, reservado para momentos especiais como aquele, iniciando-se o jogo da sedução.

A hábil adúltera vestira-se de maneira própria para a ocasião e não ocultava os desejos que a perturbavam.

Não foram longos os preâmbulos, porque ambos, acostumados à venalidade, sem nenhum escrúpulo, de imediato se entregaram à volúpia da sensualidade vulgar até a exaustão.

Enquanto repousavam, a amante considerou com certo cinismo:

– *Não podia imaginar que o nosso querido cônego fosse um conhecedor dos segredos do amor como acaba de demonstrar.*

– *Não seja isso de estranhar, madame* – respondeu o pérfido religioso –, *porquanto, antes de receber a batina, fui homem do mundo, amante de todos os prazeres, aos quais nunca me furtei.*

– *Quer isso dizer* – ela insistiu com boa dose de malícia – *que os anos de abstinência em nada modificaram o seu comportamento?*

– *Pelo contrário, minha nobre senhora* – esclareceu com alguma mordacidade, grifando bem o *nobre senhora* –, *durante todo esse período a imaginação esteve ativa e as tentações foram apenas controladas até o possível.*

– *Espero* – prosseguiu a fescenina – *que não esteja incluída entre as tentações que o afligiam. É incrível o poder das coscuvilhices, porque tenho ouvido falar que o respeitável cônego não é assim tão indiferente ao sexo oposto... Como as pessoas sempre falam o que pensam e não o que acontece, ficava a imaginar se tinham ou não razão, constatando agora, por experiência pessoal, que as opiniões são fundamentadas. De minha parte, posso asseverar que o seu encanto pessoal e a sua habilidade amorosa atendem o ardor de qualquer paixão.*

Sentindo-se lisonjeado pela mulher prostituída nos seus sentimentos, ele escusou-se com velada ameaça na sentença:

— *Ninguém nunca se engane com as aparências. A voz veludosa e as mãos delicadas de alguém, direcionadas para a gentileza e o bom-tom, podem ser também instrumentos de crimes inimagináveis, quando qualquer perigo ameaça a posição, a honra ou o destaque daquele que os possui...*

Atenuando o enunciado, prosseguiu:

— *Na minha postura de confessor, tenho ouvido narrações inacreditáveis em torno da selvageria do ser humano, quando se sente em perigo, ultrapassando mesmo os ardis dos instintos dos animais ferozes. Mulheres frágeis e gentis-homens, quando ofendidos, tornam-se terríveis inimigos, que não medem esforços enquanto não destroem por completo aqueles que lhes dificultam a marcha... E o fazem de maneira inclemente.*

É sempre bom tê-los como amigos, preservando o relacionamento, mesmo que em falsas condições, do que sofrer-lhes a sanha. Isto, aliás, nada tem a ver comigo, é claro, em razão do meu nobre caráter – disse-o com fingida convicção –, *mas é o que ocorre com muitas criaturas.*

A astuta entendeu a ameaça, e quase desejou recuar, o que já era tarde, ficando cientificada de que encontrara o amante à sua altura, que não trepidaria em desforçar-se de qualquer deslize que ela cometesse, desde que isso constituísse-lhe uma intimidação.

Por alguns minutos os dois comparsas gastaram o tempo em análise disfarçada em torno do caráter e dos sentimentos de cada um, para logo, como se nada houvesse acontecido, duas horas depois da chegada, ele despedir-se com palavras melífluas, programando novo encontro que seria confirmado ao primeiro ensejo.

Era como se fossem conhecidos desde há muito na sua impunidade, na sua infâmia.

Eles se entendiam, pois que eram do mesmo naipe, pertenciam à mesma corja dos destituídos de nobreza moral.

Quando o sacerdote se afastou, Dona Josefa de la Cruz y Proenza franziu o sobrolho, respirou fundo e repassou mentalmente todas as ocorrências, a fim de manter-se a cavalheiro da situação, caso alguma coisa inesperada viesse dificultar-lhe a caça ao prazer.

Chegando à casa paroquial, sem qualquer remorso ou sentimento de inquietação, o herege, pois que desrespeitava propositalmente os votos assumidos, a profissão religiosa abraçada, sorveu mais algumas taças de licor, alimentou-se e atirou-se ao leito, mantendo o estado de relaxamento decorrente do prazer físico. Nenhum sentimento de ternura esflorou sua alma, nem qualquer significado espiritual surgiu-lhe à mente. Estava cansado e necessitava dormir, qual ocorre entre os animais inferiores na escala zoológica. Espiritualmente ele também o era...

Don Fernando Ordoñez y Proenza era o marido traído. Ele pressentia a desgraça que desabara sobre o seu lar. Honrado, pensara que o matrimônio, quando já avançado em anos e após a viuvez da primeira esposa, seria uma forma correta de encerrar a existência física na Terra. Não tendo tido filhos, anelara pela ventura de fazer-se pai, o que não conseguiu no novo tentame. Nada obstante, procurou honrar a companheira, que o desrespeitou pouco tempo depois das núpcias, sem que ele o soubesse. Somente bem mais tarde é que percebeu a ocorrência infeliz que tinha lugar na intimidade da sua própria casa, permanecendo, todavia, em dúvidas atrozes. Também não lhe passavam despercebidos alguns ambíguos comentários que lhe faziam amigos mais chegados, quando se referiam à deslealdade de esposas indignas.

Mantinha-se, porém, em atitude de equilíbrio, porque a abjeta sabia envolvê-lo em falsas carícias que o mantinham enganado, duvidoso a respeito da conduta reprochável que atribuíam à sua esposa.

Os acontecimentos inalterados permitiam que os amantes insensíveis mantivessem o mórbido relacionamento, que seguia no rumo do tédio. Sucede que a ausência dos sentimentos que dignificam nos conúbios carnais leva os parceiros à insaciabilidade, à rotina, à quase indiferença. Diminuído o ardor da paixão, os interesses emurchecem, cedendo lugar ao mal-estar e à morbidez. Era o que sucedia com Dona Josefa, sempre ávida de novas sensações.

O cônego, em face dos interesses mesquinhos a que se jungia, percebera que, ao lado do deboche e da perversão que lhe eram facultados, a dama poderia ajudá-lo muito nos objetivos infames que acalentava, seja por meio de influências sociais ou ajudas monetárias, que falta alguma lhe fariam no cofre abarrotado do esposo iludido.

Quando lhe percebeu a diminuição da chama do desejo, passou a explorá-la com singular perfídia, explicando que se encontrava em momento muito importante da sua existência e necessitava de crescer na hierarquia sacerdotal. Em breves dias a cidade seria visitada pelo Sr. Arcebispo, que certamente não recusaria ser recebido na opulenta residência da distinta dama da sociedade. Desse modo, solicitava-lhe os bons recursos, escrevendo ao bispo da diocese e oferecendo-lhe todo o apoio para a visita de Sua Eminência, em cuja ocasião poderia permitir ao ambicioso amante um pouco mais de convivência com o alto dignitário, que o teria em boamente para ocasião futura própria.

Espicaçada pelo desejo de ser reconhecida como mulher destacada e sabendo que o esposo acolheria com júbilo o seu anelo, prometeu que se empenharia ao máximo para conseguir o pleiteado.

Muitas vezes, ante a sucessão de crimes e de perversidades, nos quais são volumosos os números das vítimas, enquanto os desonestos e debochados prosperam sem que sofram qualquer penalidade pela hediondez do comportamento, tem-se a impressão de que somente o mal prospera na Terra, de que o deboche, a astúcia, a corrupção desfrutam de cidadania, e não a dignidade, a honradez, a probidade, o amor... Enganam-se, porém, aqueles que assim raciocinam ou pensam, porquanto a noite, por mais demorada que se apresente, jamais fugirá da claridade solar que a absorverá, restaurando o domínio da luz. Sucede que, a façanha desprezível encontra símiles em incontáveis comparsas que participam das mesmas escabrosidades e as acobertam, fazendo parecer que permanecem desconhecidas, quando apenas estão guardadas nos interesses subalternos dos grupos dominantes.

O fastio que sempre toma o desonesto, o cansaço da corrupção, a presunção de ser inalcançável pelas leis e pelos governantes, muitas vezes governados que também o são, permitem que se descurem dos cuidados que sempre se permitiram, e eles próprios, exorbitando, provocam iras nos grupos rivais que os desapeiam do poder e os trazem à praça pública do escândalo, do ridículo popular, da prisão e do repúdio social.

Enquanto campeia a impunidade, que os estimula ao prosseguimento da carreira execrável, eles parecem inatingíveis, mas como formam grupos de apoio recíproco, esses mesmos, posteriormente, dividem-se e se tornam antagônicos, perseguindo-se reciprocamente e desvelando o *mar de lama* em que navegam...

Igualmente, a mão invisível do *destino* tece as redes que os retêm, recambiando-os para os lugares lôbregos que lhes são cabíveis. Enxovalhados, esquecidos e detestados por aqueles mesmos que os acompanharam, que se nutriram nas suas mesas fartas e disputaram as migalhas do seu prestígio e da sua opulência, entram em decadência e, obumbrados, desaparecem na dureza do tempo que a tudo devora...

Era o que sucedia em relação a Dona Josefa e a *Don* Lorenzo. *Cloto*[3] estava tecendo as malhas da rede que os iria colher, porque nunca o mal pode prevalecer por tempo indeterminado na governança dos destinos e das criaturas.

Adicionado ao caráter venal, o cônego era partidário das corridas de touros e sempre comparecia à *plaza,* agradando aos demais criminosos do odiento esporte, enquanto que surpreendia as pessoas de conduta cristã, que deveria orientar. Não poucas vezes permitia-se apostas, ora em determinado animal, momentos outros em algum toureador, explicando tratar-se de esporte e brincadeira... A verdade, porém, é que revelava o caráter vulgar e perverso.

Eis por que não se pejava em manter a corte quase pública em relação à concubina.

Tornando-se mais ou menos pública a constância das visitas à residência dos Proenzas, o que certamente chamava a atenção dos desocupados, que não entendiam exatamente qual a razão, alguns mesmos chegando à suspeição em torno de um relacionamento extraconjugal da dama com o prelado. O jovem Santiago Flor y Ruiz, exatamente aquele por quem a senhora Josefa sentia entranhado interesse sensual, procurou o cônego, solicitando que interferisse junto a *Don* Fernando, a fim de que fosse contratado para assessorá-lo na cidade ou nas suas constantes viagens de negócios por outras províncias.

O sacerdote considerou providencial o oferecimento, porque poderia utilizar o jovem inexperiente para fiscalizar a amante, sem que ela o soubesse, e, ao mesmo tempo, informá-lo em torno dos haveres do

---

3. *Cloto* – Na mitologia tinham destaque as *Parcas (Moiras),* que eram deusas que fiavam, dobravam e cortavam o delicado tecido de sustentação da vida humana e eram, respectivamente, chamadas *Cloto, Láquesis* e *Átropos* (nota do autor espiritual).

seu esposo, como necessário pagamento pela dívida que seria contraída ao conseguir-lhe o lugar almejado.

Com o despudor que o identificava, *Don* Lorenzo elucidou ao jovem o que dele também aguardava, prometendo empenhar-se a benefício da sua pretensão.

Dois dias após, num dos jantares que a dama lhe oferecia, *Don* Lorenzo solicitou permissão para levar um convidado, no que foi agradavelmente aceito.

À hora aprazada, acompanhado do bem-apessoado candidato, o cônego compareceu ao faustoso jantar.

Quando a lúbrica mulher defrontou-se com aquele que a perturbava, não pôde ocultar o interesse em identificar por qual motivo ali se encontrava, tornando-se excessivamente gentil – o que não passou despercebido pelo amante perspicaz –, prontificando-se a ser-lhe útil em tudo quanto lhe estivesse ao alcance.

Era realmente uma despudorada!

2
Caminhos e descaminhos da perversidade

Santiago Flor y Ruiz tornou-se um dos fâmulos mais devotados ao seu amo. Servia-o com abnegação e presteza, embora o sórdido compromisso assumido com *Don* Lorenzo, de ser um fiscal vigilante da conduta da dama e dos bens do cavalheiro. Atendia-o no lar, ajudando-o como secretário e acompanhando-o já na primeira viagem realizada após sua admissão. Na convivência pôde compreender a excelência do caráter do patrão, a quem conquistara de improviso. Não passaram despercebidas ao senhor as qualidades de fidelidade e de trabalho do seu *valet*, que se foi tornando um elemento indispensável para o fidalgo. Sim, *Don* Proenza descendia de nobres antigos que pertenceram a Salamanca, e, embora não ostentasse qualquer título, preservava os hábitos finos e delicados dos seus ancestrais, qualidades essas muito bem consideradas pela esposa.

Embora estivesse disposto a retribuir ao seu benfeitor, o cônego, pela colocação conseguida, transcorridas algumas semanas o jovem não tivera o que apresentar-lhe como resultado das suas observações. Tudo lhe parecia transcorrer dentro da normalidade, exceto o cerco de que passou a ser vítima, imposto pela mulher sedutora.

Sempre que lhe aprazia, chamava-o à sua presença com ou sem necessidade, a fim de senti-lo próximo.

Utilizando-se agora de roupas elegantes e bem-ajustadas, que o honroso emprego lhe facultava, tornou-se mais atraente. Era respeitoso, ou talvez muito tímido, e sempre se acercava da patroa demonstrando imensa consideração, que a desnorteava, já que não se encontrava acostumada a comportamento dessa natureza. Os réprobos são de fácil acesso moral, em razão da frágil estrutura da personalidade doentia, ou se revestem de aspereza e dificuldade que resultam dos conflitos que os vergastam. Ela pertencia ao primeiro grupo, pois que, lentamente, perdeu o respeito por si mesma, descendo cada vez mais na vulgaridade que já lhe assinalava os hábitos, antes mais requintados.

Nos momentos em que tinha o jovem por perto, inquiria-o com a habilidade que lhe era peculiar. Assim ficou informada de que o rapaz procedia da Catalunha, para ser mais preciso, de Leida (Lérida), possuindo, nas veias, heranças as sanguíneas mouras que lhe davam à tez um tom moreno especial. De origem modesta, chegara a Salamanca na infância, quando o seu genitor viajara em busca de melhor sorte, que não foi compensada com a transferência de morada. No entanto, conseguira alcançar a idade adulta sobrevivendo aos dissabores das dificuldades econômicas com honradez e trabalho, ora nos arredores da cidade, no campo, ora na própria urbe. Alfabetizado, mas não portador de cultura, era inteligente, vivaz e gentil. Afervorado à religião dos seus pais, era devoto de *Nuestra Señora del Pilar*, a protetora de Saragoça, a quem orava com imenso fervor. Digamos desabridamente: era um moço ingênuo e puro nos seus sentimentos ainda não amadurecidos nem desvirtuados. Esse seu emprego dava-lhe destaque entre os demais servidores e despertava interesses pouco saudáveis nas raparigas da herdade e das circunvizinhanças. Todos desejavam saber de onde viera, dos seus recursos e peculiaridades. A sua sisudez desanimava os mais curiosos e, assim, continuou às ordens do seu senhor.

Conforme ficara combinado, Dona Josefa conseguira que o esposo convidasse o senhor arcebispo, quando visitasse a cidade. Sensibilizado com a ideia da megera, *Don* Fernando escreveu uma carta cuidadosa, na qual estava exarado o convite para um banquete no seu lar, entregando-a ao encarregado da recepção e permanência de Sua Eminência na cidade, acrescentando referências em torno da honra caso a solicitação lhe fosse deferida. Ademais, prometeu uma expressiva espórtula à Igreja, para atender a quaisquer finalidades que estivessem em pauta.

Sem maiores debates nem a presença de outros competidores, ficou deliberado que Sua Eminência aceitaria um almoço na sua residência, onde faria a *siesta* após o repasto.

A notícia não podia produzir maior júbilo no cônego ansioso, sobretudo em face da tomada de conhecimento da generosidade do anfitrião que, dessa forma, retribuía a honra que lhe era concedida de maneira generosa quão inesperada.

A cidade passou a preparar-se para a visita pastoral e todas cerimônias que deveriam ser realizadas para homenagear o prelado, já que era enviado especial do cardeal responsável pela diocese e muito respeitado em Roma.

Don Lorenzo esmerou-se em auxiliar o casal a hospedar o dignitário religioso durante as horas em que ali permanecesse, oferecendo-se, inclusive, para o acompanhar, no que foi muito bem aceito pelos organizadores, que tiveram o cuidado de escolher aqueles que deveriam estar próximos do visitante ilustre, dentre os quais o senhor bispo da cidade, dois monsenhores, dois cônegos e cinco sacerdotes, três dos quais viriam de outras cidades da província para as concelebrações dos atos litúrgicos. Tratava-se de uma verdadeira corte, porque ainda se incluíam os senhores *alcalde* e esposa, o senhor chefe de polícia e sua senhora, mais alguns representantes sociais e pessoas de destaque, num total de vinte e seis convidados.

O banquete começou a ser preparado na véspera, pela matança dos animais cuidadosamente selecionados, dos assados e cozidos demorados, obedecendo ao rigor da cozinha local, sem que fossem esquecidos os vinhos capitosos que deveriam acompanhar os respectivos pratos, minuciosamente escolhidos pelo anfitrião, aliás, um excelente enólogo.

Com antecipação, conforme convinha, Dona Josefa mandara confeccionar dois trajes preciosos, de forma que se destacasse entre as damas presentes e chamasse a atenção dos cavalheiros sempre cobiçosos... Selecionado o veludo e a seda, escolhido o modelo, pois que se tratava da estação outonal, costureiras contratadas puseram mãos à obra de arte, havendo providenciado também uma mantilha rendada sevilhana para cobrir-lhe a cabeça por alguns momentos durante a missa, e em casa, no ato da recepção. Tivera o deleite de adornar um dos vestidos com algumas pérolas legítimas, que se destacavam alvinitentes do tom marinho escuro da indumentária sobre a qual repousavam. Sem dúvida, era sofisticada e podia permitir-se esses excessos, em razão da fortuna do marido.

Na ocasião festiva, não descuidara das joias. Para a missa, usou argolas de ouro trabalhado com pingentes de pérolas em formato de pequenas peras, colar em quatro voltas igualmente em pérolas que pousavam sobre o decote generoso, que lhe deixava parte do busto à mostra, provocante e proposital. Diversos anéis adornados de brilhantes faiscavam nos seus dedos, e pulseiras com moedas de ouro completavam-lhe a indumentária. O abanico[4] em madrepérola destacava-se pela delicadeza, quando movimentado com perícia pela rica senhora.

A carruagem recebera cuidados especiais, sendo forrada de seda e envernizada, com os aros das rodas dourados e conduzida por quatro cavalos negros, bem nutridos.

O cocheiro recebeu uniforme novo e instruções especiais. Aquele era um dia de relevância para os Proenzas e nada podia resultar impróprio ou apresentar quaisquer falhas.

Don Fernando igualmente não se permitira economias ao cuidar da indumentária, também em veludo e seda, completada pelos sapatos de verniz com meias brancas altas e rendadas, camisa de tecido de linho muito fino com suas mangas compridas e terminadas em viés debruados, que se faziam visíveis apesar do jaleco e do paletó. Do bolso do colete se destacava uma corrente de ouro que prendia precioso relógio da família, por sua vez, presa a uma das botoeiras.

Com todos esses detalhes, no dia aguardado, quando a carruagem chegou à catedral e o casal saltou, gentilmente ajudado pelo *valet* Santiago, houve uma exclamação geral dos circunstantes, que os acompanharam à intimidade do santuário, onde possuíam lugares reservados e seus genuflexórios aveludados, para ajoelharem-se durante o *sacrifício da missa*. Um murmúrio percorreu as filas de bancos da igreja e, enquanto desfilavam pelo centro até a parte da frente, todos os saudavam com sorrisos, a maioria expressando hipocrisia, outro grupo, admiração, inveja e até mesmo simpatia. Afinal, constituíam um símbolo da sociedade já de consumo, vitimada pela decadência moral, mas não se podia dizer que fossem prejudiciais à comunidade, especialmente ele, que sabia desincumbir-se dos seus deveres de cidadão.

---

4. Abanico – Leque (nota do autor espiritual).

O ofício religioso foi pomposo e espetacular. A concelebração com diversos sacerdotes de várias categorias eclesiásticas sensibilizou o imenso público que repletava o templo. O coro se havia esmerado nos ensaios e a sua foi uma participação digna da *Santa Sede,* recebendo encômios, especialmente no *Gloria,* no *Sanctus,* no *Aleluia,* sob os acordes do órgão monumental e rico de harmonias.

Quando a viu, *Don* Lorenzo enrubescendo de entusiasmo, exultou de contentamento e orgulho por havê-la conquistado. Realmente tratava-se de uma mulher muito especial, que todo homem gostaria de possuir.

Terminado o *sacro ofício* e com o público em dispersão, repetiu-se a jornada de volta, para aguardar a chegada de Sua Eminência e do seu cortejo.

Curiosos apressaram-se a acercar-se da mansão para acompanhar o inusitado da visita episcopal. E não foram defraudados no interesse, porque, algum tempo depois, o desfile de carruagens bem-equipadas provocou espanto e aplauso dos circunstantes, especialmente aquela que trazia o metropolita, toda forrada em veludo carmim, debruado por cordões dourados, acompanhado pelo seu secretário, o bispo da cidade, e *Don* Lorenzo, que avançava no rumo das ambições desmedidas.

Recepcionados com palmas e pétalas de rosas que lhes foram atiradas pelos fâmulos da residência, adentraram-se, sendo colocados em mobiliário confortável, com destaque para o convidado especial, que sempre recebia as melhores homenagens e colocações. Os demais convivas chegaram a seguir, de imediato tendo lugar o faustoso banquete. Além dos empregados habituais, foram contratados auxiliares de mesa para o bom atendimento das personalidades, o que tornava a refeição abundante e muito bem servida.

Entre um copo e outro de vinho, uma garfada e outra, a conversa variava desde os interesses da fé religiosa até as futilidades do cotidiano. De quando em quando, uma gargalhada mais alta denotava que o vinho capitoso e variado estava conseguindo um pouco de ebriedade entre os comensais, agora mais animados e menos rigorosos com as exigências da etiqueta.

Don Lorenzo, apoiado pela anfitrioa, que se esmerava em manter a atenção geral nela concentrada, prendiam o interesse do senhor arcebispo, de forma que ele nunca mais esquecesse daquelas personagens insinuantes, que o conseguiram cativar, tornando-o joguete das suas paixões e destinos.

Terminado o almoço pomposo, alguns convidados retiraram-se para o lar, enquanto Sua Eminência e poucos membros da comitiva permaneceram para a indispensável *siesta* de refazimento das energias, incluindo-se, bem se vê, o dedicado cônego.

Ao cair da tarde, a nova movimentação para a celebração do *Te Deum* obrigou o arcebispo e sua corte seguirem no rumo da Catedral, não sem que, antes, deixassem de fazer um lauto lanche, adrede preparado, para o reduzido número de convidados.

O casal Proenza novamente surpreendeu a todos ao trocar de trajes, especialmente desenhados e confeccionados para a noite, quando se encerravam as concelebrações daquele domingo especial. Em nada ficavam a dever as roupas da nova cerimônia em relação àquelas usadas para a missa matinal. A senhora, porém, tivera o cuidado de não repetir sequer as joias, havendo optado por adereços compostos por diamantes, alguns dos quais pertencentes à primeira esposa de *Don* Ordoñez. Aquele havia sido o seu dia de glória, quando, invejada e comentada, tornou-se a pessoa de mais destaque entre aquelas que homenagearam o visitante ilustre.

Por mais dois dias o senhor arcebispo permaneceu na cidade recebendo homenagens e considerações, cuidando do pastoreio religioso, não havendo acontecido nenhuma recepção que ofuscasse ou, ao menos, se igualasse àquela que fora orientada pelo ambicioso cônego.

Por toda a semana a novidade foi motivo de comentários, uns apimentados pela inveja, outros assinalados pela surpresa em torno da abastança do casal, que, embora fosse conhecido como possuidor de uma sólida fortuna, não havia sido percebida até então em toda a sua grandiosidade.

Don Lorenzo conseguiu insinuar-se de tal forma junto ao senhor arcebispo, que se estabeleceu um vínculo de amizade sincera por parte do último e de interesse sórdido mantido pelo indecoroso.

Também ele ficou visivelmente impressionado com o poder econômico do homem a quem traía sem o menor escrúpulo, utilizando-se da degeneração da esposa infiel...

Logo lhe foi possível, convocou o jovem pajem a um conventículo, a fim de informar-se dos resultados das incumbências que lhe foram delegadas, e até o momento sem qualquer resultado compensador.

O jovem não se fez de rogado e apresentou-se ao sacerdote, em sua residência, conforme lhe fora solicitado.

Habilmente inquirido, nada pôde acrescentar ao que já era do conhecimento do religioso. Fora informado pela maledicência geral que a conduta da senhora era algo extravagante, considerando-se os padrões morais da época, e que *à bocca chiusa* comentava-se que o sacerdote fazia parte do seu grupo de adoradores e concubinos.

O cônego sorriu, sentindo-se lisonjeado, e, ao mesmo tempo, percebeu-se desmascarado, mas não se preocupou, conforme seria de esperar. A cavilação humana é tão grave que desborda, muitas vezes, no abuso da própria incúria. Era o que estava sucedendo ao amante inescrupuloso.

Quando já ia encerrar a inquirição, o jovem, destituído de malícia, indagou-lhe se podia formular alguma interrogação, desejando receber conselho e orientação, no que foi imediatamente atendido.

— *Percebo* — começou o rapaz, corando — *que Dona Josefa tem algo contra mim ou desconfia dos meus ofícios junto ao seu esposo.*

— *Por que essa conclusão?* — indagou o sacerdote, curioso.

— *Porque sempre a observo vigiando-me com expressões que não sei como traduzir, ora acenando-me, momentos outros fazendo-se mais acessível...*

— *Como assim?* — interrompeu-o o cônego.

— *Ora, não sei explicar. Tenho a impressão que ela me convida a alguma intimidade que me escapa ou está testando-me o comportamento para denunciar-me depois ao marido e despedir-me.*

Sentindo-se confuso, o sacerdote insistiu:

— *Seja mais claro comigo, sem qualquer rebuço conte-me tudo que vem acontecendo.*

Embora não confiando na comparsa, não podia acreditar que ela chegasse ao dislate de tentar seduzir um seu empregado, além disso, muito mais jovem, com idade que poderia ser a de um filho, caso o houvesse tido.

O pajem, algo constrangido, receando estar caluniando a desassisada, explicou:

— *Mais de uma vez surpreendo-a olhando-me de forma sedutora. Envergonhado dos pensamentos que me passaram a afligir, numa ocasião em que me exigiu levasse-lhe leite quente à alcova, tive a impressão de que, apresentando-se deitada e seminua, fizera-o de propósito, como se tivesse a intenção de provocar-me. Deixei o leite sobre a mesa de cabeceira, e, quando me predispunha a sair, ela solicitou que me sentasse à borda da cama, isso numa atitude que eu pensava somente ser possível quando se tratasse de mulheres da vida...*

Um pouco aturdido, sem saber como comportar-me, observando que ela batia levemente sobre o edredom, indicando o lugar, aproximei-me, no justo momento em que, abrindo a porta intempestivamente o padrão adentrou-se pela recâmara e, tomado de espanto com a minha presença, inquiriu-me esfogueado: "Que faz o meu empregado aqui, na intimidade do meu dormitório?"

— Antes que eu respondesse, ela explicou que me houvera solicitado serviço, ao que ele redarguiu, agora encolerizado: "E a ama de quarto, onde se encontra?"

— Ela levantou-se insinuante, envolveu-o num abraço, acalmando-o, e interrogou-o, por sua vez: "Iremos discutir na presença de um fâmulo?".

Foi o bastante para que ele se tranquilizasse, me despedisse, encerrando o assunto.

O jovem estava pálido e suava em bicas. O sacerdote encontrava-se espantado. Ele conhecia o vil caráter da mulher, mas não percebera quão depravada era a nova *messalina* com quem se envolvera.

Evitando denunciar-se e maneiroso, voltou a instar:

— E que aconteceu depois? O senhor mudou de comportamento em relação a você, alterando o tratamento?

— *Não houve prosseguimento da ocorrência, nem o patrão mudou a maneira de tratar-me, não havendo retornado ao assunto. Sucede, porém, que, a partir de então, sou eu quem se encontra confuso, receoso, como se algo muito mal me fosse suceder.*

— Quando isso aconteceu? — voltou a indagar o sacerdote, procurando dissimular o interesse pessoal.

— *Há quatro dias aproximadamente* — respondeu o jovem com relutância na voz.

— Que pretende fazer? — voltou a insistir o confessor das almas infelizes.

— *Realmente não sei* — esclareceu o moço. — *Sinto, porém, que algo se modificou em mim. A imagem perturbadora da mulher seminua não me sai da mente, e não a vejo mais como a senhora honrada que aprendi a respeitar, mas como uma qualquer de quem também eu tenho o direito de aceitar as promessas de carinho e de prazer.*

— Teria coragem de agir dessa forma desumana em relação ao homem de bem, que lhe concedeu confiança, dignificando-o e oferecendo-lhe pagamento pela fidelidade e bons serviços? — inquiriu com certa mágoa o sacerdote.

— Esse é o meu drama, cônego — elucidou Santiago, abaixando a cabeça. — *Até aquele momento eu mantinha pelo amo um grande respeito e alta consideração. Nunca me havia passado pela mente ser-lhe infiel ou desatender aos compromissos assumidos. Mas a senhora me desconcertou emocionalmente. Sem dar-me conta, nestes últimos dias, não vejo mais Don Fernando como meu senhor, mas sim como meu obstáculo à felicidade... Eu sei que estou blasfemando, pecando terrivelmente contra ele e contra Deus, mas o meu é um estado de alucinação pela sedutora. Vendo-a abraçá-lo e beijá-lo diante de mim, como se para espicaçar-me o ciúme, tenho ganas de agredir ambos, esbofeteá-la pelo cinismo e tirá-lo do meu caminho de qualquer forma... É como se um animal feroz que vivesse dentro de mim enjaulado saísse em liberdade, arrastando-me na sua sanha devoradora. Nunca pensei que eu fosse capaz de um crime de qualquer natureza, e agora estou nesta indecisão... A única alternativa que vejo para evitar uma tragédia é abandonar tudo e voltar à Catalunha...*

Don Lorenzo estava profundamente perturbado ante a surpresa que o tomava de uma vez. Jamais lhe ocorrera a possibilidade de uma ocorrência tão inesperada. No entanto, a realidade chegava-lhe cruel e fulminadora, ferindo-o profundamente. Um ódio surdo começou a tomá-lo, com ressentimento contra o rapaz belo e jovem, sentindo-se preterido pela insensata pervertida.

Pensou que encontraria, mais tarde, como desforçar-se da depravada. Seria apenas questão de tempo, enquanto ela lhe fosse útil em relação aos planos que acalentava.

Desejando saber o máximo dos sentimentos atormentados do confesso, prosseguiu no interrogatório:

— Tem algo mais a dizer, a fim de que o possa absolver?

— *Não, senhor cônego* — finalizou o atônito seduzido. — *É certo que ela me olha de maneira especial como se me estivesse prometendo algo, que mais me aflige. No momento, amo essa miserável e odeio-a, não sabendo exatamente o que se passa comigo, pois que é o meu primeiro acontecimento dessa natureza.*

— *Então, acalme-se* – propôs o confessor –, *não tomando qualquer decisão sem ouvir-me. Irei confessar a senhora, que deve estar passando também por maus momentos e necessita do seu pastor. Naturalmente ela não saberá da nossa conversa. Poderei medir o que se passa no seu coração e o porquê dessas atitudes perturbadoras. Não se precipite, portanto, em razão de estar com a mente em desalinho, evitando-se danos graves para o futuro. Como sempre, estarei ao seu inteiro dispor, e encontraremos uma solução feliz para esse sucesso terrível. Agora, pode ir-se, e Deus o perdoe, conforme eu próprio o perdoo.*

O *valet* levantou-se, osculou a mão do cônego e, mais aliviado, voltou a casa onde era esperado pelo patrão, que de nada suspeitava.

Passado aquele momento aterrador, a devassa desanuviara-lhe a mente com a especialidade de profissional do fingimento e da sedução.

As pessoas nobres julgam sempre as demais conforme os próprios padrões, não se permitindo análises perversas da conduta alheia, sempre usando de compreensão para com as falhas morais humanas e a degradação que assinala mais profundamente umas do que outras. Era assim o comportamento de *Don* Fernando Ordoñez y Proenza. Em realidade ele amava a pervertida, que sabia manipulá-lo com astúcia e artimanhas sexuais. Incapaz de trair, ele não podia acreditar que outrem o fizesse. Assim, o incidente foi superado e ele não voltou a pensar naquele assunto.

A mulher, pelo contrário. Ante o embaraço do jovem inexperiente, mais se sentiu espicaçada pelo desejo, não podendo sopitar a lascívia a que se entregara, prometendo-se submetê-lo a qualquer preço. Caprichosa e insaciável, sempre conseguia o que desejava. Desse modo, estabeleceu uma planificação íntima para enredar a caça perseguida e tomá-la nas suas perversas mãos.

Don Lorenzo, por sua vez, ficou estarrecido. Após a saída do comparsa, demorou-se derreado na cadeira acolchoada, reflexionando...

Assim as circunstâncias o favoreceram, chamou à confissão a adúltera, a quem não visitara por alguns dias, a fim de castigá-la em silêncio, negando-se ir à sua casa, qual o fazia habitualmente, o que despertou certa curiosidade na mulher infame.

O inverno chegava lentamente e a cidade vestia-se de neblina, tornando os dias mais rápidos e as noites mais demoradas. Os ventos frios começavam a soprar, anunciando temporada rigorosa que viria sem preâmbulo.

As árvores, que se desnudaram no outono, assumiam aspecto curioso de fantasmas vegetais com braços esguios apontando, crestados, os céus grises e sem brilho.

A imensa catedral estava mergulhada em névoa naquele crepúsculo sombrio.

Dona Josefa chegou de carruagem ao templo às 16h, conforme concertado com o confessor, e dirigiu-se à sacristia, onde poderiam demorar-se em diálogo profundo, sem qualquer perturbação. O sacerdote aguardava-a com o semblante assinalado pela mágoa, pelo desconforto da desconfiança e da revolta. Experimentava nas *carnes da alma* o punhal com que feria o seu próximo e nunca se dera conta. Amargava a traição, não consumada, é certo, da dissoluta, que se lhe apresentava com o rosto coberto de tintas e de sedução, procurando esconder as primeiras rugas prenunciadoras da decadência orgânica irrefragável.

Toda sorrisos, saudou-o, e porque não obtivesse resposta, experimentou rápido desapontamento, para reassumir a posição jovial que lhe era conveniente.

O sacerdote providenciara fechar a porta da sacristia, a fim de não serem incomodados, após haver providenciado fogo na lareira de mármore caprichosamente esculpido.

Para dar aspecto de honra à farsa que iria desempenhar, paramentando-se conforme a exigência clerical para o ato da confissão e sentando-se com o semblante desenhando hostilidade, solicitou que a mulher se ajoelhasse aos seus pés sobre a almofada colocada no genuflexório, persignando-se, preparando-se para o nefário interrogatório.

Colhida de surpresa, Dona Josefa elucidou que não estava disposta a confessar-se, mesmo porque não se encontrava em pecado, especialmente naqueles dias que passara sem a visita do seu corruptor. Deu à palavra um tom de sarcasmo, como a lembrá-lo que ambos se encontravam no mesmo barco da agressão moral, e que se existe adúltera, é porque há adúltero...

Em tom de severidade, *Don* Lorenzo impôs:

— *Não se peca apenas através dos atos, mas também pelas palavras e, principalmente, pelos pensamentos. E acredito que a senhora tem-se permitido a luxúria mental, caindo, dessa forma, em pecado grave...*

— *Quem, pois* — revidou, atrevida, pois que sabia com quem estava falando —, *estiver sem pecado mental, que atire a primeira pedra.*

O golpe foi certeiro. Dois hábeis embusteiros enfrentavam-se desmascarados e sem interesses em ocultar os sentimentos escusos que os identificavam.

Perdendo a paciência, em face da angústia que o dominava, o sacerdote indagou sem rebuços:

— *Qual o interesse da senhora em referência a Santiago? Ou ignora que as paredes têm olhos e ouvidos atentos, prontos para anotarem o que se passa na intimidade mesmo que das alcovas?*

Ela não pôde deter a gargalhada de zombaria que lhe espocou pelos lábios, acrescentando:

— *Não me diga que o nobre cônego está com ciúmes de um fedelho, ademais serviçal desclassificado, que se anda exibindo entre os da sua laia, como se me chamasse a atenção!? Era só o que faltava. Felizmente, embora os meus interesses pelos homens, que não oculto, ainda sei escolher, haja vista o senhor sacerdote...*

O seu era um cinismo repulsivo, e a sua desfaçatez fazia-se impressionante. Com que naturalidade podia negar o sentimento que a atormentava desde quando viu, pela primeira vez, o rapaz, objeto dos seus atuais desejos inconfessáveis!

O sacerdote, ouvindo-a, sentiu-se algo aliviado, reflexionando em outro rumo:

"E se fosse realmente gabolice do esperto? Ou talvez um reflexo inconsciente do que lhe ia no mundo interior, sem que ela o soubesse? Verdade é que lhe percebera interesse diante dele, em ocasião passada, quando o levara a jantar em sua residência. Mas, e se tudo fosse coincidência e ela inocente?"

Passados aqueles momentos mais tensos, o diálogo fez-se natural, sem acusações nem justificativas, quando Dona Josefa desvelou-se totalmente.

— *Tenho pensado nos últimos tempos* — começou com boa dose de impiedade — *em libertar-me de meu marido. Com a velhice vem-se tornando insuportável, ciumento, exigente, desconfiado de todos, inclusive do nosso confessor (olhou-o discretamente para detectar-lhe a reação emocional refletida na face, que se ruborizou)... Agride-me verbalmente, o que antes jamais acontecera, ameaça-me de expulsão do lar, de denunciar-me à Inquisição por crime de adultério, embora cumpra com os deveres no tálamo conjugal, e somente não me golpeou fisicamente porque desvencilhei-me no momento próprio...*

Um raio não atingiria o amante com maior exatidão do que a calúnia segura que lhe estava sendo apresentada em cores de verdade.

Atônito, ele redarguiu:

— *Por que não me contou isso antes? Desde quando vem acontecendo?*

A desnaturada, assumindo uma postura de vítima, explicou:

— *Não desejava afligi-lo, na suposição de que fosse uma ocorrência temporária, que logo passaria. No entanto, vem piorando, especialmente após a visita do senhor arcebispo à nossa casa, quando observou a proximidade de nós dois nos cuidados da programação para que tudo transcorresse como felizmente sucedeu. A partir dali, passou a acusar-me desveladamente, ameaçando-me mandar-me à punição, à morte, ou, pelo menos, deserdar-me perante o poder civil, expulsando-me do lar em um escândalo. Como você sabe, o dinheiro a tudo e a todos compra, nunca faltando quem possa servir-lhe de testemunha, de apoio, no execrável plano que lhe atormenta a mente em desequilíbrio. Como você não ignora, ele já atingiu os 75 anos e a decrepitude sob todos os aspectos* — frisou bem a última palavra — *se lhe acerca, tendo delírios dessa natureza, e agora, mania de perseguição.*

O comparsa saía de uma para outra surpresa, sem mesmo saber o que dizer. Numa pausa, que se fez espontânea em a narração, ele inquiriu:

— *E alguém já notou essa manifestação de caduquice?*

— *Não, que eu saiba. Afinal, por enquanto, manifesta-se em intimidade, quando se sente incapaz de cumprir os seus deveres conjugais... Revoltado, assume esse comportamento incomum.*

— *E que pensa fazer?* — indagou, curioso.

A hábil criminosa, com muito cuidado, medindo cada palavra e observando o efeito que causava, explicou:

— *É aí que entra o nosso fâmulo Santiago... É jovem, embora tímido, o que pode significar ser um fogoso interiormente e sob controle férreo, também portador de muita ambição, de destaque na sociedade, de prestígio com as mulheres, essas coisas que o dinheiro favorece e que lhe poderíamos prover... Se conseguíssemos persuadi-lo...*

Fingindo-se hesitante, parecia evitar o próprio pensamento, de modo que estimulou o sacerdote a insistir:

— *Diga-me exatamente o que pretende e conte com o meu apoio. Afinal, eu tenho ascendência moral sobre o muchacho, que me deve a situação invejável que desfruta, e certamente poderia aliciá-lo para o lado dos nossos interesses.*

Era o que pretendia a interlocutora ousada, que logo prosseguiu, tendo o cuidado de fazer-se *coquette*, cobrindo a boca e o nariz com o abanico, de forma que os olhos, muito bonitos, confessemo-lo, brilhassem ao impacto da adrenalina derramada na corrente sanguínea, ante a emoção do crime que perpetrava mentalmente:

— *Ele, talvez, em razão da confiança com o patrão, poderia provocar-lhe um "acidente" como acontece amiúde, tirando o obstáculo do nosso caminho e facultando-nos uma vida tranquila e uma velhice despreocupada, bem abonada com a fortuna que eu herdaria. Posteriormente, transferir-nos-íamos para outra província, longe de suspeição e lembranças desagradáveis, talvez próximos do nosso venerando arcebispo, a quem solicitaríamos ajuda para a sua remoção de cidade... Mas é, talvez, um delírio de mulher sofrida e ansiosa por liberdade.*

A dimensão da sordidez daquela criatura impressionava. Inspirada, certamente, por forças espirituais perversas com as quais se acumpliciara desde muito antes, em outras experiências carnais, era portadora de uma imaginação incomum e de recursos de sedução, de fingimento, de crueldade inabituais no gênero humano, menos em uma pessoa do sexo feminino. Era capaz de planejar tal crime com naturalidade sem apresentar qualquer tipo de remorso ou de inquietação, enquanto dormia e se alimentava ao lado do marido, que de nada suspeitava, sustentando a víbora que o iria picar letalmente.

O sacerdote jamais pensara em algo tão sórdido e cruel, apesar do seu caráter venal e das suas ambições desmedidas. O homicídio parecia-lhe repugnante e chocara-o, mesmo tentando dissimular o impacto recebido.

Nos conflitos que assomaram, olhou discretamente a companheira de insensatez, e vendo-a aparentemente fragilizada, sofrida e desejando liberdade, além daquela que lhe permitia dissolução e vulgaridade, sentiu estranho presságio que o assaltou, como se das sombras da memória, reminiscências adormecidas, sacudissem-no, como a informá-lo de que não era aquela a primeira vez em que se via envolvido em situação de tal porte. Sentiu-se tomado por um vágado que, por pouco, não o fez perder os sentidos, logo se recuperando e de retorno à realidade daquela tarde fria, que se faria tenebrosa...

3

NA CONFISSÃO, A PRIMEIRA TRAGÉDIA, QUE NÃO SERIA A ÚLTIMA

A ignorância e a descrença em torno da imortalidade do Espírito e suas sucessivas reencarnações respondem pelos inconfessáveis crimes e indignidades que se permitem as criaturas humanas. Parassem para pensar nas leis que regem os destinos humanos, nas tragédias dolorosas do dia a dia, nas terríveis aflições que vergastam os seres terrestres, e compreenderiam que ninguém foge dos seus atos, sendo que eles se transformam em modeladores do seu futuro, colheita obrigatória da ensementação realizada no solo das experiências carnais. Mediante a crença na imortalidade o ser compreenderia que a morte, em desvestindo-o dos despojos que se transformam em cinza e pó, não aniquila a vida, permitindo-lhe que continue exatamente conforme vive, com as mesmas características e aspirações, exatamente com idênticos sentimentos e conquistas, assim se dispondo a ser feliz desde hoje por meio de uma conduta saudável e atividades edificantes. Sem o isolar da sociedade, torná-lo-ia instrumento de progresso para o grupo no qual se insere, desenvolvendo os valores de bondade e compreensão que nele jazem adormecidos, aguardando somente o toque de despertar e os fatores que propiciam o seu crescimento moral. Entenderia o significado de todos os bens, dos tesouros adquiridos, dos recursos da saúde e da inteligência, que deveria aplicar em favor da dignificação e felicidade de todos, ao invés do insano tormento do *ego* desvairado, que apenas se vê como essencial e, quando abastecido e saciado, tomba no vazio, no desinteresse, afligido pela necessidade de fuga para lugar nenhum... Descobriria quão rápido é o trânsito carnal e quanto vã é a ambição da posse que não preenche as necessidades dos sentimentos nem as ansiedades da alma. Possuir é sempre frustrante. Logo conseguido aquilo que se aspira e este perde o seu significado, abrindo espaço para nova inquietação, conforme sucede em nosso mundo de consumo enlouquecedor, rico de pessoas pobres de aspirações enobrecidas, que vagueiam pelos bares e tavernas, luxuosos ou escuros, buscando nos alcoólicos, nas drogas, no sexo, na violência uma brecha para viver emoções diferentes, que significam nada, porque logo perdem o interesse...

Por outro lado, a crença na imortalidade oferece a visão do futuro tranquilo, enriquecido de esperanças e de realizações que não levam ao tédio nem ao fastio, ensejando sempre novas perspectivas de felicidade, que alcançará, passo a passo, na trilha da iluminação. Constatada a falência dos valores terrestres, assumiriam o seu lugar aqueloutros de duração eterna, que nunca se esfumam.

A crença racional na reencarnação igualmente demonstra ao Espírito a inutilidade dos expedientes infelizes, das atitudes perversas, dos logros desonestos na busca da felicidade, porque somente é estrutural e digno de respeito aquilo que se realiza pelos caminhos da licitude. As Leis Soberanas, que regem o Universo, estabelecem o equilíbrio que ninguém consegue desarmonizar. As ações pérfidas e criminosas respondem, às vezes, pelos imediatos resultados que se almejam, mas são efêmeros, deixando sempre a amargura e a desdita no seu lugar. Não apenas isso, o criminoso sempre vai visitado pelo remorso, pelos sentimentos de culpa que jamais o abandonam, mesmo que se demorem anestesiados na consciência. Como o progresso é inevitável, nada e ninguém o pode deter, sendo incoercível a sua força que arrasta para a frente pessoas e sociedade, tempos e ocorrências, não obstante os aparentes impedimentos que surgem pelo caminho.

A reencarnação enseja a reparação de todo o mal praticado, mediante os maravilhosos caminhos do amor, que facultam sejam ressarcidos os débitos contraídos ante a Consciência Cósmica, ou por meio do sofrimento, às vezes, expiatório, incomparavelmente afligente, que significa mecanismo de reeducação. Tendo-se convicção de que os atos lançados no rumo do futuro retornam nessa ocasião conforme elaborados e com os seus idênticos procedimentos, assim se impondo de maneira inapelável, como recurso de que a Vida Triunfante se utiliza no programa de transformação dos Espíritos e do planeta Terra que habitam. Somente o bom proceder, a vivência da consciência do dever, as esplêndidas concessões do amor, do perdão, da caridade, da fé conseguem plenificar o Espírito no seu processo de evolução. Jamais retrogradando, pode, não poucas vezes, deter-se na marcha ascensional, enquanto se recupera das alucinações praticadas e dos gozos indevidos a que se entregou. Quando a reencarnação fizer parte do comportamento humano, o crime e os seus sequazes de todo tipo deixarão o mundo terrestre e se tornarão imagens de museu, a fim de que a posteridade possa contemplar o período de barbarismo porque passou, embora rotulado de civilização, cultura, ética, arte, tecnologia e religiões...

Eu bem o sei, porquanto vivenciei os dois períodos existenciais: o da descrença em razão das religiões tradicionais não me terem conseguido enriquecer de luz o raciocínio nem de fé a razão, em face da pobreza dos seus postulados e da ilusão material das suas apresentações. Mais tarde, porém, quando me luziu o conhecimento da imortalidade e da reencarnação e enriqueci-me de certezas, a morte começou a anunciar-me a sua hora de chegada, mas, assim mesmo, dei início à viagem de volta à simplicidade e pureza de coração, à retidão e ao bom proceder, à execução de um programa de felicidade que viria depois... A morte morreu nos escaninhos da minha convicção espiritual e o convívio com os Imortais ensejou-me a plenitude da existência que, embora os brilhos transitórios de um dia, estava destinada à consumpção, não fossem *A voz do sepulcro*[5] e as outras da Imortalidade que me vieram despertar para a realidade indestrutível.

◆

Agora, esfogueada pela ardência do plano infernal, a dama externou:

— *Antes de pensar em confessar-lhe o que venho pensando, ocorreu-me aliciar Santiago para o nosso lado, de alguma forma retirando-o, a pouco e pouco, do fascínio que meu marido exerce sobre ele. E, para tanto, estava disposta a não medir sacrifício, que seria temporário até a consumação do plano libertador.*

---

5. *A voz do sepulcro* – Pseudônimo de um dos Espíritos que se comunicavam nas memoráveis reuniões que realizávamos em Guernesey, a ilha onde estive exilado, após a estada em Jersey (1852/1870) (nota do autor espiritual).

O ouvinte foi sacudido pelo ciúme atormentador, e interrogou, disfarçando os sentimentos afetados:

— *A senhora estaria disposta a qualquer coisa? Isto é extensivo a alguma cooperação sexual, à semelhança de Dalila em relação a Sansão e de Judith relativamente a Holofernes? Aliás, essa tem sido a arma terrível das mulheres, somente que, nem sempre se aureolam de vitória permanente, qual aconteceu com Cleópatra, que após conquistar e perder Júlio César, dominou Antônio e com ele foi vencida...*

— *Ora, meu amigo, é necessário, reconheçamos, quando está em pauta um plano feliz. Para atingi-lo não são importantes os meios, desde que exequíveis, facilitadores do triunfo. Terminada a missão e coroada de êxito, o passado fica esquecido, sendo o presente o pioneiro de um futuro ditoso, não lhe parece? A conclusão, a respeito de favores de alcova, é do meu querido parceiro ciumento e não sugestão minha.*

— *E se por acaso* — volveu a indagar algo inquieto — *for necessário esse expediente, utilizar-se-ia?*

— *Para ser sincera* — respondeu, fingindo indiferença —, *não pensei nessa alternativa. Posso afirmar, porém, que o animal aprisionado, que se vê escorraçado e sem chance de libertação luta até a morte para recuperar o seu espaço no mundo, que pertence a todos. A verdade é que, continuando essa situação que me atormenta e desnorteia, não sei o de que serei capaz, desde que não fique à mercê do algoz.*

Dona Josefa havia sabido penetrar na alma do solerte com excelente tato psicológico. Ninguém acreditaria que toda a sua informação fosse destituída integralmente de qualquer verdade, sendo exatamente o contrário aquilo que lhe ocorria. O esposo enganado desdobrava-se em carinho. Mesmo quando a surpreendeu em atitude incorreta, que denunciava o seu propósito, logo procurou esquecer, aceitando as explicações sem conteúdo de verdade.

Naturalmente, os criminosos possuem o dom especial de buscar e viver emoções fortes, aquelas que os mantêm em constante tensão, de onde retiram os elementos do prazer e os estímulos para não ficarem à margem dos acontecimentos.

A mulher dissoluta desejava horizontes mais amplos ao perceber a aproximação da velhice e o espaço relativamente diminuto para dar campo às suas excentricidades. Por afinidade, desejava conviver com outros do mesmo quilate, experienciar a vida tumultuada dos insensatos, usufruir de todas as paixões que lhe remoíam interiormente.

O cônego estava aturdido. De alguma forma acreditava na parceira, porém imaginava se ela planejava descartar-se do esposo através de um homicídio bem calculado, por quanto tempo se contentaria com as suas carícias e sua presença periódica, não contínua, considerando-se o fogo que a queimava por dentro?

Ainda não saíra da perplexidade, quando ela indagou, denotando alguma irritação na voz:

— *Poderei contar com os bons ofícios do meu confessor? Até onde estará disposto a ajudar-me, igualmente se ajudando? Afinal ele, o marido demente, é o único obstáculo a nublar a nossa felicidade. Estando livre, não terei a quem prestar satisfações dos meus atos e poderemos desfrutar dos regalos que a vida nos pode conceder.*

Quase tartamudeando, ante o inusitado, respondeu:

— *Irei pensar. Necessito de tempo para amadurecer e acostumar-me com a ideia. Nos meus planos nunca entrou o crime em ação.*

— *E, por acaso* – interveio, secamente –, *o nosso não é um relacionamento criminoso? De um para outro estado de delinquência distam somente alguns passos. Aqueles que se contentam com pouco jamais alcançam os benefícios com que a vida nos pode fartar. O escrúpulo que seleciona um de outro crime não tem qualquer sentido, em face da ilegalidade de um como de outro. Talvez, haja alguns que são mais hediondos, não porém menos graves. Pois saiba que eu estou pronta para a batalha...*

Ergueu-se, atrevida, o peito arfante e enfrentou-o. Olhando-o de cima, pareceu desafiá-lo, provocando-lhe os sentidos asselvajados, os instintos primitivos que lhe predominavam no caráter. Ele também levantou-se agitado, cingiu-a pela cintura e beijou-a com sofreguidão, expondo-se a riscos desnecessários. A noite havia invadido a sacristia, debilmente iluminada pelas chamas bruxuleantes da lareira que necessitava de novas achas de lenha.

Ela o afastou com o seu especial talento para espicaçar os desejos nos outros.

Arrogante, cobriu a cabeça com o manto pesado, ornado de pele de animal, que lhe descia por todo o corpo, e rumou na direção da porta central da igreja mergulhada em sombras, onde a aguardavam a carruagem e o cocheiro tiritando de frio. Entrou com estrépito e deu o sinal de partida.

O sacerdote permaneceu na sacristia, olhando o apagar-se das labaredas sem combustível para continuarem crepitando.

Mergulhou em profundos cismares, saindo lentamente na direção da própria residência. Alternava as emoções que ora se apresentavam como pesar, angústia, incerteza, para antever-se triunfante no poder, assessorado pela devassa de quem se utilizaria até a exaustão, abandonando-a depois. Na condição apenas de parceiro do crime – ela sua autora e o jovem títere por eles manobrado –, os riscos pareciam de pequena monta e os benefícios de alto valor. Assim mesmo, não sentiu apetite, optando por alguns cálices de capitoso e embriagante vinho que o auxiliaram no amolentamento e no sono agitado de que foi vítima.

Nesse estado alterado de consciência, viu-se perseguido por vultos terríveis que o acusavam de vários crimes e ameaçavam-no com promessas de desforço sangrento. Experimentou a sensação de que já houvera vivenciado drama equivalente, ao lado da crápula que exercia esse estranho fascínio, esse poder de conduzi-lo pelos sombrios corredores da delinquência.

Despertou, no dia seguinte, com fortes dores de cabeça, dominado por indisfarçável mal-estar, como se houvesse estado em vigília por toda a noite e absorvesse substâncias tóxicas que o nausearam. Lentamente recordou-se das ocorrências da véspera, preparando-se para os acontecimentos que, por acaso, viessem a suceder.

Nesse comenos, o correio episcopal trouxe-lhe uma carta do senhor arcebispo que, dando prosseguimento ao relacionamento fraternal, respondia-lhe a correspondência formal anteriormente formulada, em torno da possibilidade de uma futura remoção para outra sede, onde pudesse exercer o pastorado mais ativo. Salamanca, houvera informado, estava rica de um sacerdócio seleto e nobre, generoso e ativo, não lhe ensejando campo para ampliar as suas funções de zeloso servidor de Deus e da Igreja.

Agora, Sua Eminência respondia que o assunto estava sendo criteriosamente estudado e logo quando fosse possível, lembrar-se-ia do devotado cônego e amigo. Explicava, também, quanto às suas atividades eclesiásticas, que denominava exaustivas, as responsabilidades com a administração dos bens da organização religiosa a que se dedicava, dos percalços e das intrigas de bastidores, que o perturbavam, tendo em vista os votos que todos formulavam de bem servir, de renunciar, de preservar a humildade, a castidade, a fidelidade... Ao mesmo tempo, explicava que *a carne é fraca*, conforme asseverara Jesus, e que o sacerdote, mesmo aquele imbuído de sentimentos elevados, é também criatura susceptível dos mesmos erros que são cometidos pelas demais. Demonstrava tolerância e compreensão em torno das pusilanimidades e das debilidades morais do ser humano, ao qual procurava edificar.

A leitura proporcionou-lhe um grande bem interior, modificando-lhe completamente o humor e predispondo-o a dar atendimento aos seus deveres sem a turbação emocional de que fora objeto até há pouco.

Assim, alimentou-se bastante, com bom apetite, reforçando o desjejum com um licor estimulante e dirigiu-se à igreja.

Mal chegara à Catedral, Santiago veio buscá-lo, a pedido do amo, porque a senhora não se encontrava em bom estado de saúde. O médico, que não fora encontrado naquele momento, estava sendo aguardado.

Tomando a carruagem, seguiu atônito na direção da bela e rica propriedade. Conduzido diretamente à intimidade do quarto de dormir, que lhe era muito conhecido, encontrou-a refazendo-se do que disseram haver sido um desmaio, após uma noite maldormida. Sem as pinturas, a mulher apresentava peculiar palidez que contrastava com os olhos negros, agora sem brilho sob os cílios longos e recurvados. Duas amas cuidavam-lhe com carinho desnecessário, enquanto procurava dar a impressão de uma gravidade inexistente no seu organismo. De imediato ele concluiu tratar-se de algo muito perturbador que deveria ter tido lugar com o marido, que se apresentava sinceramente preocupado, sem saber entender o que ocorria.

Após a ingestão de algum chá de erva calmante, acompanhado de torradas para quebrar-lhe o jejum, ela recostou-se nos imensos almofadões, sorriu, tentando recuperar a brejeirice e abriu espaço para a conversação geral.

Nesse ínterim chegou o médico dando mostras de inquietação, logo sendo asserenado pela explicação por ela mesma fornecida:

— *Deve ter sido um distúrbio gástrico, resultante de dificuldade digestiva, que está passando.*

E dando outra entonação à voz, acrescentou:

— *Às vezes, é necessário adoecer para poder aquilatar a estima ou não de que se desfruta. Posso perceber que ainda sou pessoa querida...* (E olhou de soslaio o jovem serviçal, que denotava grande tensão na face contraída, o que muito a alegrou, ficando indiferente à preocupação dos demais.)

Passado o susto, o domicílio recobrou a sua rotina habitual, o médico e o cônego retornaram aos seus quefazeres, enquanto o preocupado Santiago indagava das amas com frequência como estava a patroa, procurando demonstrar fidelidade e serviço, ocultando a paixão sensual que o corroía e o esfogueava.

Naquela noite, enquanto o marido saíra para desincumbir-se de compromisso comercial, a mulher pedira-lhe para que deixasse o seu *valet* em casa, velando-a e lendo para distraí-la, no que foi atendida prazerosamente.

Dispensadas as amas, o jovem tomou lugar em uma poltrona de braças acolchoada, próxima à cama larga, iluminada por candeeiros de cristal trabalhado e com opalina violácea, que funcionava como quebra-luz, e, solicitado pela convalescente, passou a ler uma página que lhe foi indicada numa obra luxuosamente encadernada em percalina e ouro, que estava sobre a mesinha de cabeceira, em lugar assinalado. Tratava-se de um poema de amor, que o jovem começou a ler enrubescendo e gaguejando, com a voz trêmula que lhe denotava a emoção malcontida.

— *Faz-lhe mal a leitura?* — indagou a *messalina* com maldisfarçado cinismo.

— *De maneira alguma, senhora* — respondeu com rapidez —, *sucede que não sei ler o suficiente para traduzir a beleza do que escreveu o poeta e sinto-me desconfortável nesta posição.*

Fazendo-se desentendida, ela propôs sem cerimônia:

— *Então, acerque-se mais e esteja à vontade.*

Dona Josefa estava segura dos seus ardis e dos sentimentos perturbados do seu empregado, desejando somente avaliar até onde ele se atreveria.

— *Desculpe-me, se não fui claro* — elucidou, ainda confuso —, *mas é que a presença da senhora me perturba e a leitura não é o meu forte.*

— *Eu, no entanto, fui muito clara* — confirmou com uma risota —, *acerque-se mais e demonstre-me em que você é mais forte. Estamos a sós, pelo menos, penso que estamos.*

Ato contínuo, a despudorada distendeu-lhe os braços sedosos com as mãos aguardando carícias, acostumadas que estavam ao deboche.

O moço, a princípio hesitante, levantou-se lentamente e aproximou-se, sentando-se na borda do leito macio e tocando, álgido, as mãos da mulher desinibida, que o prendeu com ansiedade, arrastando-o com alguma violência para cima do seu corpo e estreitando-o com lubricidade.

A sofreguidão das carícias e o tormento do sexo em desalinho tomaram-na, quase asfixiando o novo amante na volúpia desmedida da insensatez.

Ele pareceu arrastado por um tornado, que o fazia quase desmaiar no torvelinho emocional que lhe tomou todas as fibras, obnubilando-lhe a mente e vencendo-o totalmente.

Só mais tarde recuperaria o discernimento, dando-se conta do delito que acabara de praticar, por provocação da perdida. A consciência, que retornou, produziu-lhe insopitável constrangimento, que permaneceria, a partir de então, quando na presença do inocente patrão. Esse sentimento de culpa desenvolver-lhe-ia uma surda revolta por aquele que lhe distendera a mão de amigo e a oportunidade de crescimento econômico, social e moral, havendo sido traído miseravelmente pelo seu *homem de confiança*. Sucede que o instinto de posse, estimulado pela libido decorrente da paixão sexual, predomina na natureza dos indivíduos de compleição moral inferior, passando a governar-lhe a conduta, embora o disfarce da educação, quando dela possuidor, e o impositivo das circunstâncias.

Subitamente tomado de vergonha e angústia, e sem maior respeito pela patroa que acabara de desnudar-se moralmente, saiu do quarto com celeridade, como se buscando ocultar a vergonha e o conflito que o tomaram por inteiro.

Acostumada aos comportamentos vergonhosos, que os considerava naturais, a amante traiçoeira havia logrado concretizar mais uma etapa das paixões vis que a assinalavam, abrindo espaço para futuros tentames no objetivo criminoso que vinha desenhando contra o marido.

A Espanha encontrava-se, naqueles dias, sacudida pelos infelizes acontecimentos defluentes da morte de *Don* Fernando VII, que acontecera no ano de 1833. Dois partidos levantaram-se para colocar no trono, respectivamente, *Don* Carlos – os seus seguidores eram denominados carlistas – ou Dona Isabel – partidários chamados isabelistas –, cuja vitória competiria aos últimos, no ano de 1839. Logo depois, no ano seguinte, a regente Dona María Cristina seria assassinada por Espartero, considerado um *progressista,* pondo termo, por algum tempo, aos enfrentamentos e combates de interesses mesquinhos.

Nessa oportunidade – 1834 –, os conflitos se espalharam por todo o país, embora fossem mais graves em somente algumas províncias, experimentando-se, no entanto, em todas elas confrontos e diatribes que eram atiradas ora contra uns ora contra outros competidores.

Don Fernando Ordoñez y Proenza era carlista apaixonado, e, naturalmente, reunia-se com outros do mesmo partido com discrição, no silêncio da noite, em residência afastada da urbe, a fim de evitar situações embaraçosas, esperando que a luta se resolvesse na Corte, porém disposto a colocar em benefício do seu favorito expressiva parte dos seus bens, se necessário, de forma que *Don* Carlos fosse o vencedor.

Esse era um dos motivos básicos do seu afastamento noturno do lar, nos últimos meses, quando recusava a companhia do *valet* ou de qualquer outro auxiliar, mantendo os cuidados indispensáveis que a questão exigia. Sabedora do interesse do marido e dos seus compromissos *comerciais,* a esposa podia dedicar-se ao que melhor lhe aprouvesse, dispondo do tempo suficiente para as suas estripulias, sem maiores preocupações. Evitando chamar a atenção, ele mesmo viajava no seu cabriolé, conduzindo-o com mestria, assim facilitando a locomoção. As reuniões, invariavelmente, adentravam-se pela noite até as primeiras horas do amanhecer, quando todos retornavam aos seus domicílios.

Conseguido esse primeiro sucesso, Dona Josefa pôs-se a elaborar projetos, de forma que pudesse antecipar resultados, no que dizia respeito à eliminação do marido. Ela sabia, por experiência pessoal, que ao embaraço inicial sempre sucede a sede de novos prazeres e, dessa forma, aguardou que os dias transcorressem normalmente como se nada inabitual houvesse acontecido. O jovem, que a evitava nos primeiros dias, espicaçado pelo desejo, foi retornando à sua presença, que ela sabia despertar imenso interesse, estabelecendo-se a ligação desavergonhada e contumaz. Os excessos sempre corrompem mais os sentimentos e a consciência, que perdem o controle sobre os padrões de equilíbrio e de dignidade, derrapando na aceitação tácita dos descalabros. Esses párias morais são os responsáveis pelos desaires e sofrimentos que se abatem sobre as massas, porque geradores das misérias sociomorais, econômicas e de todos os matizes. Para eles, esse comportamento é perfeitamente natural, porque em sentindo-se bem nada mais lhes interessa, fingindo que tudo se encontra em ordem, o que não é exatamente assim...

Em ocasião muito própria, já que o jovem passou a ser também auxiliar da senhora, que o conseguira através de aquiescência do marido ingênuo, sem nenhum pudor expôs ao subalterno apaixonado:

— *Sabendo da sua religiosidade, espero que o nosso relacionamento não seja revelado na confissão ao cônego Don Lorenzo, e, naturalmente, a mais ninguém no mundo. Segredo é algo que somente merece esse nome enquanto permanece desconhecido de todos aqueles que não são partes do acontecimento. Sua Reverendíssima é-me credor de muita confiança e respeito, alta estima e grande consideração, e penso que tem de mim os melhores e elevados conceitos, em face da maneira como me trata e dos cuidados que tem pela minha felicidade...*

A ardilosa era, realmente, incomum. Possuía a capacidade de providenciar defesas e disfarces por toda parte. Fazia-se ingênua e vítima, sem perder a superioridade que se atribuía, manipulando as pessoas à sua volta, incluindo, bem se depreende, os amantes que lhe passaram pelo leito despudorado. Senhora da situação, pois sabia que houvera submetido o jovem estúpido aos seus caprichos, conduzia-o à perda do discernimento, tornando-o maleável a quaisquer exigências e programações que elaborasse. Como o sacerdote era-lhe um perigo natural, porque da mesma têmpera moral, tornava-se-lhe necessário deixá-lo na ignorância dos novos acontecimentos, evitando os ciúmes inconfessáveis e desagradáveis, perturbadores e perigosos.

Emaranhado nos encantos da diva pervertida e anelando por submetê-la à sua paixão, tomado de espanto pela declaração e comentário que lhe fazia a respeito do sacerdote, não pôde manter-se fiel ao compromisso com o prelado, e, sem perspicácia, declarou-lhe:

— *Não creio que o nosso padre mantenha um conceito elevado de madame...*

— *E por que não?* — interrogou-o, curiosa.

— *Porque, ao concordar em interceder em meu favor junto ao seu esposo, exigiu-me fiscalizar-lhe a fortuna e a conduta da senhora, já que não é tida pela sociedade em alta conta...*

Algo descontrolada, reagiu com impropérios:

— *Então, o miserável desconfia dos meus bons hábitos? Que pretende, além de ser-me o confessor? Qual o compromisso que eu teria com ele, afinal, um homem como outro qualquer?*

E fingiu-se profundamente magoada.

Penalizando-se, o jovem Santiago prosseguiu, sem perceber-se controlado pela áspide:

— *Sucede, senhora, e não se aborreça, que existe um mexerico, que passa de boca em boca, que o padre é também cliente... digamos, visitante noturno da senhora, conforme declaração de algumas das amas, que já os teriam surpreendido em cenas idílicas...*

A mulher prorrompeu em fingido pranto, levantando as mãos aos céus em atitude de rogativa punição para os maledicentes. É claro que ela sabia do que se passava e nunca dera qualquer importância, prosseguindo na sua impudicícia conforme lhe aprazia. Agora, no entanto, necessitava de aliciar mais uma vítima ingênua para as suas fileiras.

— *Que cidade é essa, meu Deus, que condena os seus benfeitores e os acusa indevidamente?! É um grande dissabor para mim, ademais, sob desconfiança em torno de um homem de Deus, que nos deve pastorear e orientar! Como é isso possível?*

Com boa expressão teatral, prosseguiu, queixando-se e fazendo-se de incompreendida, para logo acrescentar:

— *É sempre assim. Os maus e invejosos nunca perdoam os ricos, os belos, os inteligentes, os felizes, sempre procurando arrastá-los para os porões e pantanais onde se demoram.*

— *E você acreditou nessas calúnias? Pôde surpreender-me em alguma falta dessa natureza? Você dirá que eu o seduzi, e da mesma forma como agi em relação à sua pessoa certamente devo ter mantido atitude semelhante com outrem. Será que pensa isso de mim? Sim, é verdade que me apaixonei por você, mas não sou culpada de, desamada pelo marido idoso e incapaz, descortês e descuidado dos seus deveres para com a minha companhia, sendo-lhe mais jovem trinta e cinco anos, encontrar noutro jovem o licor da felicidade, o estímulo que me renovou para viver. É claro que foi a sua juventude que me seduziu e não eu quem o conquistou... Apenas facilitei o caminho, em razão dos meus sofrimentos, que não são poucos...*

A artimanha estava produzindo o resultado desejado, porque o rapaz aproximou-se, comovido, e, acarinhando-a, tentou acalmá-la, confortá-la.

No íntimo ela estava feliz, porque o plano prosseguia conforme desejava, pouco lhe interessando a opinião dos demais ou do sacerdote, de quem já se encontrava algo saturada, e agora, motivada pelo interesse despertado pelo jovem fogoso, aquele menos prazer lhe proporcionava, para não dizer que lhe produzia certo tédio...

— *Eu a defenderei com todas as forças se for necessário, mesmo do seu marido descuidado* — explodiu o jovem com o ímpeto da imaturidade.

Depois de uma pausa, ele concluiu:

— *Lutarei contra os moinhos de vento, os monstros, se indispensável, para nunca perder a minha sublime Dulcineia.*

Ela sorriu renovada e indagou:

— Gosta de *Don* Quixote, o nosso querido *manchego*?

— *Sim, é claro* — ripostou, envaidecido —, *quem não se delicia com Miguel de Cervantes? É o gênio que todos gostaríamos de haver sido, e, na impossibilidade de manter a sisudez, o bom senso que ele coloca em Sancho Panza, o serviçal devotado, pelo menos vivenciamos as alucinações cavalheirescas do nobre e desvairado senhor.*

— *E me defenderia até mesmo do meu marido, se necessário fosse, para libertar-me do seu domínio?* — perguntou com ansiedade, procurando penetrar-lhe a alma com a agudeza do felino que está prestes a desferir o golpe contra a sua vítima indefesa.

Sem medir as consequências, o arrebatado e invigilante sonhador declarou-lhe, num arroubo:

— *Sim, pois tenho ciúmes dele por ser o seu possuidor... e não saber aproveitar o que tem, pela velhice ou alguma doença desconhecida, conforme está informando-me.*

Era tudo quanto a perversa desejava. Equipada da certeza de que os seus planos seriam coroados de êxito, entregou-se a novas extravagâncias sexuais, como pagamento pela conquista conseguida, enquanto pensava no futuro que perseguia.

✦

Aquela parceria sob medida não se originara no aparente encontro daqueles dias, mas remontava a um passado não distante, quando se houveram entregado a dissipações equivalentes e perjúrios criminosos. Essas afinidades não resultam de eventualidades, de acasos que imanam dois seres pensantes um ao outro, sem que haja uma anterioridade que o justifique. O encontro, por primeira vez, produz empatia, faculta interesses de aproximação, mas as afinidades somente a pouco e pouco se estabelecem, quando os indivíduos identificam-se com os sentimentos, as tendências e condutas uns dos outros. Os Espíritos que estagiam na mesma faixa de evolução encontram-se e reencontram-se ao longo das reencarnações, quando assumem compromissos que os unem na desgraça ou que os vinculam nas realizações enobrecidas, cabendo-lhes a utilização da ensancha para reparar os erros, quando agiram com desrespeito pelas Leis Divinas ou para dar prosseguimento às empresas que a morte interrompeu temporariamente. Quase sempre, porém, os dislates praticados impõem-se com o vigor dos vícios de que são portadores, induzindo os comparsas à peregrinação pelos mesmos sítios escusos que já percorreram e são-lhes familiares.

É muito comum, e amiúde se repetem, os acontecimentos infelizes, em que suicidas de ontem volvem a repetir o crime pela falta de forças morais para enfrentar as vicissitudes que se originaram naquele ato de rebeldia contra a Vida. Não suportando as provações a que fazem jus, buscam fugir das responsabilidades que lhes dizem respeito e trouxeram-nas como indispensáveis para a reparação, superando os obstáculos que os detiveram anteriormente... Reincidindo no erro, retornam ao mundo material sob instâncias aziagas, em expiações pungentes e irrecuperáveis, a fim de que aprendam por definitivo o respeito aos Soberanos Códigos.

Também na área das viciações – tabaco, alcoólicos, substâncias químicas, jogo, perversões sexuais, aturdimentos morais e devassidão – o fenômeno é idêntico. Claro está que sempre ocorre o primeiro incidente, o derrapar no delito, a aceitação do despautério e, uma vez acontecido, as repetições dão-se com certa frequência, até quando os mecanismos de reajustamento da Consciência Cósmica convidam o infrator à radical mudança de conduta, iniciando-se o rosário dos sofrimentos dignificadores.

4
Os envolvimentos infelizes que terminam em desdita

Mais de uma vez o desconfiado sacerdote invitou Santiago Flor y Ruiz a comentários e a prestação de contas das tarefas que lhe haviam sido delegadas. Mas ele, advertido pela amante, manteve a discrição e o silêncio a que se comprometera, sempre informando que nada de especial havia acontecido, e que o amo permanecia agora na cidade mais tempo do que habitualmente por motivo que lhe era desconhecido.

Como o jovem já trabalhava na herdade havia mais de oito meses, tempo suficiente, esclarecia-lhe o padre, para haver tomado conhecimento das ocorrências que lhe interessavam saber, dizia-lhe estar surpreendido com a falta de informações seguras em torno do comportamento dos seus amos.

Apesar disso, quando se sentia acossado, referia-se à patroa como exemplo de virtudes, vítima da maldade humana e das inveja que sempre perseguem os poderosos, no que se saía sempre muito bem.

Não tendo razões para mais ponderosas desconfianças, o cônego de los Hoyos tranquilizava-se, embora a sua intuição perversa lhe anunciasse acontecimentos muito graves, que não conseguia detectar. Observara que a sedutora evitava-o com muita habilidade, justificando impossibilidade de recebê-lo com a frequência anterior, em face da presença do esposo na cidade, que, segundo sua versão, vigiava-a sorrateira e constantemente.

Essa notícia fazia parte do seu plano, despertando a ira do padre contra o homem honesto e cumpridor dos seus deveres, de quem desejava desembaraçar-se a qualquer preço.

Dois dias após haver colhido a declaração de fidelidade do novo amante, Dona Josefa solicitou, para agrado superlativo do sacerdote, uma entrevista-confissão. Esse era o meio mais eficaz para evitar suspeição, já que estaria na *Casa de Deus*, conforme a convenção confessional, e diante do pastor a quem revelava os seus pecados, sendo naturalmente absolvida deles.

O inverno atingira o clímax. A baixa temperatura impedia que as pessoas se movimentassem fora do aconchego do lar, demandando a rua, exceto por necessidades inadiáveis.

No dia e hora aprazados, ao cair da tarde, como de hábito, a carruagem de Dona Josefa logo alcançou a Catedral, oportunidade essa que lhe parecia própria para as conspirações e programações hediondas. Ela tivera o cuidado de apresentar-se sedutora, porque reconhecia a força da sensualidade ante os fracos de caráter e de conduta. Desejava ter o sacerdote ao seu lado, para futuras circunstâncias, e, ademais, receava a ingenuidade e juventude do estúrdio Santiago Flor.

Nunca se deve subestimar ninguém ou menosprezar os seus valores, suas qualidades enobrecidas ou degradantes. Naquele corpo jovem fremia um Espírito viciado e perverso, cujas tendências funestas estavam apenas amortalhadas. Caso houvesse escolhido outra trilha, e superaria a força das inclinações perniciosas, momentaneamente refreadas. Como, no entanto, estava estimulado por cômpares já adiantados na usança da astúcia maldosa e dos crimes cavilosos bem tramados, logo mais desabrochariam em catadupas aquelas lembranças que nele tomariam corpo, tornando-o revel. Bastar-lhe-ia o detonar das paixões selvagens e ele se transformaria...

Recebida com encômios pelo sacerdote, que prosseguia derreado ante os seus meneios e brejeirices, a mulher inconstante solicitou-lhe os preparativos litúrgicos para que a ouvisse em confissão, já que necessitaria das bênçãos do perdão.

Tomado de incoercível surpresa e curiosidade ante aquele apelo, pôs-se a imaginar qual teria sido o delito cometido que lhe exigisse arrependimento tão rápido. Assim, paramentou-se sem mais delongas, persignou-se, sentando-se na convencional posição de escuta das misérias humanas com a arrogância de portador do poder de conceder ou não o perdão aos infelizes que o buscavam. Ora bem, do perdão divino necessitavam ambos os enleados nas teias dos crimes que cometiam com o maior desplante, longe dos sentimentos de humanidade, de respeito pela vida e pelos semelhantes...

De imediato, a dama passou à narrativa, dando outra versão à conquista do jovem Flor.

– *Não sei* – começou com o comedimento próprio para causar forte impressão, o que conseguiu – *se já esclareci ao amado confessor que o meu marido é carlista...* (Ela sabia que o sacerdote era isabelista fanático, pois esperava colher frutos bons da futura rainha).

– *Ignorava-o, totalmente* – interrompeu-a com certa revolta. – *Por que não me disse antes? Afinal, precisamos saber com quem estamos lidando nestes dias muito especiais. Logo me dou conta da gravidade de conduta do nosso então adversário político... Mas, siga adiante* – tentou recompor-se e aguardar as notícias que deveriam ser muito importantes.

– *Graças aos compromissos com outros partidários do desgraçado Don Carlos* – prosseguiu a infame –, *a quem vem prometendo abonar o movimento, assim dilapidando o nosso patrimônio, o que não devemos permitir que aconteça, obrigando-me a antecipar os nossos projetos, chamei o seu secretário à minha habitação, e auscultei-o sem palavras, descobrindo que ele me deseja com ardor de adolescente sem respeito...*

– *Aquele fedelho infame, também entre os seus amantes?* – prorrompeu em desalinho emocional – *Então, esse é o pecado que tem para contar-me, espezinhando os meus sentimentos?*

– *Calma! Calma, Don Lorenzo!* – aduziu a irresponsável. – *Acredita que se eu o houvesse traído, viria suplicar-lhe ajuda para os nossos planos de felicidades futuras? Que pensa de mim? Supõe que me entregaria a um fâmulo, havendo tantos homens de destaque social à minha espera, ou pensa que não tenho o verdadeiro conceito do meu valor? Não lhe parece desprezível essa opinião a meu respeito? Anelo por muito mais, e não me contento com pouco, conforme Sua Reverendíssima há de ter percebido, neste já largo tempo das nossas intimidades... Eu somente estou dizendo que lhe percebi as labaredas do desejo, o que não implica que haja sido atendido...*

– *Pelo menos...* – concordou o sacerdote. – *É que as mulheres... Mas vamos adiante!*

Assumindo postura de intrigante muito astuta na condução dos seus propósitos, deu curso à narração:

— *Falei-lhe a respeito dos meus padecimentos de esposa esquecida no próprio leito por aquele que me deve compromissos de amor não cumpridos, dos maus-tratos que me vem infligindo, da sua indiferença e ameaças de abandonar-me em razão das calúnias que me atiram – e para alfinetar o sacerdote, adiu –, inclusive acrescentando o nome do nosso Reverendíssimo padre entre os meus supostos amantes, consegui que ele fremisse de ira. Continuei confessando-lhe as minhas dores ocultas e silenciosas, que venho disfarçando com a aparência de mulher feliz num lar ditoso, e quando lhe informei que o bandido me houvera agredido fisicamente, ele levantou-se, espumando de raiva e desabafou:*

"*– Covarde! Como pôde agredir uma mulher bonita e frágil, que deveria cuidar com mais apuro e interesse. Se eu souber que ele repetiu a cena brutal, eu serei capaz de matá-lo".*

— Animada pela sua declaração espontânea, interroguei:

"*– E por que o mataria?*

"*– Para libertar a minha protetora..."* – respondeu, baixando os olhos, envergonhado.

— Expliquei-lhe, então, que, se algum dia a situação deteriorasse a ponto de tornar-se insuportável, antes de abandonar a casa, eu lhe buscaria a ajuda que me estava sendo oferecida espontaneamente.

A inconsciente sorriu, matreira, acrescentando:

— Agora, cabe ao nosso confessor penetrar na alma do jovem arrebatado e descobrir até que ponto a sua é uma promessa passível de fé, e que mais ele terá em mente para prepararmos a etapa final.

Torcendo as mãos, em sinal de nervoso pelo ciúme que lhe fora provocado e de ansiedade para solucionar a prebenda, indagou, sem ocultar a vulgaridade:

— E o nosso relacionamento como fica?

— Como o meu marido e o seu secretário estarão empreendendo uma longa viagem amanhã, penso que o querido confessor poderia visitar-me, logo passadas umas quarenta e oito horas, a fim de não despertarmos suspeitas...

E após uma pausa proposital, ela solicitou:

— Reconheço que toda esta trama é um pecado horrível, mas Deus sabe quanto é necessário que nos desvencilhemos da rabugice e do perigo que o desequilíbrio desse velho insuportável representa... Agora, solicito-lhe o perdão de que necessito para ficar em paz.

A farsa e o desrespeito à religião que diziam abraçar haviam atingido o máximo do desplante de ambos os envolvidos no hórrido comportamento.

Ele enunciou alguma penitência sem nenhuma convicção, tentou segurá-la, mais uma vez desonrando o compromisso sagrado de consideração pela fé esposada e à criatura humana que lhe buscava o concurso. Ela, porém, desvencilhou-se com muita agilidade, deixando-o frustrado e com a esperança da larga compensação logo depois...

Após o simulacro de oração diante de uma pequena capela no lado oposto ao confessionário, saiu lépida e feliz (aquilo seria felicidade?), demandando o veículo que a aguardava para levá-la de retorno a residência.

No dia imediato, *Don* Lorenzo tentou um contato com o lacaio de *Don* Fernando, sem conseguir êxito, pois que o jovem se encontrava nos preparativos da viagem que deveria demorar um pouco mais de duas semanas e as arrumações eram volumosas.

Continuou pensando no desplante do estúpido em ambicionar a sua presa, aquela a quem ele recomendara vigilância. Seria o mesmo que pedir à leoa faminta que cuidasse dos filhotes recém-nascidos da gazela... Era o que estava acontecendo. Ao invés de vigiar a irresponsável, candidatava-se também a ser um dos escolhidos. Depois de reflexionar mais um pouco e sorver um copo de bom vinho seco, considerou, à meia-voz:

"Isso não ficará assim. Cada coisa, porém, em seu momento próprio. Depois de tê-lo enleado no crime será muito mais fácil descartá-lo também. Afinal, trata-se de um pobre miserável, de quem o mundo dificilmente sentiria falta."

O sacerdote, que engordava a olhos vistos, segurou a pança que se fazia volumosa, embora ainda estivesse com quarenta e cinco anos, e sentiu-se sereno, dando prosseguimento aos seus quefazeres habituais. Tudo lhe saía melhor do que pensado. Com essa reflexão aquietou-se e mudou de raciocínios.

Don Fernando, longe de suspeitar da tragédia que estava sendo urdida, viajou com o seu *valet* de confiança, agora transformado em falcão vigilante contra a sua presa.

As viagens do cavalheiro se justificavam em razão da propriedade de grandes terras naquela e noutra província, e, naqueles dias, para manter contatos políticos com outros *carlistas* ansiosos pelo destino do país, que oscilava nas hábeis mãos dos intrigantes da corte venal, num período de transição e de incertezas.

Graças à convivência com o auxiliar, que se destacava entre os demais fâmulos pela sua irradiação magnética e juventude, agilidade mental e demonstrações de fidelidade, o homem nobre terminou por confidenciar algumas das posições que vinha adotando, especialmente em relação à prometida colaboração financeira para o partido a que se vinculava. Dessa forma, o jovem traidor ficou mais ou menos a par dos planos do benfeitor inocente, equipando-se de instrumentos que poderiam contribuir para o êxito da trama que a amante houvera iniciado, envolvendo-o ardilosamente.

Enquanto os outros auxiliares seguiam a cavalo, ele era convidado a acompanhar o amo na intimidade da carruagem, no início com a finalidade de o proteger, no caso de alguma armadilha desencadeada pelos assaltantes das estradas, que então pululavam por toda parte. Depois, tornando-se quase uma necessidade de companhia para o nobre senhor, que se divertia ouvindo-o, e também com ele conversava jovialmente.

Não poucas vezes, trazemos o destruidor dos nossos sonhos e anseios ao lado, vitalizando-o com a nossa irrestrita confiança, enquanto ele se prepara covardemente para aplicar o golpe infame da sua adaga afiada.

Nesse ínterim, duas noites após encetada a viagem do esposo, conforme houvera prometido ao desassisado sacerdote, Dona Josefa o recebeu para uma ceia, de acordo com os hábitos anteriores, de forma que a permanência do religioso na sua mansão despertasse menos suspeita. Aliás, no declínio moral em que se encontrava, ela mantinha a atitude infeliz de fingir que era honesta, enquanto as pessoas – serviçais e amigos –, por sua vez, também fingiam acreditar-lhe na honradez. Aquele era um palco onde se disputava a conquista de um belo papel para ser-se protagonista, desde que cada personagem melhor vestia a indumentária que lhe dizia respeito, ajustando-se-lhe com perfeição. Esse simulacro de conduta social ainda permanece entre as pessoas desidentificadas com a responsabilidade moral que lhes diz respeito.

O sacerdote não cabia em si de contentamento ao lado da mulher cobiçada e ante a mesa farta conforme lhe aprazia.

Interessado em ambos os prazeres – o da refeição e logo depois o do sexo –, entregava-se ao repasto como se estivesse devorado por inclemente tormento, alimentando-se com voracidade e volúpia. Traduzia a predominância dos instintos primários que o retinham em detrimento das emoções elevadas que o deveriam caracterizar.

Regado a bons vinhos, que lhe entorpeceram parcialmente a razão, deixou-se mergulhar no excesso de alimentação, enquanto ruminava o *postre* que deveria preceder o culminar da noite, logo os empregados se recolhessem.

Vivenciando, porém, as sensações servis do novo amante, a insensível messalina procurou embriagar o sacerdote, que já não a arrebatava como antes, de forma que a sua visita se transformasse num malogro para ele. Conhecendo-lhe a debilidade pela refeição farta e principalmente pelos vinhos finos, estimulou-o ao abuso de tal forma que, à hora do licor digestivo, ele mal conseguia manter-se em postura de equilíbrio. A sua sagacidade para tratar com os homens inspirou-a a tentar prolongar a conversação que serviria de entorpecente para o clérigo, o que logo aconteceu, deixando-o adormecido e lânguido, impossibilitado de quaisquer tentames da volúpia sexual.

Quando o viu ressonar, chamou dois servos mais fortes e determinou-lhes que levassem Sua Reverendíssima para a Casa Paroquial, acompanhando-o na sua carruagem.

Estava livre da presença desagradável do amante embriagado, pelo menos naquela noite, podendo entregar-se aos sonhos e fantasias mentais com o novo amante.

Foi insuportável o despertar do sacerdote no dia imediato, dando-se conta do exagero que se permitira, ao lado do mal-estar de que se sentia objeto com problemas gástricos e consequente cefalalgia tormentosa. Lentamente procurou repassar pela mente o jantar até o momento quando perdeu a lucidez, apagando a memória... Assim mesmo sorriu, zombeteiro, percebendo que fora vítima da astúcia da famigerada concubina, embora não entendesse de imediato a razão por que assim agira.

Logo passou a ressaca e refez-se emocionalmente, solicitou um novo encontro, porém, ao cair da tarde, quando apenas aceitaria um chá com biscoitos, sem o risco de nova embriaguez, no que foi prontamente atendido.

Apresentando-se com excelente disposição, conseguiu provocar desejos perturbadores na anfitrioa, que se encontrava em período de escassez de carícias, começando a atormentar-se no que considerava solidão afetiva.

Digamos sem rebuços: Dona Josefa era uma doente sexual, que exorbitava dos recursos de que dispunha para entregar-se aos disparates de uma vida insana.

Procedente de existências libertinas que lhe marcaram profundamente o Espírito, deveria conduzir-se com esforço para recuperar o equilíbrio, o que não conseguira, nem sequer se predispusera ao tentame, cedendo com facilidade às insinuações da sensualidade que a perturbava desde os verdes anos... Com o passar do tempo, revivendo os vícios pretéritos, experimentava a sede de novidades e de arrebatamentos que lhe tiravam a compostura moral. Assim, deixava-se arrastar pelos instintos antes que educar-se através da razão, o que a tornava presa fácil de si mesma.

Embora correndo os riscos da indiscrição dos criados, naquele especial entardecer, a dama despudorada, logo terminou o chá vespertino, deu ordens severas aos servos para que ninguém a perturbasse em companhia do sacerdote, a quem desejava confessar-se, apresentando-lhe questões muito delicadas, que exigiam silêncio e recolhimento.

...E ali mesmo, na sala de refeições, após cerrar as pesadas cortinas de seda e brocado, entregou-se à alucinação dos desejos, atendida pelo comparsa irresponsável. Eram dois semelhantes morais que se uniam na mesma faixa da promiscuidade moral em que viviam mentalmente. Embriagados de lubricidade, não se deram conta da sucessão das horas, e quando a exaustão tomou-lhes os corpos lassos, a escuridão era total e o tempo havia avançado. Tentando corrigir o desalinho e recompor o cenário, a anfitrioa assumiu a postura de respeitável, convidando os servos para que servissem um leve jantar, após o qual, sem mais delongas, o sacerdote retornou, eufórico e venal, à Casa Paroquial que o esperava em sombras, conforme as trevas de sentimentos em que ele vivia.

O senhor e o seu séquito, uma semana após o estabelecido, retornaram apresentando inusitada alegria pelos compromissos atendidos, pelos negócios realizados e pelas expectativas de mudança na torpe movimentação política em que se encontrava a província em particular e todo o país em geral.

O reencontro da mulher relapsa com o fogoso jovem Flor fez-se aquecido pelos olhares de promessas e nublado pelas dificuldades de rápida execução. *Don* Fernando estava disposto a realizar uma viagem a Madri, levando a esposa, a fim de passar os últimos dias invernosos em Aranjuez e logo após receber a primavera na cidade famosa de Madri.

O inverno parece que foi talhado para acobertar crimes hediondos e esconder a face dos covardes no manto das suas sombras... Agora, ia sendo sucedido pela primavera.

Os dias, lentos e longos, estavam na curva para a etapa final do inverno, quando, vez que outra, ventos menos gelados sopravam anunciando a aproximação da nova quadra, na qual a Natureza respira e exulta, retomando a sua beleza e encantamento.

É certo que os crimes são cometidos em todas as estações do tempo, no inverno, porém, encontram melhor cobertura...

Quando foi notificada do projeto, e tomando conhecimento que Santiago permaneceria em Salamanca, zelando pela propriedade e outros interesses do patrão, uma nuvem toldou-lhe a alegria, e a ira, mal contida, estimulou-a a concretizar o plano macabro, antes que chegassem os formosos dias primaveris.

Logo lhe foi possível, aproveitou-se da ausência do marido na mansão faustosa e atraiu o jovem incauto à sua presença.

Atormentado pela saudade da sedutora, não se fez de rogado, e logo se aproximaram, sem qualquer respeito, entregaram-se à luxúria em eloquente atestado de alucinação e perversão dos sentimentos.

Ele falou-lhe da falta que experimentou durante aqueles dias que pareciam sem fim, enquanto ela, não escondendo o júbilo pelos prazeres que experimentava, também lhe ciciou ao ouvido as angústias que a atormentaram durante a sua ausência. Eram torpes criaturas do mesmo jaez, pertencentes a idêntico nível de vilania.

Cessado o entusiasmo da busca, foi ela quem iniciou a conversação que deveria definir o rumo do destino, elucidando:

— *Dispomos de pouco tempo. O infame deseja viajar a Madri em uma longa jornada, na qual estaremos separados, e não sei o que me acontecerá... Temo que se trate de uma armadilha para pôr fim à minha existência ou excruciar-me de alguma forma. Por outro lado, no seu fascínio político pode emaranhar-me na mesma trama, complicando-me o futuro, caso o seu partido não resulte vencedor na escolha do nosso rei... ou rainha... Tudo foi tão inesperado, que receio uma tragédia em andamento.*

— Mas eu estarei ao seu lado — elucidou o jovem amante.

— É o que você pensa — esclareceu-o. — *O seu é um plano tão sórdido, e isso fez-me desconfiar de algo, quando me informou que a viagem seria somente nossa e de alguma camareira, sem a sua presença.* (Ela reforçou as duas últimas palavras, a fim de irritar mais ainda o inexperiente.)

— *Pois ele enganou-se* — adiu, colérico — *se pensa descartar-se de mim com facilidade. Que deveremos fazer? Qual o trunfo que temos?*

Encorajada pelo arrebatamento do amante estúpido, ela minudenciou-lhe o plano que vinha acalentando.

— Inicialmente — disse com insensibilidade —, *buscaremos envolvê-lo em nossa mais profunda confiança, a fim de que tudo transcorra de maneira natural. Eu começarei a dizer aos serviçais que o senhor retornou da viagem muito cansado e com sinais de alguma enfermidade que lhe exige repouso. De minha parte, retê-lo-ei o máximo na alcova, de forma que dele fique para os servos e amigos a impressão de sua debilidade de forças, para que no desencadear do nosso processo de liquidação da sua infame presença não haja suspeitas desnecessárias. Dois ou três dias antes da viagem, que irá exigir uma grande movimentação, aproveitar-nos-emos de uma madrugada em que esteja entorpecido — dessa parte eu cuidarei com uma certa mezinha sonífera aplicada num chá —, e você o asfixiará com uma das nossas almofadas. Não haverá vestígio, nem convulsão alguma produzirá marca que desperte interesse das autoridades. Eu convidarei o nosso cura gentil, a fim de que se solidarize conosco e celebre, o mais rapidamente possível, a Missa de corpo presente na Catedral, à qual oferecerei uma boa espórtula, agradando a todos. Igualmente, em sinal de gratidão pela fidelidade dos empregados, alguns dos quais muito lamentarão a perda do senhor, distribuirei, à guisa de consolação, algumas dádivas que os alegrarão, e como diz o refrão: Rei morto, Rei posto. Logo mais, tudo estará esquecido e iniciaremos uma vida nova aqui ou noutra província, quem sabe, em nossa propriedade em Castilla la Vieja!? Desconhecidos, viveremos no prazer e no luxo até quando as forças assim nos permitirem...*

A verdade é que a malvada mantinha na mente um plano ainda mais ousado e cruel. Embora sentisse grande interesse pelo jovem amante, ambicionava muito mais. Imaginara que, passado algum tempo após a morte do marido, teria facilidade de libertar-se também do cúmplice.

Assim posto, debateram animadamente os detalhes, especialmente quando seria realizado o macabro projeto homicida do cidadão dedicado e nobre.

Para os fomentadores do desespero e usurpadores da paz alheia, toda e qualquer pessoa vale o que lhes representa em interesse imediato, tombando de qualificação, quando lhes são acenados outros ganhos mais cobiçosos. Estão presentes em todo lugar esses párias morais, mercadores dos destinos humanos e ímpios viventes cujas existências são assinaladas pela incúria e pela crueldade. Cínicos e perversos, perderam o endereço de si mesmos e são destituídos de sentimentos de respeito pela vida e de amor sob qualquer aspecto considerado. Nada obstante, também são alcançados pelas doenças, pelo desgaste de forças, por outros mais cruéis, pela morte que a ninguém poupa... Enquanto estão no viço da juventude, não se dão conta da transitoriedade das energias, e alguns, mesmo com a idade avançada, não percebem a proximidade do túmulo ou, antes, a dilaceração do organismo, as doenças degenerativas nas quais expungem, aprisionados, os crimes hediondos que perpetraram na lúrida existência em que ainda se encontram.

Saindo da presença da mulher sinistra, Santiago Flor pôs-se a meditar em torno da programação trágica e, deitado no seu leito, fitando o teto clareado pelo bruxulear de uma lamparina, experimentou um *insight*[6], convidando-o à reflexão. Afinal, por que assassinar o homem que lhe distendeu as mãos de apoio, quando ele necessitava de ajuda e dignidade, oferecendo-lhe um salário honorável e uma posição de destaque entre os demais servidores? Como era possível retribuir o bem recebido com um crime passional? O pensamento desatou-lhe em borbotões, concitando-o a fugir da trama criminosa, que o perderia para sempre... Sem poder alterar o rumo das ideias, lembrou-se da sua genitora, de quando era pequeno e ela o acarinhava, aconselhando-o para o bem, na sua distante Leida.

Diminuindo a tensão nervosa, algo emocionado, adormeceu, e deparou-se com a genitora que lhe viera em socorro, porque a morte física não consegue destruir os vínculos do amor, especialmente a ternura

---

6. *Insight:* Discernimento, intuição, iluminação (nota do autor espiritual).

maternal, que prossegue em vigília, enquanto os rebentos biológicos permanecem no mundo físico.

Tomado de espanto e de felicidade, reconheceu-a de imediato, sendo dominado por convulsivo pranto, que lhe arrebentou as comportas da emoção represada:

— *Meu filho* — começou a veneranda senhora —, *como te atreves a oferecer fel na* taça da ingratidão *que leva ao crime aquele que te tem dado o pão de cada dia, após abrir-te o coração generoso?! Tu crês que o amor, quando verdadeiro, necessite de sustentar-se na desgraça de outrem para poder triunfar em forma de felicidade? Onde colocaste o coração, que te deve induzir ao bem, enquanto os teus instintos te impulsionam para o mal? Desperta, e segue adiante! O teu é outro destino, e não esse que escreves com as mãos vergonhosas que possuem as tintas da perversidade e da luxúria sob o estímulo de uma desalmada que jamais te amará. O que ela necessita é de um sicário para atender ao seu alucinado desejo de poder e de perversão. Foge da hipnose da áspide que te enleou nos seus anéis. Ao despertares, abandona tudo e recomeça longe desta herdade, onde o teu patrão somente te vem oferecendo exemplos de bondade e de confiança, que desrespeitas com a traição e a maldade. Ainda é tempo de evitares o domínio do mal no teu coração e no teu futuro. Agora, acorda para a realidade e foge para muito longe... Perderás o trabalho e a amante, que te abandonará com certeza mais tarde, porém ganharás a tua prosperidade real, o teu futuro. Desperta!*"

Banhado por álgido suor, Santiago Flor y Ruiz volveu, assustado, à consciência lúcida e recordou-se do sonho, ficando aturdido em razão do fenômeno que jamais acontecera antes.

Essa também era uma situação inusitada, a decisão para o crime, o primeiro homicídio da sua atual existência, desse modo, podia compreender que estava diante de uma realidade que viera do mundo onírico.

Quis atender à orientação recebida, no entanto, a lembrança da insinuante comparsa, as promessas de felicidade com que lhe acenara para o futuro retornaram ao campo mental, e ele ficou em dúvida quanto ao curso que deveria dar em torno do projeto infame.

Porque lhe permanecessem as lembranças da mãezinha, resolveu consultar o cônego que lhe proporcionara o emprego na casa de *Don* Ordoñez y Proenza, já que se sentia aturdido e sem rumo. É certo que não confiava no sacerdote, e sim na religião que ele representava, e momentos existem na vida de toda criatura que a fé religiosa desempenha um papel fundamental, a fim de nortear-lhe a caminhada com mais segurança.

Acreditava que o sacerdote, ao delegar-lhe as tarefas escusas, como vigia da senhora e do amo, deveria ter razões que lhe escapavam para assim proceder, não influindo na sua condição de representante de Deus na Terra, conforme era tido pelas pessoas, e possuidor desse privilégio poderia auxiliá-lo naquele momento de desalinho e dúvida. Afinal, ele era um dos confessores da sociedade, exercendo a situação honrosa de cônego entre os seus pares.

Foi, pois, com esse sentimento conflitante que o jovem *marionette* procurou *Don* Lorenzo de los Hoyos, a fim de aconselhar-se.

O cordeiro estava buscando socorro no lobo que procuraria devorá-lo ou dele fazer um outro lobo também...

5
O crime é executado com fúria bestial

O sacerdote, que fora informado da antecipação dos projetos criminosos, recebeu Santiago Flor com simpatia e manifestação de agrado.

Desde há algum tempo não tivera oportunidade para um diálogo franco com o meliante, aguardando ser procurado, o que ora sucedia quase inesperadamente.

Não o ouviu em confissão, porquanto o jovem desejava um aconselhamento mais direto em torno do conflito que o assaltara naqueles dois últimos dias.

Ocultando, com muito cuidado, o relacionamento impróprio com a mulher satânica, apresentou ao sacerdote interessado em sua narrativa a versão que dava ao conluio sórdido.

– Encontro-me, padre – expôs com alguma relutância –, *em uma encruzilhada do destino. Desde quando entrei na herdade onde trabalho, que não pude fugir ao encanto da senhora sedutora... É certo que nunca lhe expus os meus sentimentos, nem me atreveria a fazê-lo, considerando-se a minha situação de subalterno serviçal... No entanto, não consigo tirá-la da mente nem da imaginação. Sei que nunca poderei fruir essa ambição, o que muito me faz sofrer. Apesar disso, vigio-a, e estou informado que o meu senhor a faz infeliz, ameaçando-a e agredindo-a conforme já teria ocorrido mais de uma vez. Nessa minha alucinação, sinto o desejo infrene de salvá-la do algoz que a destrói lentamente e, de um para outro dia, poderá expulsá-la de casa ou mesmo matá-la...*

– *E o que o leva a pensar dessa forma?* – interrompeu-o com sagacidade o sacerdote, que desejava conferir as informações que a mulher lhe dera em torno dos fatos que ele narrava.

— *A própria senhora que mo disse* — respondeu com segurança. —*Numa das ocasiões em que me encontrava a seu serviço, vendo-a sofrida, permiti-me interrogar-lhe qual a razão da sua tristeza, e ela, com receio compreensível, explicou-me o drama desconhecido que vivenciava. Num arroubo de adolescente apaixonado, após tomar conhecimento da sua desdita, prometi que a defenderia do perverso, passando a detestá-lo e a sitiá-lo com a minha vigilância desde então. Antes, era-lhe fiel cooperador e servidor reconhecido, tornando-me, a pouco e pouco, adversário silencioso e pronto para qualquer atitude cruel e infame.*

— *E você a ama a tal ponto?* — inquiriu-o, novamente, o ardiloso ouvinte.

— *Sim, com todas as fibras da minha alma, vivendo atormentado pelo ciúme* — explodiu o moço inábil.

O sacerdote contraiu os lábios e transformou a face em uma verdadeira máscara de ódio. Teve desejo de esbofeteá-lo, porque a inveja enciumada estava devorando-o também. Olhou-o de esguelha, com sarcasmo e ira, aumentando mais a fúria ao comparar-se com o jovem de porte esguio e traços morenos sedutores, muito do agrado das mulheres devassas... Sentia-se vencido pelo *valet* que ele próprio aproximara da amante sensual. Era natural que o rapaz a ambicionasse, embora a sua falta de condição social, sendo-lhe difícil, pensava, conseguir o que pretendia.

Esse raciocínio final acalmou-o um pouco, e ele voltou à inquirição:

— *Que sucedeu de importante para deixá-lo atormentado e sem direcionamento?*

— *É que o amo pretende aguardar o fim do inverno em Aranjuez, acompanhando o surgimento da primavera em Madri, levando a senhora e deixando-me a cuidar de alguns dos seus negócios em Salamanca.* (Não se atreveu a informar a falta que a insensata lhe causaria e a angústia de ter de viver sem a sua presença venal.) *Ora bem, a senhora, ao informar-me sobre esses planos imprevistos, encontrava-se nervosa, receando ser abandonada em qualquer lugar, ou mesmo acusada de adultério ante as autoridades de uma ou de outra cidade, ou até mesmo ser assassinada...*

Fez uma grande pausa, para concluir o pensamento lentamente:

— *Diante dessa notícia, mal contive a fúria que de mim se apossou, e prometi-lhe colaborar para libertá-la do martírio a qualquer preço...*

— *Que deseja dizer com* a qualquer preço? — voltou a indagar o cínico sacerdote.

— *Se for necessário interromper a vida física do marido, creio que o farei. Aí reside o meu conflito atual, porquanto, logo após voltar ao quarto e deixar-me dominar pelas meditações, fui acometido de remorso inqualificável, porque, mesmo não sendo ele digno de respeito pelo mal que pratica em relação à esposa, é muito bom para comigo, remunera-me generosamente, confia na minha pessoa e demonstra gostar da minha presença. Nesse momento, duvidei da informação de Dona Josefa e recordei-me insistentemente dos conselhos de minha mãe, encaminhando-me pela senda do trabalho e da honra, jamais do crime e da desgraça... Nesse estado de ânimo, adormeci e sonhei que ela vinha dos Céus para advertir-me, convidando-me a fugir daqui, o quanto antes, jamais me envolvendo nesta situação sinistra.*

O meu conflito está na possibilidade de Don Fernando consumar o plano a que se refere a senhora, abandonando-a ou levando-a à justiça para deserdá-la e puni-la, ou mesmo chegando a matá-la; como me sentirei? E se eu for o moderno Don Quixote que Deus colocou no caminho da pobre senhora para salvá-la, e covardemente a deixo nas mãos do seu inimigo? Não sei o que fazer, padre, e por isso venho em busca do seu aconselhamento, da sua sabedoria em nome da Religião e de Deus.

Havia uma grande sinceridade no apelo. A ignorância é adversária cruel, e, ao lado do egoísmo, constitui-se terrível inimigo da criatura humana, responsável por incontáveis prejuízos morais e sociais.

Tocado pelo apelo honesto, porém interessado nas promessas da odalisca perversa, o cônego redarguiu:

— *Não falemos em Religião nem em Deus. Falemos em praticidade da vida, na necessidade da sobrevivência do mais forte, a fim de continuarmos vivendo, sem o que o sentido da existência humana perde totalmente o seu significado. Que espera um rufião como tu, caso não defendas a tua presa* — não ocultou a raiva, que deixava extravasar na resposta — *que te poderá assegurar um futuro farto? É certo que Don Fernando te concedeu o trabalho remunerado que pretendeste, mas foi para mim a quem ele aquiesceu, em razão da minha interferência pessoal, que não podes esquecer, endividado, portanto, moralmente, comigo...*

O jovem ficou perplexo, pois nunca vira o sacerdote expressar-se de tal forma. Permaneceu extático, enquanto ele prosseguiu:

— *Sei que Don Fernando é agora inimigo de Deus e da Igreja, por apoiar Don Carlos com outros que merecem a morte... Também eu respeitava-o até saber da sua conspiração, atentando, desse modo, contra tudo aquilo que é recomendado pela nossa Religião. Dessa forma, estou seguro que retirar de cena o inimigo, antes que ele nos atinja mortalmente, é um dever de todos nós em relação à sociedade e à fé católica...*

Controlando-se e voltando ao rumo do tormento interior, o sacerdote perguntou ao jovem Santiago:

— Que te prometeu a senhora em troca da sua libertação em relação ao marido? Mostrou-se favorável a alguma possibilidade de união contigo? Qual o plano que vem sendo desenvolvido?

Sem perceber o interesse pessoal do interlocutor, apaixonado e traiçoeiro, o jovem explicou:

— A senhora nada me prometeu, nem sequer falamos sobre isso, pois que não me ocorreu, como penso que também a ela nada passou pela mente... Após haver pensado muito e a fim de evitar suspeitas, ela sugeriu a asfixia como recurso valioso, o que acontecerá numa das próximas noites, antes que seja iniciada a viagem em delineamento. Ela o vem retendo, quanto possível, na alcova, a pretexto de evitar-lhe alguma enfermidade, enquanto vai informando que o senhor se encontra debilitado depois da última jornada, com o fim de melhor justificar mais tarde a ocorrência que poderia despertar a atenção dos observadores... Na noite programada, conforme já vem fazendo, ela cuidará de ministrar-lhe um chá diferente, que o entorpecerá, quando então eu entrarei em cena, atendendo a um sinal anteriormente combinado. Tomarei de uma das almofadas do leito e o asfixiarei até o último suspiro. Tudo consumado, ela notificará, em desespero, por certo, que o marido morreu enquanto dormia, mandando chamar o médico e Sua Reverendíssima, que não lhe negará apoio nesse transe...

— Certamente, certamente... – confirmou o criminoso torcendo as mãos em sinal de júbilo nervoso.

— E o sonho, padre? – interrogou o jovem ainda confuso.

— Tem o valor de um sonho, não de uma realidade – redarguiu, desinteressado no destino do outro. – *Sonhamos sempre, quando estamos muito inquietos e preocupados, como resposta dos nossos arquivos de memória ainda muito desconhecidos. Esses mecanismos que geram os sonhos são muito perturbadores, mas, com certeza, estando nos Céus a sua genitora, ela não irá preocupar-se com o filho, a ponto de abandonar o Paraíso para voltar ao mundo de misérias em que nos encontramos, afinal, para pouco. Vá em paz, estude com a senhora o plano cuidadosamente, e quando esteja decidido o momento de realizar-se o ato final, eu gostaria de estar informado para desempenhar a minha parte no dia imediato.*

Santiago Flor y Ruiz não se sentiu plenamente confiante quanto ao êxito do empreendimento, saindo dali com o mesmo conflito que o trouxera, adicionando as novas interrogações que envolviam as atitudes do sacerdote, suas reações, suas palavras ásperas, seu interesse pela morte de *Don* Fernando...

Nesse tumulto mental, ocorreu-lhe a ideia de supor que ele estivesse interessado na futura viúva, ou, quem sabe, compartir-lhe o leito. Da mesma forma que ela o atraíra com facilidade, será que não eram verdadeiras as acusações que lhe faziam as amas, os demais empregados e algumas pessoas da comunidade? Ela justificava que era tudo calúnia. No entanto, tendo em vista o comportamento para com ele, havia uma confirmação de adultério, assim, portanto, ela não era impoluta. E antes dele, como teria sido a sua conduta? Afinal, como conseguira cativar o esposo muito mais velho, senão através de um desses ardis em que algumas mulheres são incrivelmente bem dotadas?

À medida que reflexionava, como se a sua mente se dilatasse e a ingênua confiança cedesse lugar à suspeição por primeira vez, ele foi tomado por uma fúria que o agitou, prometendo-se descobrir alguma coisa que o pudesse aliviar do peso antecipado do remorso e até mesmo liberá-lo do crime em andamento.

Esse dia para o jovem empregado foi terrível, e as horas não passavam. Procurou um expediente para conversar com a concubina, sem que pudesse lograr êxito, pois que ela retinha o marido quanto possível à sua volta, dando curso ao programa danoso que estabelecera.

Apesar disso, quando o senhor saíra naquela noite para os seus compromissos políticos, de que ele não tomava parte, de maneira quase imprudente, dirigiu-se à sala de estar onde se encontrava a senhora e solicitou-lhe uma entrevista. Estava muito perturbado, e ela o notou rapidamente.

– *Desejo algumas informações da senhora* – expôs sem reserva nem cuidados – *com alguma urgência.*

Detectando que algo negativo estava ocorrendo, ela mandou cerrar a porta e pediu-lhe que fosse sucinto e claro.

— *Dou-me conta que estou sendo usado para os projetos que envolvem a senhora e o cônego Don Hoyos. Pude percebê-lo ao conversar com ele, quando fui buscar-lhe orientação e ajuda.*

Pigarreou, denotando nervosismo insopitável, logo prosseguindo:

— *Suspeito que as relações da senhora com o sacerdote não são apenas religiosas... Afinal, à boca pequena comenta-se nesta casa e fora dela que ele desfruta de privilégios, e que, durante a mais recente ausência do patrão e minha, ele aqui esteve demoradamente, havendo saído totalmente borracho.*

O olhar estava quase esgazeado e a expressão do rosto alterara-se gravemente sob o impacto da ira que o dominava.

Tomada de surpresa, que a punha quase imobilizada pelo inesperado, ela deixou que o jovem amante expusesse todo o tormento, a fim de agir com segurança.

— *Desejo informá-la* — ele prosseguiu com expressão asselvajada — *que se eu tombar no crime e descobrir infâmias e traições à minha volta, não trepidarei em desforçar-me, seja de quem for, inutilizando-lhe a miserável existência. Já não tendo o que perder, um crime a mais ou a menos não me fará qualquer diferença...*

E, após uma pausa que pareceu uma eternidade, ele impôs:

— *Desejo a verdade agora, seja qual for. Estou preparado para tudo. A verdade será a única maneira de envolver-me no plano da senhora. Embora me magoe profundamente saber que o seu é um passado de adultérios, não aceito competidores durante o período em que permanecer comigo. Portanto, por favor, desejo e tenho direito a explicações...*

Tremia como varas verdes ao vendaval da paixão que o fulminava. Misturavam-se os sentimentos servis e o orgulho machista, liberando a vilania do seu passado espiritual, que dele houvera feito um pária moral.

Aproveitando-se da pausa natural, ela levantou-se, e pediu-lhe que subisse ao primeiro piso, permanecendo na alcova até a sua chegada, a fim de que fossem aclaradas as questões em pauta.

Desorientado e semicego pelo distúrbio emocional, ele afastou-se e ganhou a escada lateral, buscando a habitação no andar superior.

Esquecera-se de qualquer cuidado, tomado pelo ressumar do inconsciente de antigas paixões que nele predominavam, embora adormecidas até aquele momento.

Espíritos inimigos dos farsantes, que os vinham inspirando ao delito, utilizaram-se da circunstância para nele açular a suspeita e criar talvez uma situação mais grave do que aquela que vinha sendo delineada. O ciúme arma situações perigosas, respondendo por muitos crimes que reconduzem a criatura humana à condição selvagem.

Quanto mais pensava nessa possibilidade, a da traição, tornava-se mais descontrolado o estúrdio Santiago Flor.

Dona Josefa, que ainda não se refizera do choque, determinou a uma das suas amas que não deixasse ninguém incomodá-la até a hora do retorno do patrão, porque se ia recolher à sua habitação por encontrar-se cansada e com dor de cabeça...

Subiu, mantendo aparente calma, fechou cuidadosamente a porta e, sem temer, dirigiu-se ao amante com a falsa autoridade que pretendia manter:

— *Como se atreve a dizer-me o que acaba de falar? Esqueceu-se que, embora sua amante, sou a sua senhora, a quem você deve obrigações e respeito? Com qual direito atira-me à face acusações, quais aquelas com que procurou ofender-me? Será que agi erradamente, elegendo para o meu coração um homem de pouco valor moral como você? Não tenho que lhe prestar satisfações dos meus atos. Sou mulher independente, vinculada a um homem decadente para o matrimônio, permitindo-me o direito de viver da melhor maneira possível. Não o obriguei a relacionar-se comigo e não lhe exigi ou prometi coisa alguma. Nunca lhe disse que era uma nova* Virgen de la Macarena, *e se pretende relacionar-se com uma santa, evite a companhia de uma mulher... O meu passado é meu, e não lhe prestarei a menor satisfação, desde que nunca lhe perguntei como havia sido a sua existência de misérias e dissipações... Está bem clara a minha resposta? Não sou de temer, mas de enfrentar. As suas ameaças não me assustam, e se quiser sair do nosso projeto, vá-se também da minha casa, e agora, o quanto antes...*

Deu-lhe as costas amuadamente, sem nenhuma pieguice, demonstrando o potencial de capricho e de indignidade de que era portadora.

Com o semblante também encolerizado, enfrentou-lhe o olhar em fogo, e concluiu:

— *Se era isso que desejava saber, nada mais tenho a dizer-lhe, e pode tomar a decisão que melhor lhe aprouver, inclusive, confessando-se ao seu patrão, conforme o fez com o seu guia espiritual... Que bom guia escolheu?*

E desatou numa gargalhada de mofa.
— *De que a senhora ri?* — perguntou, intrigado.
— *Já lhe disse que não tenho satisfações a dar a respeito da minha vida e dos meus interesses, senão aqueles que espontaneamente prefira dizer-lhe. Agora constato que não passa de um* muchacho[7] *ambicioso e não de um homem que sabe o que deseja da vida.*

A alfinetada surtiu o efeito desejado, porque Santiago Flor avançou e abraçou-a, beijando-a com sofreguidão, desabafando:
— *É que eu não permitirei que outro homem participe do nosso relacionamento. O ciúme enlouquece-me. Pensar na possibilidade de que aquele sacerdote indecoroso é também seu amante enfurece-me, e se eu o constatar, matá-la-ei.*
— *Santiago Flor y Ruiz, nunca mais me ameace!* — respondeu-lhe, medindo as palavras. — *Não sou mulher para ser usada e jogada fora, ou explorada como uma meretriz e depois assassinada. Fique bem claro que eu o amo, mas não o temerei. Se pretende viver comigo no futuro, aprenda a bem comportar-se no presente.*

Ela sabia que havia vencido aquele *round*, mas que a luta continuaria e era necessário estar preparada para as futuras pelejas.

Percebendo-o mais calmo, o que equivale dizer vencido, deixou-se, lasciva, acariciar, reconquistando a confiança do irresponsável através da sensual comunhão de corpos a que se entregaram, certos de que o senhor somente chegaria horas avançadas, com tempo suficiente para a conduta extravagante e indecorosa.

Por um desses sortilégios do destino, naquela noite *Don* Fernando retornou mais cedo do que de hábito, quase surpreendendo os depravados.

Foi ela quem percebeu o ruído da carruagem e do animal, bem como as vozes dos empregados abrindo o portão central de acesso. Compreendeu que não haveria tempo para que o amante descesse a escadaria, no que seria surpreendido pelo amo e servidores àquela hora da madrugada. Assim, empurrou-o para atrás das pesadas cortinas, a fim de que aguardasse que o patrão adormecesse, enquanto ela cuidaria de apressar-lhe o sono com o chá entorpecente.

---

7. *Muchacho:* rapaz, jovem (nota do autor espiritual).

O inescrupuloso empregado amedrontou-se e enfureceu-se ao mesmo tempo, sendo conduzido às pressas para o refúgio improvisado pela *messalina*. Ato contínuo, a porta abriu-se, pois ela a destravara segundos antes, e o marido, agitado, adentrou-se pela alcova, demonstrando incontida contrariedade.

Embora sempre morigerado e incapaz de envolver a mulher em assuntos políticos e particulares, não pôde sopitar a angústia que o dominava e expôs o motivo do aborrecimento que o afligia.

Narrou que, na reunião, havia pouco encerrada, houve uma cisão no grupo carlista, pois que espias e cupinchas do partido isabelista conseguiram desestimular os revolucionários, convidando-os a aceitarem as propostas de união, evitando-se danos futuros, já que a vitória dele era inevitável, em razão do apoio de quase todas as províncias, que lentamente aderiam aos seus direitos de sucessão ao trono espanhol. Ele fora dos poucos que, obstinadamente, relutara, travando largo debate com os desertores, entre os quais estavam os seus melhores amigos. A contrariedade desorientara-o e fora marcada outra data para o resultado final.

Assim mesmo, confessava estar sentindo-se mal, havendo solicitado que a reunião fosse encerrada com brevidade e retornando ao lar, dominado pelo insopitável desejo de repouso e refazimento. Os empregados haviam-no percebido e cuidaram-no com carinho à chegada.

A mulher não podia receber uma melhor resposta dos acontecimentos que abriam perspectiva para abreviação do plano em andamento, acreditando que aquela mesma noite seria o momento ideal, embora o inesperado que, por outro lado, serviria de explicação para a morte rápida.

Por detrás da pesada cortina Santiago ouviu o desabafo do senhor angustiado, sendo tomado por singular confusão mental. Mesclaram-se-lhe na mente os sentimentos de gratidão e de respeito pelo venerando benfeitor, que sofria a deserção de amigos em quem confiava e era traído no leito conjugal pela mulher perdida e o servidor que deveria ser-lhe dedicado, mas era um canalha. Ao mesmo tempo, via-o como seu inimigo, pois que era o homem que competia com ele em relação à concubina, que se dizia ameaçada. Aquela confissão – concluía – não era a de um homem perverso, porém, manso e confiante. O tumulto mental aumentou, enquanto acompanhava o diálogo que prosseguia:

— *Acalme-se, marido* — sugeriu a perversa com voz melíflua e apaziguadora. — *Procure trocar de roupas e prepare-se para o justo repouso. Irei cuidar de fazer-lhe um chá calmante, e nada melhor para a agitação do que uma noite de sono e reorganização mental.*

Refazendo-se um pouco, o esposo dirigiu-se ao quarto de banho, enquanto ela agilmente libertou o amante, pedindo-lhe que retornasse dentro de uma hora, mais ou menos, conforme sinal convencional que lhe daria, porque aquela seria a noite ideal, considerando-se o estado do senhor, testemunhado pelo porteiro e outro *valet*, que não trepidariam em afirmar que ele chegara agitado, enfermo, e certamente não suportara o golpe que o destino lhe desferira.

Recompondo-se e colocando a máscara de esposa devotada, envolveu a vítima em ternura incomum, enquanto, no seu quarto, tomado de espanto e pavor, Santiago deixava-se arrastar pelas reflexões perturbadoras.

A genitora desencarnada, utilizando-se das dúvidas que o visitavam, tentava inspirá-lo, induzindo-o à mudança de comportamento, libertando-o da trama infeliz arquitetada pela dama atormentada.

Jamais a criatura humana encontra-se a sós, especialmente quando sob injunções penosas. Nas grandes alegrias e no experimentar da ventura, generosos amigos do Mundo Maior acercam-se-lhe, participando dos momentos ditosos e emulando-a às atitudes saudáveis, de forma que prossigam as horas de júbilo, que a promovem a patamares avançados da alegria de viver. De maneira idêntica, nos instantes de desdita e angústia, aproximam-se com o objetivo superior de minimizar as aflições, tornando-as menos penosas, de cuja experiência será possível sair com o ânimo robustecido e o sentimento renovado pela fé no futuro e pelo trabalho de elevação moral que se possa proporcionar. Ante as grandes decisões, particularmente aquelas que irão comprometer o futuro, se os Espíritos perversos e malquerentes induzem às ações criminosas, os mentores vigilantes tentam orientar para a atitude correta e sobranceira, desvencilhando das circunstâncias e arrastamentos infelizes. Entretanto, a grande maioria logo se prepara para o desar, fixa a mente na solução falsa que abraça, enovelando-se cada vez mais na urdidura do mal que lhe é preparado para a colheita de revezes incomuns.

Era natural, portanto, que a genitora do jovem extravagante, percebendo-lhe o abismo em que se iria arrojar em face da paixão abrasadora, preocupasse-se com o seu futuro funesto, buscando atraí-lo à renovação e ao bem. Encontrando dificuldades de comunicação pela alta carga de ira e mágoa que lhe preenchia os espaços mentais, estimulava-o aos bons sentimentos, especialmente aos de gratidão e de respeito pelo amo gentil, vitimado por aqueles em quem confiava.

Predominou a pujança do instinto por sobre a sua natureza espiritual, pois que, ao perceber o sinal convencionado para os encontros doentios, quando ela movia um castiçal com uma vela acesa por detrás da janela, ele esgueirou-se pela porta dos fundos da mansão, ganhou as salas e subiu a imensa escadaria bifurcada que se abria no *hall* de entrada e dava acesso ao piso superior.

Não teve dificuldade em alcançar a alcova parcamente iluminada e constatar que sobre a cama, muito pálido e profundamente adormecido, *Don* Fernando jazia inerme ante os seus inimigos.

A desalmada balbuciou que adicionara alta dose de substância sonífera ao chá, que ele tomara sem qualquer desconfiança, estando então à mercê do destino.

Tomada de antecipado júbilo, abraçou o amante em atitude de oferta gratificante, entregando-lhe a almofada de plumas adrede selecionada.

Ante o bruxuleio da vela acesa, Santiago acercou-se, transpirando muito e com a respiração ofegante, subiu na cama, postou-se com as pernas dobradas e abertas, de forma que o corpo da vítima ficasse entre elas e, apoiando os joelhos ao colchão, com um gesto brusco aplicou o travesseiro sobre o rosto do cavalheiro adormecido, comprimindo-o com toda a força da juventude e do súbito ódio que o assenhoreou. Todo ele se inteiriçou sobre o corpo indefeso, quando, experimentando asfixia, a vítima se movimentou com brusquidez tentando libertar-se da opressão que o matava. Ergueu os braços ou tentou fazê-lo, mas, num movimento ágil, o criminoso pousou os joelhos sobre ambos, enquanto a concubina correu-lhe em auxílio, imprimindo mais força à almofada, a fim de que o parceiro detivesse-o, impossibilitando-lhe a salvação.

Passaram-se terríveis minutos de angústia experimentados pelo asfixiado, que não se podia libertar da opressão da almofada sobre o seu rosto e suas vias respiratórias, fazendo-o estertorar e gemer, estremecendo e urrando em surdina, até que os movimentos foram diminuindo, as forças cessaram, e ele exalou o último suspiro.

Ainda dominados pela fúria, os infames criminosos permaneceram mais tempo, de forma que não houvesse a mínima possibilidade de sobrevivência, liberando o corpo sem vida e tentando acalmar-se, recuperando as energias gastas na imensa tensão emocional perturbadora.

Com habilidade, a mulher insensível pediu auxílio ao amante, a fim de colocar o corpo do marido assassinado na postura que lhe era habitual ao dormir, cobrindo-o como de costume, a fim de que a cena do crime permanecesse perfeita, sem despertar suspeitas na criadagem ou entre as pessoas conhecidas.

Ato contínuo, Santiago Flor retornou à sua habitação externa e ficou aguardando os acontecimentos sem poder dormir.

Transcorrido pouco tempo, a mansão despertou aos gritos da senhora que, tomada de pânico, suplicava auxílio para o esposo que parecia desmaiado... Os criados e amas acorreram com velas acesas, acenderam-se os candeeiros e os candelabros para ser constatado que *Don* Fernando estava morto. Despachado um servo para chamar o médico, quando este chegou, não teve dúvida em atestar que o óbito ocorrera enquanto o senhor dormia, certamente vitimado por uma parada cardíaca...

A falta de recursos para exames cuidadosos e reveladores, naquela época, facilitou o atestado apressado, e a senhora, em aparente desespero, entregou-se às imprecações de toda ordem. Pranto volumoso escorria-lhe dos olhos, que ninguém saberia dizer se eram derivados da perda ou da alegria pela mesma. Logo foi despachado um mensageiro para comunicar a *Don* Lorenzo o infausto acontecimento, e, quando amanheceu, o corpo foi colocado no catafalco na sala principal da herdade entre círios lucilantes e os apetrechos religiosos próprios para as exéquias fúnebres. Com a presença do senhor cônego e o recitativo de algumas litanias, teve prosseguimento o velório.

Foram tomadas as providências, de que participou o religioso, para o sepultamento, quando o cadáver deveria ser antes levado à Catedral para a celebração da *Missa de corpo presente*, conforme o hábito vigente em relação às pessoas importantes da comunidade, recompensado pelos altos estipêndios que se pagavam por essa honra concedida pela Igreja.

Um sentimento de compaixão e dor tomou conta dos serviçais que amavam o senhor generoso e nobre. Não negaram alguns que isso seria esperado em razão do desgosto de que ele se apresentava dominado ao retornar ao lar horas antes. Alquebrado, como se algo muito importante houvesse acontecido, que o desorientara, necessitou de ajuda para descer da carruagem e subir a escadaria, apresentando-se exaurido de energias...

Grande perda aquela para os seus servidores e para a comunidade em geral, que muito o respeitava.

Santiago Flor, tentando superar os conflitos, comoveu-se ante o corpo do amo, adornado de flores também mortas, e, superando o remorso que se lhe infiltrava na consciência, postou-se em atitude respeitosa durante o *velatorio*. Em determinado momento os seus olhos encontraram-se com os do cônego, que o chamou com leve movimento da cabeça e, ao apertar-lhe a mão criminosa, deixou escapar a frase dúbia entre dentes e a meio-tom de voz: – *Tudo está consumado!*

Em realidade, não se finalizava ali o acontecimento cruel, antes começava um novo capítulo do drama que os envolvera na sórdida ação criminosa.

6

Surpresas dolorosas e desencantos cruéis

Carpideiras contratadas trouxeram o falso sentimento de perda do nobre senhor, pranteando-lhe o destino ingrato, que lhe interrompera a próspera existência quando todos os fados o amparavam. Assim pensavam os presentes ao velório. Familiares distantes foram notificados do infausto acontecimento e acorreram precípites para as últimas homenagens ao extinto.

O catafalco ergueu-se majestoso e sobre ele o caixão de alto preço, que representava a gratidão enganosa do mundo àquele que amealhara expressiva fortuna e a deixava para a posteridade.

O sacerdote *Don* Hoyos não cessava de repetir litanias e exaltar a personalidade agora falecida, antegozando os frutos que esperava lhe seriam concedidos pela cortesã viúva.

Santiago, premido pelos conflitos íntimos, afastara-se da sala, buscando fugir aos circunstantes, como se pudesse, a partir daquele momento, evadir-se de si mesmo, da consciência severa que é implacável juiz no mundo interior daqueles que delinquem.

Dona Josefa, mais de uma vez, simulou desmaios, como era normal na época, sendo amparada pela ingenuidade das amas e de algumas conhecidas que lhe aplicavam às narinas substâncias com odores fortes para o despertamento. A encenação produzia o resultado esperado, sensibilizando os presentes que comentavam, apiedados, o sofrimento da senhora surpreendida pelo destino cruel e inesperado.

Os amigos políticos de *Don* Fernando acorreram pressurosos para as últimas homenagens, igualmente lamentando a perda irreparável, num momento crucial para o movimento renovador, compreendendo alguns que o choque resultante da dissensão ocorrida na reunião da noite anterior respondia pelo seu desenlace... As peças do jogo infeliz ajustavam-se ao plano bem-elaborado pela infame viúva.

Em razão das sombras que cercavam o entardecer naquele fim de inverno, o corpo foi conduzido à Catedral onde uma essa se erguia forrada de veludo negro e cercada por castiçais de prata com velas longas e acesas, onde foi depositado o caixão enquanto era concelebrada a *Missa de corpo presente*, na qual participava o enxundioso cônego *Don* Lorenzo.

A nave principal estava repleta, e o sermão fúnebre proferido pelo senhor arcebispo da diocese exaltou os valores morais do falecido e a transitoriedade da vida física, digamo-lo com honestidade, utilizando-se de pensamentos legítimos inspirados em o Evangelho de Jesus e apresentados de maneira escorreita e dignas do desencarnado.

Logo após o encerramento do ato fúnebre, o cortejo conduziu o corpo ao cemitério a pequena distância, onde o corpo foi inumado e o crime lentamente ficou envolto pelas sombras da noite que descia...

Dona Josefa retornou ao lar aparentemente alquebrada, experimentando peculiar sensação de desconforto moral. Houvera anelado por aquele acontecimento que lhe parecia remoto, embora as possibilidades de executá-lo, e, agora que o conseguira, sentia-se insatisfeita, como se o último elo de dignidade que a vinculava ao homem nobre se houvesse rompido definitivamente.

Acreditou que se tratava do cansaço, da longa vigília, do esforço para dissimular os sentimentos controvertidos, e solicitou às servas que a deixassem repousar, embora houvesse convocado María de la Concepción, que lhe inspirava confiança, para que ficasse na sala contígua à recâmara para qualquer necessidade que, por acaso, viesse a ocorrer.

Os pesados crepes da noite envolveram a mansão onde os fantasmas dos conflitos humanos se homiziariam por largo período, enquanto permanecessem ali as consciências entenebrecidas pela perversidade.

Os primeiros dias de luto foram muito pesados, porquanto a senhora evitara qualquer contato com o parceiro criminoso, pois sabia-se discretamente vigiada pela curiosidade dos empregados e dos vizinhos sempre à cata de motivos para a maledicência e a crueldade.

O senhor cônego procurou-a por duas vezes, optando ambos em conversar diante da auxiliar dedicada, mantendo aparências longe de quaisquer suspeitas, dela fazendo testemunha do respeito e do oferecimento de condolências cristãs, das palavras de reconforto moral que eram trazidas pelo amigo representante da fé religiosa.

Santiago Flor passou a ser assediado por pesadelos que o impediam de dormir e repousar, revendo a cena da asfixia do seu amo, o estertorar do corpo agitado sob suas mãos e músculos retesados e criminosos. Parecia escutar nos refolhos da alma os apelos desesperados da vítima que lhe suplicava compaixão e misericórdia, que não lhe foram concedidos. De igual maneira, os inimigos desencarnados, que o colheram nas malhas da insidiosa teia do crime, atormentavam-no, anelando pelo seu suicídio, que iriam tramar na sucessão dos dias, sem o êxito talvez que esperavam...

Menos de uma semana após a tragédia, o jovem criminoso definhava a olhos vistos, pois se recusava à alimentação e dormia mal. A todos queixava que eram as lembranças do amo gentil e bondoso, bem como resultado da incerteza em torno do futuro que o aguardava, pois ignorava quais seriam os planos da senhora recolhida aos seus aposentos em luto fechado, visitada somente pelas amas íntimas e pelo sacerdote, que lhe trazia o conforto moral de que necessitava.

Ao lado desses sentimentos controvertidos, a presença do cônego produzia-lhe compreensível mal-estar. Ele não conseguia bem entender qual o seu interesse no desaparecimento do proprietário da herdade faustosa. A justificativa que lhe apresentara, de que ele era-lhe adversário político, parecia-lhe insuficiente para justificar o acobertamento do crime infame. As duas visitas, em período breve de tempo, aumentaram-lhe a suspeita, levando-o a interrogar sutilmente Anunciación, que narrou o cuidado do religioso com a dama sofrida, sustentando-a no difícil transe moral que a surpreendera...

Retrocedamos, porém, um pouco, no tempo.

Desde quando Santiago Flor y Ruiz conseguira o emprego na mansão de *Don* Fernando que atraíra a atenção de todos, especialmente das empregadas fascinadas pelo porte e aparência do jovem *guapo*. Fascinando-se pela bela senhora, quinhão máximo a que poderia aspirar, não dera qualquer importância aos ditos e indiretas que lhe eram direcionados pelas *muchachas* da propriedade, que o envolviam em ondas de carinho e de desejo, tentando fazer-se notadas. Entre elas, algumas insensatas e frívolas, uma jovem andaluza de bela aparência enternecera-se pelo rapaz. Esguia, com a tez igualmente morena, adornada por dois olhos negros e grandes, com cílios longos e bem recurvados, tinha a face aureolada pela cabeleira cacheada e negra que lhe caía sedutora sobre os ombros, e que, por sua vez, era muito assediada pelos rapazes que a conheciam, tanto internamente na residência quanto nas redondezas. Ela, Susanita, *la chica*[8] *de Torremolinos*, sobrenome que homenageava sua terra natal, desde a chegada do jovem catalão, deixara-se arrebatar pelos seus gestos e movimentos ágeis, pela sensualidade que ele exteriorizava. Fez-se-lhe notada e, em pouco tempo, iniciaram discreto romance, que não prosseguiu por desinteresse dele. Sentindo-se preterida e disposta a descobrir por causa de quem, passou a vigiá-lo como a caçadora pertinaz que segue a presa sem desistência.

Magoada pelo desprezo do jovem, que não lhe conferia qualquer importância, jurou intimamente se vingar da sua presunção e permaneceu no seu abandono, porém desperta para todos os seus movimentos.

Aguardava sempre que a luz da sua habitação se apagasse, a fim de refugiar-se no sono reparador, atenta a qualquer movimento que o denunciasse. Imaginava que ele deveria estar mantendo encontros sórdidos com meretrizes ou amantes de ocasião, o que a tornava cruel no sentimento de desprezo a que fora relegada.

Durante algum tempo nada percebera de anormal, até que, um dia, como se as circunstâncias a houvessem auxiliado, despertou com ligeiro ruído de passos e, assustando-se, levantou-se sem acender a luz e acompanhou pela fresta da porta semiaberta o jovem dirigindo-se à intimidade da mansão que dormia. Espicaçada pela curiosidade, viu-lhe o vulto deslizando na direção do monumental imóvel, e recordou-se de que o patrão não se encontrava em casa. Pensou que, talvez, ele estivesse retornando de alguma viagem e das reuniões noturnas de que participava, e o necessitasse; porém, a acuidade feminina fê-la imaginar o pior, optando por segui-lo na sombra e o acompanhou subindo a escadaria na direção da alcova do casal. Surpresa e trêmula, viu-o entrar na recâmara debilmente iluminada, e ficou conjecturando o que poderia estar acontecendo. Acalmando-se pela imensa necessidade de descobrir-lhe o

---

8. *Chica* – Moça, rapariga (nota do autor espiritual).

segredo, permaneceu na sombra da sala de entrada, discretamente oculta pelos reposteiros pesados, até quando o viu descer esgueirando-se, e retornar aos seus próprios aposentos.

O choque não poderia ser-lhe maior. A suspeita aninhou-se-lhe nos sentimentos, a princípio a medo, depois com mais coragem e, por fim, com certeza. A patroa era realmente adúltera e vulgar, conforme a denunciavam alguns empregados e outras pessoas. Tomada de grande ressentimento contra os dois infames, não mais descurou a atenção, que permanecia em vigilância sempre que o amo se ausentava do lar para os seus negócios noturnos.

Ferida no seu brio de mulher desprezada, jurou vingar-se do velhaco, zombando da sua falsa austeridade sempre que lhe era possível, provocando-o com insistência, o que a ele pareciam técnicas de sedução a que não dava importância, embora lhe parecesse estranho esse comportamento, especialmente quando ela, sarcástica, parecia ameaçá-lo sem palavras.

Segura da traição de ambos, planejava denunciá-los em momento próprio, desde que isso lhe resultasse algum benefício imediato ou não.

Dessa forma, com a chegada do patrão transtornado, na noite da sua morte, tivera dificuldade de recuperar o sono após despertar assustada, e quando toda a casa adormecera, ouviu os passos do venal e, vigiando-o, percebeu que vinham da intimidade da mansão. Sem poder entender o que se passava, permaneceu em vigília e o acompanhou quando, algum tempo depois, ele retornou à alcova. Seguindo-o como uma sombra atrás de outra, viu-o adentrar-se no imenso quarto e ali permanecer por demorados minutos, retirando-se, quase a correr, para refugiar-se no seu quarto, cuja luz permaneceu apagada até o momento em que Dona Josefa passou a gritar, anunciando a morte inesperada do senhor da casa.

Como um raio destruidor, passou pela mente de Susanita que os amantes haviam assassinado o nobre cavalheiro. Quase em estupor chegou a essa conclusão e consolidou-a ante os acontecimentos dos dias imediatos, quais a aparência doentia do jovem catalão e o desaparecimento da senhora, sempre retida nos seus aposentos, como se ambos estivessem evitando-se. Animada pela certeza da infâmia dos dois, tornar-se-ia a sombra da consciência de Santiaguito, conforme o chamava na intimidade e o mantinha no coração, agora envolto em ressentimentos e ódio.

Uma semana após o desenlace de *Don* Fernando, e depois da celebração da *Missa de sétimo dia*, Dona Josefa chamou aos seus aposentos o jovem empregado e, diante de María de la Concepción, expressou-lhe os sentimentos de gratidão pela sua fidelidade ao amo extinto, esperando que ele continuasse a servir àquela casa com o mesmo devotamento que tivera durante o tempo em que fora o *valet* preferido do senhor.

A despudorada prosseguia com o seu plano. A serva ingênua era o seu escudo momentâneo, para servir-lhe de testemunha de comportamento naqueles dias primeiros em que buscava a recomposição da estabilidade emocional e social.

Arquitetara esse plano, a fim de animar o amante, demonstrando-lhe o interesse no prosseguimento do romance, porém com cuidados redobrados naquele período. Percebeu-lhe a palidez, mesmo na Catedral, as olheiras e a expressão de cansaço, senão de enfermidade, que a preocupara. Por sua vez, recuperara-se totalmente, mantendo somente a aparência, para evitar qualquer escândalo comprometedor.

Não obstante a presença da servidora, que lhe penteava os sedosos cabelos, ante o imenso espelho veneziano, que lhe refletia a beleza e a sedução que aturdiam o jovem, perguntou-lhe *en passant*[9], com naturalidade na voz:

— *Percebo-o com aspecto doentio. Estará necessitando de assistência médica ou algo de que eu possa dispor? Em homenagem à memória do meu marido, tudo farei por aqueles a quem ele destacava com a sua bondade e honradez, incluindo, naturalmente, você.*

Surpreendido com a indagação direta, o jovem titubeou um pouco, mas respondeu sem muita segurança:

— *Agradeço a bondade da senhora e sua oferta que me sensibiliza. Realmente não estou necessitando de nada em especial. Trata-se do drama no que se refere à morte do meu senhor, com o que ainda não me acostumei, e parece-me um terrível pesadelo que não consigo tirar da memória...*

A astuta entendeu perfeitamente o que ele lhe quis dizer, referindo-se aos conflitos decorrentes do crime e à presença da consciência culpada, o que eram riscos que não podiam prosseguir sob pena de alguma consequência infeliz.

---

9. *En passant* – Passante, de passagem (nota do autor espiritual).

— *Guarde a confiança em Deus!* — respondeu-lhe com segurança. — *É necessário que o tempo transcorra, a fim de que tudo volte ao normal. Também eu, muito chocada com o infeliz acontecimento, tenho-me entregado a Deus, aguardando a Sua misericórdia e rogando-Lhe o conforto necessário para o transe que estamos vivendo. Assim, agradeço-lhe a fidelidade e saberei recompensá-lo, conforme o merece.*

Havia-o animado em relação ao futuro próximo, sem que a auxiliar presente pudesse penetrar no conteúdo da conversação cifrada.

Vendo-a nas vestes negras, rendadas, em que a pele branca se destacava, o jovem fremiu de desejos que teria de controlar, e afastou-se mais, reconfortado ante a promessa dos prazeres e compensações que lhe seriam oferecidos.

Digamos sem rebuços que Santiaguito provinha de existências assinaladas por paixões e pelo desbordar dos sentimentos impuros, que permaneceram algo dominados, começando a romper o dique do equilíbrio quando das experiências de adultério com a insensata senhora Josefa, o que permitiu se lhe aproximassem os adversários desencarnados, que o espreitavam com propósitos vis.

A trama em que se envolvera, em face da imposição da amante, trazia sua origem nesse outro Mundo oculto, o espiritual, no qual a vida estua de realidade, sendo a causa primeira do ser e a sede para onde retorna após o decesso carnal.

Os crimes hediondos de que padece a Humanidade têm sua origem nessas regiões estuantes de vida, de onde procedem os vândalos e cruéis personagens, que se tornam instrumentos daqueles que lá permanecem, engendrando mecanismos de desforço e de perversidade, considerando-se poderosos dominadores dos destinos humanos, de que se creem responsáveis. Personificando, muitas vezes, mitos ancestrais, demônios e anjos vingadores, acreditam-se imbatíveis, sem que percebam que se encontram tutelados pelas Soberanas Leis da Vida, que deles, embora não necessitem, se utilizam para o desiderato de promover o progresso da sociedade rebelde, que prefere a dor ao invés dos recursos sublimes do amor, a fim de avançar pelos roteiros da evolução sem retentivas na retaguarda.

Igualmente, sem dúvida, dessas Regiões espirituais procedem os próceres da Humanidade, os santos, os mártires, os místicos, os cientistas e todos aqueles que desenvolvem o patrimônio do progresso, encorajando os lutadores para que não desfaleçam, tornando-se, eles mesmos, os estímulos vivos para as excruciantes batalhas da renovação moral do mundo.

Santiaguito, que experienciara comportamentos sórdidos em outras reencarnações, encontrava-se vinculado a alguns daqueles seres perversos que o detestavam, mas que iriam utilizá-lo para seus fins ignóbeis, quais o de fazer sofrer as criaturas que dele se acercassem.

Simultaneamente, inspiravam e conduziam a atormentada Susanita, recorrendo-lhe aos sentimentos grotescos, para que se tornasse a vigilante inescrupulosa e odienta, importante no processo de desencadeamento de novas desgraças em relação a ela mesma e ao jovem por quem se apaixonara.

De um lado, atormentavam o inconsequente e criminoso servo, açulando-lhe a consciência, agredindo-o, quando em parcial desprendimento pelo sono, ameaçando-o com a interferência da justiça humana e gritando-lhe que nunca fugiria à divina.

Acoplando-se-lhe ao organismo, especialmente à área mental, dois desses pertinazes inimigos induziam-no ao suicídio, despertavam-lhe o recrudescer do ciúme contra o sacerdote, de quem suspeitava em relação a Dona Josefa, trucidando-o interiormente.

Sob essa indução penosa e intoxicado pelas energias deletérias defluentes do ódio dos adversários espirituais, o jovem catalão definhava, sugado pelos tormentos e pela obsessão em processo cruel de instalação voluptuosa.

Faltavam aos seus inimigos apenas a abertura das brechas morais para que o recurso perverso de vingança se instalasse, e isso ocorreu quando da ação criminosa e covarde contra o seu benfeitor, que o acolhera no lar e da qual não teria mais como recuar.

Nesse ínterim, começaram a ser tomadas por Dona Josefa as providências legais para a regularização da herança, tendo-se em vista ser ela a única portadora dos títulos de merecimento, decorrência do esponsal, orientada pelo cônego *Don* Lorenzo, astuto e hábil no intricado mecanismo das leis.

◆

Aquele era um período muito difícil para o país, porque Isabel II, que subiria ao trono mais tarde, filha de Fernando VII e de María Cristina Sicílias, era a herdeira legal do trono após a morte do pai, e quando isso aconteceu, contava menos de 10 anos de idade, sendo a sua genitora quem governava como regente. Nesse ínterim, estalou a primeira guerra carlista, que a obrigou a renunciar, mais tarde, por volta de 1840. Foi então substituído por Espartero, que era então o chefe do governo, sendo Argüelles investido na responsabilidade de tutelar a jovem rainha.

Tendo-se em vista as lutas que se travavam por toda parte, em novembro de 1843, Isabel foi declarada maior de idade, com apenas 13 anos, a fim de poder governar e acalmar o país.

Não obstante, as intrigas palacianas, os ódios políticos e militares, as ambições desmedidas dos criminosos disfarçados de patriotas continuaram gerando conflitos e dificuldades para a governante que, apesar de tudo, fez-se simpática ao povo, em razão da sua bondade e caridade incomuns, recursos que poderiam haver auxiliado a reconstrução do país e a felicidade do povo, não fossem esses sentimentos infelizes que tipificam os ambiciosos pela governança a qualquer preço, sem o menor respeito pela sociedade e pelas massas, sempre sofridas, esfaimadas, miseráveis, esquecidas...

Salamanca não se encontrava à margem dos acontecimentos que tinham lugar na corte. Os conciliábulos sucediam-se, e os carlistas, dentre os quais o extinto *Don* Fernando Ordoñez y Proenza, verdadeiro idealista que desejava a felicidade do povo, estavam em choques sucessivos contra o poder que vinha de Madri.

Dessa forma, a situação na cidade era delicada, porque nem todos partilhavam do Movimento antiliberal e antirrevolucionário, propugnador do absolutismo, iniciado por *Don* Carlos María Isidro de Bourbon, irmão do falecido rei *Don* Fernando VII. Acreditando-se herdeiro natural da coroa, negou-se a reconhecer a filha primogênita do seu irmão, Dona Isabel, como princesa de *Asturias*, o que resultou no seu exílio com a família para Portugal. Em Abranches firmou um manifesto, em outubro de 1833, através do qual se apresentava como Carlos V, legítimo rei, cujos direitos reivindicava. Estimulados pela sua audácia, os seus partidários e apaniguados começaram a lamentável guerra carlista que se prolongou por sete anos (1833-1840).

✦

Período, portanto, muito turbulento, a astúcia e a arbitrariedade governavam os destinos humanos.

Nesses dias, portanto, a tragédia no solar de *Don* Fernando logo cedeu lugar aos tormentosos e insuportáveis acontecimentos entre carlistas e liberais.

As leis estavam subordinadas aos interesses mesquinhos dos mercenários, e a estupidez da sociedade submetia-se à lisonja e às vantagens decorrentes das conquistas sórdidas.

A orientação segura do cônego e sua influência entre os liberais, que governavam a província, contribuíram decisivamente para que fossem regularizados com rapidez os processos legais, que concediam os direitos de propriedade dos bens deixados pelo extinto à sua senhora viúva, que aguardava essa decisão com recato, mesmo que fingido, e ansiedade, que não conseguia disfarçar.

Atormentada ante as reflexões que lhe dominavam a mente a respeito do crime infame que os amantes perpetraram, Susanita aumentou o cerco ao inquieto Santiaguito, que passou a nutrir aversão pela jovem, compreendendo que ela era portadora de algum segredo que o comprometia.

Uma nova trama se lhe desenhou na mente, e não podendo suportar a pressão psíquica e emocional da infeliz apaixonada, resolveu-se por aconselhamento com o cônego de los Hoyos.

Ao comparecer à catedral, na hora aprazada para a narração da ocorrência que o surpreendia, o religioso não pôde ocultar a surpresa ante o desfiguramento do seu comparsa.

Curioso em tomar conhecimento do que estava sucedendo, conduziu o jovem ao confessionário, e, após os cuidados litúrgicos para o ato da confissão, repetiu palavras sacramentais, sem qualquer sentimento de unção, pondo-se à disposição do atormentado jovem, que não se permitiu qualquer circunlóquio, abordando a questão sem meias palavras:

– *Venho sendo assediado por uma das amas da casa, que parece conhecer algo em torno dos acontecimentos passados, em relação a Don Fernando...*

– *E por que o suspeita?* – indagou o sacerdote, interessado.

Sem maiores preâmbulos, o moço esclareceu:

— *Há algum tempo, Susanita me interessou, e vivemos um rápido romance, logo desfeito por desistência de minha parte. Não me dei conta, porém, de que ela continuava rondando-me e ansiosa pelo prosseguimento, a que me neguei. Mais recentemente, todavia, passou a dizer-me palavras de sentido dúbio, indiretas, como se conhecesse algo que estivesse oculto...*

— *Como assim?* — interrogou o confessor.

— *Ora, ainda ontem, quando eu passei ao seu lado sem a saudar, ela referiu-se nebulosamente, indagando: "Por que tanta soberba? Eu sei e esta casa conhece o que acontece à noite entre sombras e silêncios". E pôs-se a rir, zombeteira, sarcasticamente. Havia no seu cinismo tanta crueza que, por pouco, não a golpeei...*

Reflexionando em silêncio, o sacerdote logo depois anuiu que a jovem deveria ter visto algo que o comprometesse, sendo mais sábio inteirar-se de quanto ela era conhecedora, em face dos perigos de uma situação embaraçosa naquele momento.

Assim, com a habilidade mórbida, que lhe era habitual, sugeriu:

— *Como ainda se encontra interessada em você, acerque-se, ausculte-a, reconquiste-a, dê-lhe o que deseja, negocie, e de acordo com o conhecimento que tenha em torno da noite fatídica, a única alternativa será eliminá-la também, porque ninguém sentirá falta de uma desavergonhada e pervertida.*

As palavras estavam carregadas de ira, porque, naturalmente, Sua Reverendíssima estava envolvido também na trágica ocorrência, cujos benefícios esperava auferir dentro em pouco.

O jovem, tomado de surpresa, redarguiu, algo confuso:

— *Se ela tiver conhecimento do crime, terei que a matar também? E isto irá até onde e quando?*

— *Até onde as necessidades assim o impuserem* — respondeu *Don* Hoyos com uma frieza que surpreendeu o assassino.

No silêncio que se fez natural, ele compreendeu a crueldade do religioso venal e a facilidade que tinha para eliminar quem se atrevesse a impedir a execução dos seus planos, que o jovem ignorava, quase que por completo.

— *E se eu me recusar a fazê-lo?*

— *Terá que pagar o alto preço da traição e do homicídio contra o seu amo... Quando se entra em uma situação grave, não existe alternativa, senão prosseguir até o término das circunstâncias e imposições do ato deliberado.*

Afinal, isto é somente uma hipótese, porque é provável que a infame esteja blefando, a fim de trazê-lo de volta à sua perversão e cupidez. Seja, porém, qual for a situação, não deixe de pôr-me informado a seu respeito.

Porque houvesse um silêncio perturbador no jovem, o sacerdote aconselhou-o a procurar reagir ao conflito da consciência e sugeriu-lhe uma penitência que o acalmaria, acompanhada da eucaristia que lhe poderia ministrar no ato da missa no dia seguinte. Era tal o desplante do cínico, que não acreditava, em absoluto, na eficácia do que estava oferecendo, porque a sua conduta dissoluta negava-lhe qualquer tipo de autoridade em matéria de fé religiosa. Apesar disso, o aturdido rapaz aceitou-lhe a alternativa e logo após se dirigiu ao altar-mor, onde permaneceu em oração por largo período até a chegada das sombras noturnas, dali retirando-se, senão aliviado, pelo menos com planos para o direcionamento futuro, no que investiria todo o patrimônio de que fosse portador, não se negando a pagar o tributo que lhe fosse exigido.

7
A INSÂNIA PROSSEGUE INFELICITANDO OS ENVOLVIDOS

A paixão carnal é resquício de primarismo na criatura humana, que ainda não pôde superar os impulsos da sensualidade, embriagando-se com os vapores do sexo que a atormenta e não se deixa saciar, na volúpia da consumação precipitada.

Responsável por incontáveis crimes no transcurso dos milênios, em razão da sua predominância na estrutura emocional dos indivíduos, fere cruelmente os sentimentos e despedaça as melhores aspirações do idealismo, da beleza e dos compromissos morais. Quase irracional, domina o pensamento e a emoção, arrastando aos lôbregos e sórdidos expedientes que possam oferecer o prazer extravagante, sem aplacar-se ou acalmar aquele que se lhe permite o cultivo.

Insaciável, escraviza a quem diz amar, submetendo às mais rudes exigências e servilismo, sempre disfarçados de testemunhos de afetividade.

Por consequência, com o passar do tempo e o repetir dos hábitos doentios cansa-se, produzindo insatisfação e desdém pela pessoa, seu anterior objeto de volúpia, que troca por novo parceiro, assim o encontre.

Essa paixão delituosa e enfermiça assenhoreia-se de expressiva quantidade de pessoas, com ou sem disfarce, que transferem para os desejos lúbricos as aspirações da existência, a qual passa a circular em torno do foco da libido perturbadora.

Todas as operações que realiza, as ambições que acalenta, os esforços que desenvolve têm por meta atingir a luxúria e mergulhar na insensatez de um prazer rápido, que somente a imaginação é capaz de prolongar, para novamente recomeçar em função de uma falsa necessidade para viver.

Entorpecendo os sentimentos, que desarticula a golpes de ansiedade e inquietação, atormenta sem cessar, transformando o ser em seu dependente total. Vício mórbido, assemelha-se à toxicodependência, ao tabagismo ou a outro qualquer parceiro da infelicidade humana.

A mente, quase irracional, fixa-se nas sensações fortes da sensualidade e perde o controle em relação às elevadas manifestações do sentimento afetivo, que deixam de ter significado real para expressar-se nessa forma perturbadora com a qual é confundido.

Por isso, a antiga cultura do sexo, que ora se impõe como fundamental para a vida de prazer humano, deverá ceder lugar à consciência do amor, para conduzir a sociedade pelos legítimos caminhos da plenitude, da realização.

Susanita fizera-se escrava da paixão carnal. A mente desgovernada pelos desejos ignóbeis tornara-se cruel ao constatar a preferência do ex-amante pela senhora, contra quem não dispunha de recursos próprios para superar, ainda mais tendo em vista a sua condição subalterna de serva. O ciúme, que lhe irrompeu e a dominou, tornou-a adversária silenciosa e vigilante daquela despudorada que lhe tomara o parceiro igualmente venal. Concomitantemente, o desprezo por ele passou a controlar-lhe o pensamento, estabelecendo programas de excruciá-lo e, assim, vingar-se da outra, quando ele subisse ao patíbulo da desgraça.

No fundo, o ódio é um processo enfermiço do amor, que ainda permanece no sentimento, e, quando desprezado, envenena-se, desejando inversamente o que gostaria que acontecesse: o prazer, que não sendo fruído, experimenta-se na destruição daquele que o nega.

Fazia-se sedutora de toda forma possível, a fim de ferir aquele que a desdenhava, e, para despertar-lhe a cobiça, começou a manter um *noviazgo*[10] com um outro *valet* da mansão.

Santiaguito houvera-o percebido, mas, desinteressado do seu destino, não se deixara sensibilizar, exceto agora, quando a situação parecia difícil para ele.

Naquela mesma noite da confissão, procurou modificar a expressão facial e o comportamento em relação à mulher desprezada, que lhe

---

10. *Noviazgo:* Namoro, comprometimento afetivo (nota do autor espiritual).

notou os modos mais corteses e o olhar fulgurante, como se portador de algum desejo e interesse.

Em conflito, não sabia como proceder, já que se encontrava envolvida com Jaime, possuidor de bom caráter e talvez interessado na construção de uma família, que não lograria concretizar...

Percebendo a transformação do ex-amante, aguçou os sentimentos em sua direção e facultou chance para que lhe falasse de alguma forma, reacendendo a chama da paixão que apenas estava coberta pelas cinzas da revolta e do despeito.

O contato foi breve e reticencioso, suficiente, porém, para que ela se reanimasse, sentindo-se novamente desejada, não o suficiente, por enquanto, para uma radical mudança de atitude.

Na noite seguinte, percebeu que permanecia o interesse do catalão, resolvendo enfrentar a situação desafiadora, esquecendo-se totalmente do compromisso com o namorado, que estava longe de conhecer o passado da mulher de quem se acercara.

– *Observo que o jovem pavão* – falou com fingido desdém – *me olha e tenta conversar comigo desde a noite de ontem. Que se estará passando? A fonte generosa encontra-se sem linfa para dessedentá-lo, ou a água apresenta-se envenenada pelo remorso, ou turbada por novas substâncias?*

Não havia dúvida, ele concluiu. A megera estava a par do seu relacionamento com a senhora. Ocultando porém a ira que o invadia, respondeu, também, de maneira irreverente:

– *Quando o verão se torna ardente no sentimento* – *e a quadra calorosa ainda está longe* –, *não há alternativa, senão procurar algum oásis de abastecimento com água generosa e refrescante, talvez não muito pura, mas com suficiente recurso para refazer as energias e acalmar o calor que asfixia e aturde.*

– *Estará cansado o viajante desolado da fonte generosa e rica, ou ela deixou de oferecer o benefício do seu frescor?*

– *Nem uma coisa, nem outra. A fonte está sempre às ordens de quem sabe buscar a água com carinho e sorvê-la com ternura. Ocorre que o sedento sempre prefere volver à nascente primeira onde descansou e libertou-se da sede tormentosa que carregava...*

A jovem enrubesceu, emocionada. Não poderia saber se aquelas eram palavras verdadeiras ou não, no entanto, experimentou o explodir da alegria que o desejo refreado agora proporcionava, ante a perspectiva do prazer anelado.

— *Deixemos de enigmas* — disse, sorrindo, Susanita. — *O que está acontecendo, após tanta distância e sofrimento que me tem infligido?*

— *Nada proposital* — elucidou o catalão desejado. — *Cada momento tem o seu valor e significado. Venho atravessando um período de desolamento ante a morte inesperada de Don Fernando, a quem ofereci os meus melhores serviços e respeito.* (Procurou imprimir na voz sinceridade, o que era verdadeiro em parte, e certa dose de emoção para impressionar a moça.) *Naquela noite fatal estive com ele, que me chamara momentos antes, penso, da sua morte prematura.* (Desejava desconsertá-la, caso o houvesse visto adentrar-se ou sair da vivenda.) *Quando o soube morto, não pude mais dominar os meus sentimentos de angústia e de dor, refugiando-me no isolamento e na incerteza do meu futuro, o que ainda me domina e faz sofrer...*

— *E a senhora, que o destaca com a sua simpatia* — falou propositalmente, a fim de penetrar-lhe o país misterioso da alma —, *não lhe prometeu qualquer recompensa pela morte do marido?*

A interrogação fora quase direta a respeito do crime. Controlando-se com energia, o mancebo, respondeu:

— *A senhora, é claro, solicitou-me paciência, quando tive ensejo de atender-lhe ao chamado, uma vez prometendo que me manteria no trabalho a que sempre me dediquei, com a modificação natural que ocorrerá com a ausência do amo.*

— *E ficarão, ela e o padre, com todos os bens de Don Fernando?*

— *O padre? Não sei a que se refere* — respondeu, surpreso, o jovem.

— *Claro! O padre, com quem mantém um velho romance, conforme dizem alguns dos empregados mais antigos, ou simplesmente caluniadores, não o posso avaliar. O que me chama a atenção é que ele tem estado aqui mais do que deveria e os seus serviços religiosos impõem, seja agora ou fosse antes, quando o patrão estava de viagem. Não duvido que tenham algo em comum, o que aliás, não é surpresa para ninguém...*

Santiago Flor y Ruiz não esperava por essa informação que lhe confirmava as suspeitas acalentadas. Mas não estava preparado para ouvi-la com sarcasmo e perfídia. Fremiu de raiva, e não se descontrolou, porque desejava levar o diálogo até ao fim, mesmo que martirizado, de modo a descobrir quanto ela sabia.

— Então, você me informa que, durante as viagens do amo, esse cônego vinha a casa e aqui se demorava, em algo que não parece de caráter religioso? Isso é, sem dúvida, uma sórdida calúnia. (Desejou que assim o fosse, pois que não estava preparado para a verdade, a verdade que magoa os fracos e pusilânimes.)

— Sem dúvida alguma! Ainda me recordo que, não há muito, ele esteve durante a sua e a ausência do patrão para jantar, ficando tão embriagado, que foi necessário que a senhora o mandasse levar de volta à Casa Paroquial, porque não tinha condições de caminhar em equilíbrio. Os comentários do cocheiro e do auxiliar foram perturbadores, tendo em vista que essa é uma conduta desprezível para um religioso. Está evidente, portanto, que não viera para rezar... Aliás, eu confesso que detesto esse homem, gordo e vulgar, de olhar cobiçoso e perverso.

Houve uma pausa demorada e desagradável. Cada um dos interlocutores estava auscultando o próprio mundo íntimo, perdidos no tempo e nos conflitos.

Foi Susanita quem rompeu o silêncio, solicitando:

— Deixemos esses infelizes em paz e conversemos sobre nós, o que me acalmará, renovando minha alma e dando-me alento para continuar a viver.

Chamado à razão, o jovem, que se contorcia nos estertores do ciúme e da revolta por haver sido usado pelos hábeis criminosos, tinha lágrimas nos olhos ardentes que não chegavam a cair. Tremia. Empalidecera mortalmente e apresentava sudorese glacial. Felizmente o manto da noite impedia-o de ser visto nesse estado lamentável, que lhe desvelava o interior ante a informação que o alcançava com lâminas morais dilaceradoras.

Com esforço hercúleo dominou-se, a fim de continuar a conversação, que se lhe tornava insuportável.

Novamente convidado ao diálogo apenas sobre ambos, esclareceu que se encontrava muito aturdido com os últimos acontecimentos.

— Sem dúvida, nutro desejo e carinho por você — afirmou quase sem convicção, a fim de acalmar a moça e deixá-la em melhor situação de confiança.

A seguir, solicitou-lhe licença para recolher-se ao leito, em razão de sentir-se esgotado física e mentalmente com todas aquelas ocorrências perturbadoras.

Sentindo-se aliviada e confiante no futuro, Susanita nada objetou, e deixou-o ir-se, sem lhe haver percebido a perplexidade, o choque de que fora vítima ante as informações dos fatos que desconhecia.

Ele sentia necessidade de solidão, a fim de reorganizar a mente, coordenar as ideias, descobrir o que se estava passando e o que lhe haviam feito os dois covardes criminosos, envolvendo-o nessa trama cruel, e permanecendo insensíveis em relação ao homicídio e ao seu destino.

Atirou-se no leito e mergulhou profundamente nas interrogações de difícil resposta, senão aquelas que mais o martirizavam. Havia sido a vítima fácil para que o crime fosse perpetrado, e eles, os despudorados sacerdote e Dona Josefa, pudessem usufruir os resultados que anelavam. Haviam-se aproveitado da sua ingenuidade e ignorância, por certo combinado anteriormente, e o atiraram ao abismo da vergonha e da tragédia. Mas não ficariam impunes, mesmo que ele mais se afundasse no poço da loucura. Tomaria a justiça nas mãos e vingaria a atitude que tiveram em relação à sua estupidez, com que agora exultavam.

O ódio é labareda que incendeia os sentimentos e faz arder todas as aspirações dignificadoras da criatura humana. Cega e enlouquece, tirando a razão e asfixiando as emoções.

Foi com essa chama, queimando-o e requeimando-o, que Santiago viu a noite passar, sem conseguir dormir ou ter diminuído o impacto da revelação sobre o relacionamento sexual do sacerdote com a pervertida senhora. Não saberia dizer a quem mais detestava naquele momento. O certo é que os enfrentaria, e faria qualquer coisa para os desmascarar, mesmo que o gesto terrível lhe custasse a existência, que já não tinha sentido após esses infames insucessos.

A alva surpreendeu-o abatido e trêmulo, como se houvesse saído de uma larga enfermidade. As olheiras estavam acentuadas na face descarnada, e os olhos, antes brilhantes e fogosos, pareciam duas brasas apagando-se sob uma névoa de lágrimas que não caíam.

Logo foi possível, enviou à senhora uma mensagem, solicitando audiência urgente e impostergável, para a gravidade de que se revestia.

A astuta, que não esperava por tal solicitação, segura da própria perfídia, aquiesceu de pronto, entre curiosidade e suspeição.

Preparou-se para receber o amante, ambicionando perturbá-lo sensualmente, e, despachando a serva, que pediu aguardasse novo chamado, mandando-a convidar o catalão a adentrar-se na alcova.

Quando o viu, não pôde sopear uma exclamação, que lhe escapuliu dos lábios.

O seu olhar agora estava desvairado, os lábios em ríctus de ira, as mãos trêmulas e todo ele se encontrava descontrolado como nunca anteriormente. Não se permitiu saudá-la com o respeito que antes lhe dedicava, pois que, embora seu amante, não esquecia da posição de servo remunerado. Agora, transtornado, foi ríspido e cínico, dirigindo-lhe ofensas sem qualquer escrúpulo, aliás merecidas. Sem qualquer medida, explodiu em palavras rudes:

— *Como se atreveu trair-me, através das mentiras de amor e de desejo, enquanto se refestela na luxúria com o odiento Don Lorenzo? Como pode oferecer-se a qualquer que se lhe apresente, enganando uns e outros, ao tempo que planeja assassinar o marido inocente e gentil, de quem se desejava descartar para ampliar o raio das suas licenças e perversões?! Escolheu-me, por certo, considerando-me estúpido, conforme fui, para atender aos seus desmandos, iludindo-me com a falsa paixão e a inspiração do padre bandido. Agora, que consumou o seu maior desejo e logo mais entrará na fortuna do desditoso marido jogado no túmulo, irá repartir com o despudorado os bens que foram amealhados com sacrifício e honradez?!*

O ódio, que o desarticulava emocionalmente, também dificultava o raciocínio e a ordem do pensamento.

Quase fulminada pela surpresa, Dona Josefa levantou-se, levou as mãos ao rosto, ora esfogueado, e quase gritou por socorro ante o parceiro tresvariado. Tinha a impressão de que iria ser agredida fisicamente, tal a violência das palavras e gestos em forma de acusação, digamos a verdade, justificada, porque real.

Conseguiu, no entanto, suportar a afronta e tombou no *divan* aveludado, totalmente perturbada pelo inusitado acontecimento. Quase sem voz, aproveitou-se de uma pausa, na qual o acusador se encontrava quase sufocado pelo desequilíbrio da emoção, e interrogou-o, igualmente irada:

— *Posso, ao menos, saber o que está acontecendo? Ademais, não lhe permito, sob pretexto algum, que tenha o atrevimento de desrespeitar-me. Sou sua amante, sim, por infelicidade, mas por dever sou também sua patroa, que não me deixo atingir facilmente por ninguém, menos por você, a quem concedi o privilégio de um relacionamento afetivo que a sua condição inferior não soube merecer. Como se permite adentrar na minha alcova e, em altas vozes, ofender-me, sem ao menos permitir-me o direito de esclarecimento ou de defesa? Para que fique muito claro, eu exijo que saia do meu quarto, e, se necessário, que deixe esta casa, pois que, do contrário, utilizar-me-ei das minhas prerrogativas de proprietária, mandando-o expulsar como a um cão doente atirado à lata de lixo, que merece... Quem pensa que é, para exigir-me qualquer justificativa sobre os meus atos? Que demônio apossou-se de você? Que infâmia nova os seus companheiros do mesmo nível de degradação atiraram contra mim? Os servos são sempre seres inferiores, que por mais se lhes façam, nunca estão satisfeitos, e invejando os seus amos, aos quais devem respeito e gratidão, pelo contrário, odeiam por inveja, pela sua posição social e econômica. Retrate-se, pois, antes que eu também perca o controle sobre as minhas ações.*

Ela se erguera. Havia recuperado a prepotência, e, com o orgulho ferido, enfrentou-o, dedo em riste, quase desfigurada também, olhar furibundo e o rubor do ódio esfogueando-lhe o rosto.

Santiago Flor y Ruiz não esperava a reação da comparsa, e no destrambelhar das emoções, prorrompeu em pranto nervoso, convulsivo, em um quase surto de loucura.

Ela deixou-o contorcer-se, sem compreender o que houvera acontecido, permanecendo dominada pelo rancor que se apossou dos seus sentimentos. Jamais imaginaria uma cena de tal rudeza, o desplante vergonhoso desse pária enfrentando-a e ferindo-a moralmente. Sabia-se venal, mas não permitia que lhe dissessem; não ignorava a gravidade dos crimes perpetrados, nunca, porém, facultaria que alguém lhos passasse no rosto em forma de acusações, mesmo que verdadeiras. Preferiria a morte a um confronto de tal natureza. Estava disposta a perder agora para ganhar depois. Nesse átimo de minuto, em que raciocinava aturdida e tumultuada, recordou-se do risco de ser responsabilizada pela morte do marido. Mas ele fora o assassino, quem lhe aplicara o golpe final, e seria a palavra dele contra a sua. Tudo dependeria da forma como engendrasse a própria defesa, na sua condição de viúva, portanto, vítima da irreparável perda. Não faltariam, é certo, comentários a favor do bandido, mas também haveria muita defesa por parte de bajuladores e mercenários que a tudo se prestam. Também estaria em jogo o depoimento de S. Rev.ma de los Hoyos.

Após o trovejar de impropérios e acusações, houve uma pausa na tempestade, gerando um silêncio quase aterrador.

O jovem catalão, ainda sem recuperar-se do distúrbio nervoso que o acometia, acercou-se da mulher, que se apresentava como ultrajada, e ajoelhou-se-lhe aos pés, banhado em pranto, e cingiu-lhe as pernas, tartamudeando:

— *Como me pôde trair com o infame sacerdote? Como o desgraçado estimulou-me ao crime, certamente de acordo com os seus planos, não é verdade?*

A mulher, agora impassível, começou a entender que algo ocorrera, e tinha necessidade de descobrir até o último detalhe. Mantendo-se como que inatingida, respondeu com desdém:

— *Embora eu não tenha o dever de informá-lo sobre minha vida particular, além do nosso relacionamento, desejo esclarecimento sobre a absurda acusação. Nunca lhe disse que era imaculada, nem lhe solicitei pureza moral em torno do seu passado, que não me interessa. Fui atraída por você e permiti-me a lisonja de honrá-lo com o meu afeto. Apesar disso, tenho a dizer-lhe que o senhor cônego jamais me inspirou qualquer emoção, exceto o asco que sinto pela sua pessoa.* (Era, sim, uma pérfida deslavada. Mas teria que manter a situação em que se encontrava, à prova de qualquer mancha, não podendo, no entanto, evitar as suspeitas fundamentadas.)

— *Estou informado que ele sempre a visitou na ausência de Don Fernando, e aqui tem estado com frequência, sendo recebido com hospitalidade, enquanto eu definho no meu catre, longe de respeito e de consideração. Quais os motivos que o têm trazido até esta recâmara, onde se tem demorado, às vezes até a embriaguez total, qual ocorreu durante um jantar em meses passados?*

Ela sorriu irônica, nervosamente, chasqueando dos ciúmes doentios do jovem imprevidente.

— *Saiba que Don Lorenzo sempre teve acesso a esta Casa, graças ao meu falecido marido, que o tinha em alta conta. É natural que eu o tratasse bem, no passado, com ou sem a presença de Fernando, e agora o faça pelo seu interesse em trazer-me o conforto da religião, sem o que me encontraria muito mais aflita...*

Após uma pausa proposital, continuou:

— É certo que desejei livrar-me do meu marido, em razão da loucura que o dominava a pouco e pouco, agredindo-me e ameaçando-me... No entanto, eu também o amava, em razão do homem bom que sempre houvera sido até o momento em que começou a desequilibrar-se, fascinado pelo carlismo e sua paixão política, sua ambição econômica, seu prestígio na sociedade... Agora, que as águas revolucionadas se acalmam, sinto-lhe a presença emocional, lamentando o seu atro destino...

E porque fosse uma consumada atriz sem palco, nem teatro, assumiu uma postura de sofredora para sensibilizar o amante, e perguntou-lhe, com outra entonação de voz:

— Que ocorreu de tão grave, a fim de enlouquecê-lo, ameaçando o nosso compromisso de fidelidade e de amor após o desenlace de Fernando? Será que, pelo menos, não mereço tomar conhecimento daquilo que se trama contra mim com a sua aquiescência, no que resultará a desgraça de nós dois? Como a calúnia pode ter tanta força que supere a inocência, a honradez? Que se passou?

Havia agora no seu rosto uma expressão de dor fingida, que desarmou o acusador ajoelhado aos pés, contemplando-a de baixo para cima. Ela estava ofegante, o colo arquejante, a tez branca e a cabeleira abundante que lhe caía anelada sobre os ombros desnudos, em atitude provocante e sensual...

Santiago desconcertou-se, e, totalmente atordoado, levantou-se, sentando-se em ampla cadeira de braços aveludada. Segurou a cabeça em febre com as duas mãos e prosseguiu chorando, lágrimas agora de arrependimento, destituídas da ardência da mágoa e do ódio.

— Sucede que a amo tanto quanto a minha vida — balbuciou timidamente. — *Informado da intimidade do padre com a senhora, descontrolei-me, deixando-me arrastar pela calúnia de que ele é hóspede dos seus sentimentos desde há muito tempo... Assim, senti-me lesado, usado por ambos, para que se desvencilhassem do impedimento para uma vida mais dissoluta juntos, descartando-me depois. Ao pensar naquele untuoso hipócrita, a quem recorri em confissão mais de uma vez, acreditando na falsa religião que prega, abri-lhe a alma, de alguma forma em gratidão por haver sido ele quem aqui me colocou junto a Don Fernando, e, de outra maneira, pela minha fé ingênua nos ensinamentos da Igreja... Sentindo-me descartável e programado para ser a próxima vítima, embora desconhecendo de que maneira iriam *agir para libertar-se de mim, não pude dormir, e durante toda a noite um só pensamento me dominou a mente, que seria o da destruição de ambos meus inimigos... Por isso, não hesitei em tomar a resolução de lançar fora todas as cautelas e cuidados, vindo até aqui, o de que não me arrependo. Pelo menos, fico sabendo dos seus sentimentos em relação ao perjuro, a quem odiarei pelo resto da minha vida...*

— *Também eu o detesto* — interrompeu-o a mulher que agora recuperara a frieza emocional —, *e se pudesse, libertar-me-ia da sua presença malfadada, que não posso ostensivamente demonstrar.*

Ante essa declaração, que o alegrava, Santiaguito reconquistou a alegria, e abraçou a dissoluta, que esperava atraí-lo de volta, embora, a partir de agora, a sua não fosse mais a mesma confiança até então mantida. Descobria-o fraco e sensível demasiado, o que o tornava um perigo, em razão da insegurança emocional de que dera mostras e dos conflitos experimentados em decorrência do crime cometido. O tempo, porém, ajudá-la-ia na solução do que agora considerava motivo de cuidado. O desejo carnal, no entanto, que estava sob controle, passou a dominá-la, e, interessada no envolvimento sexual, a insensata voltou a interrogá-lo com a habilidade que lhe era natural:

— *E quem o envenenou contra mim, a ponto de transtorná-lo dessa maneira?*

Ele ia denunciar Susanita, mas deteve-se, irado contra a jovem de Torremolinos, a pequenina aldeia praiana do que mais tarde seria a Costa do Sol... Mais um motivo para libertar-se da sua influência, que ainda não decidira como fazer, em razão do conhecimento que ela possuía em torno do homicídio e do relacionamento com a patroa.

Acalmando-se totalmente e recobrando o interesse pela sedutora, da explosão do ódio passou às emoções da lascívia, entregando-se ambos ao prazer da carne em desalinho. A mulher vulgar sentia-se homenageada pelo amante jovem e sedento de luxúria, não se preocupando com as consequências insanas da conduta reprochável.

Os amantes, embriagados de lubricidade, não se deram conta do tempo que transcorria, até o instante em que perceberam que o prolongamento daquele encontro iria inspirar suspeição na ama e nos demais empregados, demonstrando que fora mais do que uma conversação de negócios entre patroa e empregado.

Prometendo-se novos encontros, e animando-o com futura gratificação à altura do seu merecimento, a mulher cansada despachou o comparsa, reanimado, que aparentemente restabeleceu o equilíbrio e volveu aos seus aposentos.

Com a morte de *Don* Fernando, ainda não ficara claro qual seria a sua função, o que mais tarde seria estabelecido, de forma que estivesse próximo da amante conforme o desejo de ambos.

Aquela trama que, por pouco, não resultara em desditas irreversíveis, de alguma forma fora desenhada no Mundo espiritual inferior pelos inimigos de Santiaguito e de Dona Josefa, utilizando-se da sensibilidade perturbada de Susanita. No jogo das paixões infrenes e subalternas havia o campo próprio para o fermento do ódio, facilmente articulado através da inspiração perversa nesses sentimentos controvertidos.

Dessa maneira, não foi difícil o tentame inicial para futuros cometimentos mais trágicos. O homicídio vergonhoso fora igualmente trabalhado por esses mesmos asseclas do mau destino dos envolvidos nos relacionamentos infelizes, através de cuja ocorrência vinculavam-se ainda mais para o futuro de dores e recuperações acerbas, no processo da evolução.

O mais lamentável era que o nobre Espírito *Don* Fernando Ordoñez y Proenza, em razão da forma cruel pela qual desencarnara, não conseguiu afastar-se do domicílio, permanecendo torvado, sem entender exatamente o que lhe houvera acontecido. A agonia que experimentou durante o tempo em que foi asfixiado na almofada de plumas pelos braços fortes do bandido homicida, permaneceu afligindo-o até que, lentamente, foi tomando conhecimento de toda a urdidura do crime, desorientando-se e sofrendo penosamente. Embora a mãezinha desencarnada tenha tentado retirá-lo do lôbrego recinto, o desequilíbrio que o venceu facultou que o ódio o desvairasse, ali permanecendo enquanto os acontecimentos tinham curso. Foi, portanto, nesse estado de emoção desequilibrada que acompanhou a cena cruel entre o seu pajem e a sua mulher, estarrecendo-se com o que ouviu e viu, culminando na sordidez da comunhão sexual, sem qualquer pudor em praticá-la no mesmo leito em que lhe roubaram a existência física.

Tomado de horror, por tudo quanto se dava conta, pareceu chumbado à recâmara, não conseguindo entender realmente o que acontecia e como seria o futuro.

Nesse estado de descontrole passou a ser atendido pelos adversários espirituais dos seus desafetos, que lhe explicaram a ocorrência da morte criminosa, do prosseguimento da vida após a consumpção e transformação da matéria, bem como das possibilidades de que disporia para desforçar-se dos canalhas que o traíram miseravelmente e se banqueteavam sobre o seu cadáver sem qualquer consideração pelo que fora, pelo que fizera, pelo que deixara...

Apunhalado moralmente, sem a iluminação de uma fé profunda e racional, todas as exéquias e homenagens fúnebres, cultos e missas que lhe foram encaminhados a peso de ouro, sequer o atingiram, menos o confortaram. Na turbulência inicial da desencarnação, não pôde participar dos atos de aparência religiosa, nem das ocorrências domésticas. Só mais tarde, à medida que se foi dando conta da realidade na qual se encontrava, é que pôde avaliar o significado da vida, a ocorrência da morte. Todos os aparatos terrestres valem apenas para o orgulho e a ambição humanos, preocupados com os interesses miseráveis da matéria sem o menor significado para o ser espiritual, cujo patrimônio nele mesmo se encontra ínsito, que são os seus atos.

O nobre espanhol, apesar de apresentar-se como um homem de bem, era portador de um pretérito de culpas que não conseguira resgatar, por falta de lucidez espiritual, razão por que culminara a existência física de forma trágica, que poderia transformar em fenômeno iluminativo. A surpresa, porém, defluente do que observou e foi constrangido a presenciar, levou-o à loucura, ao desejo de vingança, perturbando-o e desvinculando-o do divino auxílio que nunca falta, mas que a intolerância, a rebeldia, a sistemática ambição de desforço impedem que atinja o seu alvo... A bondade apenas não basta para a recuperação dos gravames espirituais, sendo exigíveis a transformação moral, a submissão aos desígnios de Deus, a paciência ante as ocorrências infelizes, a coragem para prosseguir sem arrastar as cadeias do ódio, do ressentimento, da amargura que prendem o ser na retaguarda de onde procede... Eis por que o amor, nas suas mais complexas expressões, é fundamental na vida de todos os homens e mulheres, pelo poder que possui de libertar e inspirar confiança no futuro, aproximando-os de Deus.

Apesar dos tumultos e agitações na Mansão Ordoñez, a primavera começou a aquecer a região e a arrebatar no solo aparentemente crestado a sinfonia de flores, no majestoso verde variegado, anunciando a presença da quadra nova do tempo, enriquecida pelas infinitas possibilidades de recomposição emocional e de construção moral para as criaturas humanas.

8
A ALUCINAÇÃO ACOMPANHA A INFÂMIA

Se as criaturas houvessem por bem impregnar-se das bênçãos que a Natureza proporciona, aprenderiam as lições incomparáveis da humildade, da submissão e da renovação que se verificam em toda parte.

À densa névoa e à noite calamitosa, por mais demoradas, sempre sucedem a transparência do ar e a beleza do amanhecer sob a dádiva do Sol.

A canícula cede lugar ao frescor, e o frio glacial faculta amenidade sob a suave luz da quadra primaveril, colocando cores e verdor nos abismos e penhascos, com exceção apenas daqueles dominados pelas neves eternas... Na transitoriedade de todas as coisas do mundo, o renascimento e o progresso constituem Lei da Vida, a que tudo e todos se submetem inexoravelmente.

Renovada pela esperança de haver reconquistado o eleito do coração, Susanita encontrou um meio de desfazer-se da presença de Jaime, explicando-lhe com honestidade chocante, que estava comprometida anteriormente e que após algumas rusgas, agora regularizadas, retornava ao convívio com o homem amado.

Descartado sem qualquer consideração, o jovem sentiu-se ferido no brio e deixou-se arrastar por rude ressentimento contra a leviana e o seu amante, a quem antipatizava, em decorrência do prestígio de que desfrutava junto aos donos da herdade.

Sentindo-se desobrigada de qualquer compromisso, a jovem não cabia em si de contentamento, antegozando aquilo que supunha ser-lhe-ia a felicidade anelada. Nada obstante, o ressentimento contra a patroa permanecia, e também a suspeita da ligação ilícita, bem como do crime lhe permanecia na mente, como resultado do tempo em que estivera à espreita e ante as constatações que conseguira obter.

Certamente o namorado fora vítima da mulher perversa que o induzira ao homicídio, assim pensava, no entanto, estava disposta a esquecer-se de tudo, desde que a sua felicidade não fosse afetada.

É lastimável a crença de que a felicidade, que é fruto dos desejos imediatos, possa abafar os apelos da consciência, silenciar os sentimentos da verdade. Enquanto permanece a ilusão e os vapores do prazer entorpecem a razão, isso acontece, para logo ceder lugar a duras realidades, recheadas de amarguras, de ressentimentos e de ódios... Somente a conduta ilibada proporciona harmonia íntima, base estrutural de qualquer conquista interior plenificadora, capaz de proporcionar paz. Os frutos morais da conivência com o crime são sempre ácidos, quando não muito amargos, levando a desencantos e aflições superlativas.

Em contrapartida aos anelos da jovem sonhadora, Santiago mal dissimulava a aversão que nutria por sua presença, escamoteando os motivos de antipatia que ela lhe inspirava, desde quando se lhe tornara detentora dos segredos da sua alma atribulada.

Amenizada a angústia que o devorava, nos braços da sedutora cortesã, tornara-se-lhe mais suportável a companhia da apaixonada, a quem submetia indiretamente a constante interrogatório, permitindo que ela, por fim, desvelasse tudo quanto observara, acompanhando-o na sombra da noite, qual acuada fera em inclemente perseguição. Não lhe negara conhecer o crime, em face da coincidência da sua saída do edifício central, logo sucedida pelos gritos de terror da esposa famigerada. Outrossim, a suspeita de um relacionamento vil com a mulher odiada, se não confirmada visualmente, era-o pelo desenrolar dos fatos e do conhecimento que todos tinham da conduta a que ela se entregava.

Dividido entre a paixão pela viúva persuasiva e a animosidade crescente pela moça invigilante, não sabia como proceder.

Nesse comenos aflitivo, resolveu aconselhar-se com a experiência da viúva, apresentando-lhe o labirinto emocional por onde transitava. Aguardou uma oportunidade própria, já que novos acontecimentos tinham lugar na mansão faustosa.

Assumindo com segurança a governança da casa e dos bens que foram herdados, Dona Josefa convidou o cônego de Hoyos para que participasse de uma solenidade, na qual desejava homenagear a memória do esposo, por ocasião do terceiro mês do seu falecimento.

Estimulado pela cobiça, e sonhando com o quinhão que esperava receber, *Don* Lorenzo não se fez rogado, comparecendo à reunião que teve lugar na sala de refeições, após lauto jantar de que também participara, exorbitando na comida e nas bebidas finas.

Terminada a refeição, Dona Josefa convidou todos os serviçais, e acompanhada do seu conselheiro, também seu testamenteiro, o senhor Angel Aguirre, respeitável notário da cidade, elucidou que desejava oferecer uma recompensa a cada empregado pela fidelidade com que se havia dedicado ao defunto e a ela própria nos dias sombrios porque passara.

— *A viuvez inesperada* — falou com entonação especial de voz — *feriu-me profundamente, e não fossem o amparo da Religião através de S. Reverendíssima, aqui presente, e a bondade dos meus empregados, certamente não teria resistido ao sofrimento que sobre mim se abateu, insuportável.*

Era uma hábil dissimuladora. Ouvindo-a, qualquer pessoa se sentiria apiedada, logo se lhe tornando solidária.

Ato contínuo, prosseguiu chamando nominalmente cada servidor e entregando-lhe uma importância adredemente combinada com o responsável pela guarda do patrimônio legal da sua herança. Todos foram aquinhoados com um valor significativo, que bem poderia parecer também uma forma de granjear-lhe as simpatias, tendo-se em vista o poder de que dispõe o dinheiro junto aos portadores de caráter frágil, vendável...

Ao chamar Santiago Flor y Ruiz, não escondeu a emoção de presenteá-lo com a mesma importância oferecida aos demais, porém, acrescentou:

— *Pela sua fidelidade para com o patrão, que o tinha em alto preço, conforme sempre me referia, pelo seu sofrimento ante a perda irreparável e sua permanência no solar, ao invés de despedi-lo por falta de função correspondente, desejo nomeá-lo zelador e guarda desta minha residência, a fim de protegê-la, de cuidar do seu patrimônio e estar próximo de mim para socorrer-me em caso de necessidade. Como já disponho de hábil e sábio conselheiro para os negócios deixados pelo meu marido, espero contar com os seus préstimos, ajudando-me na solução de quaisquer dificuldades outras que porventura surjam na sucessão dos dias, em razão de conhecer o pensamento do meu extinto marido, ao lado de quem esteve em muitos negócios... A minha condição de mulher frágil necessita de pessoa amiga e cuidadosa, especialmente agora sem a presença vigorosa e gentil do esposo devotado, que a morte arrebatou.*

Continuando, enquanto todos se surpreendiam, uns agradavelmente, outros menos, convidou nominalmente o sacerdote, a quem ofereceu regular bolsa de couro e veludo, com alguns arabescos em metal brilhante e entregou-lhe uma importância expressiva em moedas de ouro, asseverando:

— *Sei que estas moedas não representam tudo quanto o nosso respeitável cônego merece, mas que significam um pouco da minha infinita gratidão pela sua sabedoria e devotamento para comigo nestes dias sombrios e tormentosos que vão passando. Espero que o nobre sacerdote, verdadeiro representante da Religião, aceite este gesto como pálido sentimento de amizade e de reconhecimento, que não traduz tudo quanto me vai pela alma.*

O sacerdote venal levantou-se sorridente, curvou-se gentil, beijou a destra da atriz no desempenho do seu papel e segurou com avidez o fruto dourado, não obstante metálico, do seu crime.

Agradeceu com palavras corteses, numa representação de alta farsa, em que cada qual das personagens desejava parecer mais legítima no papel que desempenhava, de forma a impressionar a plateia ignorante que os observava. Não, porém, tão ignorante e estúpida quanto pensavam...

Susanita não disfarçava a ironia que estampou na face, mesmo após haver sido aquinhoada com a sua parte. A sua dignidade não foi tão elevada a ponto de recusar-se à venda do caráter, na hábil manobra da competidora rica. Irada, ante a eleição do amante, que agora teria mais fácil acesso à intimidade da senhora, e, por consequência, mais oportunidades para os relacionamentos duvidosos e vulgares, por pouco não se retirou da sala, dominada pelo ciúme irracional.

Encerrada a solenidade de gratidão com brindes e um serviço de doces para todos os empregados e convidados, *Don* Lorenzo convidou Santiaguito verbalmente a que o visitasse no dia imediato, ao cair da tarde, quando lhe desejava parabenizar pela promoção conseguida e para conferir-lhe outras responsabilidades.

Don Fernando acompanhava espiritualmente as ocorrências, que tinham lugar no lar que fora seu, entre estertores de agonia e anseios de vingança enlouquecida. Embora não fosse escravo dos haveres que havia deixado, compreendia que a mulher deles se utilizava para comprar as consciências, dando curso aos seus desmandos morais, desonrando o lar e o nome que herdara através do matrimônio, que não passara de um embuste de longa duração...

No seu desvario, acercava-se da viúva e tentava estrangulá-la sem o conseguir, não logrando meios de atingi-la, porque aquela mente perversa se encontrava em outra faixa vibratória, nos quais os interesses imediatos dominavam. Outras vezes, atirava-se raivoso contra o ex-pajem, e percebia que ele se descontrolava um pouco, dando-se conta da sua sensibilidade, da estranha percepção de que era dotado para captar as influências espirituais. Acalmado pelos comparsas, igualmente desencarnados, que espreitavam os inimigos e planejavam vencê-los no momento próprio, deixava-se abater pelo desolamento e pelas lágrimas abundantes.

O território dos sentimentos é área imensa desconhecida, mesmo quando pulsa em vibrações no Além-túmulo. Educar as emoções e controlá-las, direcionando-as para as semeaduras do bem e da verdade, é compromisso com a vida que ninguém deve postergar ou não levar em consideração. Momento chega em que a sementeira ali realizada emerge do solo e expressa-se conforme a qualidade de que se constitui.

Mais tarde, encerrada a encenação, Susanita buscou as acomodações onde o amante meditava, em busca do seu aconchego e do prazer sexual a que se entregava desafortunadamente.

Encontrou-o encantado com a distinção de que fora objeto, e não podendo ocultar os transtornos íntimos, espicaçou-o:

– *A todos soou-nos muito mal a preferência de madame, que o elegeu como seu fâmulo de preferência... Todos percebemos que a atitude guarda motivos muito sórdidos, tais o concubinato acobertado pelo dever de empregado para com a patroa, que agora inclui também a contribuição sexual...*

Acusado diretamente, Santiago levantou-se e esbofeteou-a, o que vinha desejando desde há algum tempo. A bofetada ressoou forte e ela tombou sobre a cama, enquanto ele, tomado de fúria, exprobrou-a:

– *Caluniadora infame, língua infernal, até onde irão as suas acusações? Ninguém tem honra no seu conceito, somente porque você é uma perdida e vadia? ...A senhora merece respeito, e nunca permitirei que volte a ferir-lhe a dignidade diante de mim. Que você o faça com a corja de colegas a que se une, nunca, porém, na minha presença. Se novamente atrever-se, não sei o de que serei capaz, e você será a única responsável.*

Após o gesto violento e as palavras ásperas, prosseguiu:

— *Entrei nesta casa para servir, apresentado pelo cônego, Sr. Lorenzo de los Hoyos, e daqui sairei sem mancha nem culpa, embora você tenha prazer em fustigar-me direta e indiretamente com as suas suspeitas. Afinal, não sei mesmo a razão pela qual a tolero, não a expulsando definitivamente do meu caminho...*

— *Eu sei a razão* — revidou a moça aturdida e petulante ante a sofrida agressão física —, *é que você tem medo da minha delação. E eu não trepidarei em denunciá-lo às autoridades, bem como a infeliz maricida, comparsa e amante.*

Foi demais para o atroamento do jovem catalão, que avançou como um felino e começou a apertar a garganta da moça atrevida, que se debatia angustiada, com dificuldade de respiração.

As Entidades perversas gozavam ante o espetáculo deprimente e perigoso, estimulando as energias nervosas desorganizadas do criminoso, a ponto de levá-lo a repetir uma façanha nova e trágica.

Agitando-se com força e em quase desfalecimento, olhos esbugalhados, a língua projetada para fora pela boca aberta, Susanita encontrava-se quase à morte.

Num relance de lucidez, ele deu-se conta do que estava fazendo, e jogou-a novamente sobre a cama, quase inerte, tombando suarento e trêmulo ao seu lado.

Ela tossiu com dificuldade, como se estivesse engasgada e quase asfixiada, pediu-lhe socorro, o que o fez despertar e atendê-la com um vaso com água, sacudindo-a com delicadeza, logo após a abraçando com enternecimento e remorso.

— *Perdoe-me!* — suplicou com muita dificuldade e com a voz roufenha na garganta túrgida. — *Não sei o que se passa comigo. Devo estar enlouquecendo a pouco e pouco. Os meus nervos não suportam tanta tensão. Igualmente, é como se uma força demoníaca me tomasse todo, e o instinto criminoso me invadisse, levando-me ao quase delírio da morte. Não tive a intenção de magoá-la, nem desejo feri-la. Mas não posso negar que você tem sido insuportável para mim. Ao invés de constituir-se uma razão de vida e de alegria, tem-se caracterizado pela ironia, pela crueldade, pela suspeita e pelas acusações, que já não suporto.*

E após uma pausa pesada, declarou com mágoa:

— *Melhor que nos separemos definitivamente e você procure as autoridades, apresentando as suas acusações de louca, conforme melhor lhe aprouver. Não tenho mais o que fazer. De minha parte, considero tudo terminado entre nós, e deixo o futuro a Deus ou a Satanás, para que decidam como deverá ser. Assim que se refaça, por favor, vá-se daqui, volte para o seu namorado e não me olhe nunca mais, porque não sei o que poderei fazer numa dessas crises que me vêm assaltando.*

Era sincero no seu apelo. Fazia um grande esforço para silenciá-la, mas a insaciabilidade da atormentada não a deixava em paz, nem a ele favorecia com tranquilidade. Tratava-se de uma conjuntura difícil, especialmente pela interferência morbífica dos inimigos espirituais que se imiscuíam no seu comportamento humano, agora em posição de suas vítimas.

Passado o estupor e mais recomposta, Susanita tentou justificar-se, explicando que sempre fora infeliz, acrescentando:

— *Nunca tive infância. De cedo provei a orfandade e o trabalho pesado na casa de patrões impiedosos, alguns dos quais me estupraram em plena juventude, explorando-me o corpo, somente porque sou pobre e desprotegida... Quando vi a senhora colocá-lo em posição de seu defensor, possuindo tanto dinheiro e dispondo do que deseje, fiquei desesperada, sentindo-me furtada, já que você representa o carinho que nunca tive, o apoio e a segurança que qualquer mulher desejaria.*

E após rápida reflexão, concluiu:

— *Prometo nunca mais voltar a este assunto que nos separa. Peço-lhe que me ajude a esquecer tudo quanto tem acontecido de infeliz, separando-nos, por mais que eu deseje aproximar-me, conquistar a sua alma...*

O luar em prata, penetrando pelos vidros da janela, permitiu que Santiago pudesse ver a jovem indefesa, desgrenhada, olhar de ovelha assustada ante o lobo voraz, dependente, suplicando socorro.

Aquela expressão de dor e de desamparo comoveu-o, pois que se lembrou do seu próprio destino, desde quando saíra de sua querida Leida, órfão de mãe, e vagara com o genitor, até alcançar aquele trabalho que o tornara feliz e desventurado.

A orfandade é terrível flagício para quem a padece. A ausência da ternura, especialmente da mãe, fere o ser em formação, cuja alma dilacerada mui dificilmente cicatriza. Provação dolorosa, constitui um fenômeno cármico severo, para ensinar a quem a experimenta, respeito e gratidão pelos genitores, por todos os seres que existem.

Tocado no sentimento de piedade humana, Santiago abraçou-a com ternura inusual e osculou-lhe a face banhada pelo pranto espontâneo, que escorria como um delicado fio líquido, fluindo dos olhos desmesuradamente abertos.

Ela tremia como uma criança ao frio, requerendo cuidado e compaixão. Ele deitou-a no seu leito e cobriu-a carinhosamente.

O sofrimento possui uma linguagem universal, silenciosa, que toca o mais profundo dos sentimentos. Enquanto a cólera e a agressividade investem buscando o triunfo, somente o amor consegue a vitória em qualquer situação, por isso nunca está separado da misericórdia nem da compaixão.

Recordando-se da mãezinha desencarnada, o tresloucado começou a cantar velha balada catalã, evocativa da sua infância distante. A voz mantinha um doce e melancólico timbre mouro, e a música suave embalou a moça que adormeceu, enquanto o velário da noite continuava salpicado de estrelas, que lucilavam ao longe, falando de outros céus, de outros ninhos, de outras moradas, para quem pudesse auscultá-los e ambicionar por consegui-los...

Avançadas horas, igualmente exaurido, Santiaguito derreou-se na poltrona larga ao lado da cama, e ali ficou até que o rosto da manhã despertasse os dois para os afazeres que os aguardavam.

Susanita, refeita e sem marcas físicas do que houvera acontecido, embora muito pálida, agradeceu ao amante sinceramente e afastou-se na direção dos seus próprios aposentos, a fim de preparar-se para os compromissos a que estava afeita, enquanto ele demorou-se um pouco mais, reflexionando em torno do convite do cônego para comparecer à Casa Paroquial na tarde daquele dia.

Podia imaginar que o sórdido religioso desejava descobrir as ocorrências que ignorava, a fim de considerar as responsabilidades perturbadoras de que se encontrava investido. Ademais, desejaria, por certo, tomar conhecimento da conduta da viúva, que sempre lhe despertava interesse, por fim torná-lo marionete mais uma vez das suas ambições desordenadas, que movimentaria a distância, qual abutre ou chacal sempre disposto a locupletar-se nos restos deixados pelas feras do crime, da hediondez.

Tomado de forte antipatia pelo religioso, que o conseguira enganar com a sua habilidade melíflua, preparou-se emocionalmente, a fim de confundi-lo, permanecendo confiante nas próprias possibilidades de solucionar os problemas que o visitavam.

À hora própria, seguiu na direção da residência do farsante, sendo recebido por ele com fingida demonstração de cordialidade sacerdotal.

De imediato, sem quaisquer delongas, o inquieto abordou o tema que lhe interessava:

— *Afinal, conseguiu descobrir o que sabe e pensa a prostituta de Torremolinos?*

Era tão venal, que sequer conseguia dissimular o primarismo em que chafurdava, havendo perdido o resto da compostura, tal a desfaçatez com que abordava assuntos relevantes ou não, nivelando-os todos na mesma terminologia.

Santiaguito, cauto e também fingido, respondeu-lhe:

— *Venho constatando que se trata de um blefe, muito feminino, aliás, de que se utiliza a jovem a fim de cativar-me, submetendo-me aos seus caprichos. Leves suspeitas, sem confirmação, em torno da morte de Don Fernando, portanto não constituem perigo para todos nós envolvidos na sua morte.*

— *Como todos nós?* — interrogou o sacerdote, fazendo-se de inocente.

— *Ora, padre* — ripostou com alguma rispidez —, *não me venha com essa pergunta, pois o senhor, desde quando me colocou na condição de empregado de Don Fernando, que me impôs vigiá-lo e à esposa, havendo mais tarde contribuído eficazmente para a minha decisão, quando conversamos no confessionário, inclusive informando-me que ele era inimigo da Religião e de Deus, por abraçar o carlismo. Recorda-se? Ou pensa que não sei do seu conciliábulo com a senhora para que tudo transcorresse com celeridade e cuidado?*

Não tendo mais nada a perder, o jovem catalão resolveu enfrentar o pusilânime e desmascará-lo, demonstrando-lhe conhecer-lhe a corresponsabilidade no homicídio que praticara.

Corando e espumando de raiva, o padre levantou-se colérico e gritou:

— *Biltre, verme asqueroso, assassino desalmado, como se encoraja a desacatar-me, a mim que lhe concedi imerecida honra de trabalhar junto a um homem decente, a quem terminou por eliminar? Desconhece o meu poder perante a sociedade e a Religião? Poderei mandá-lo ao cárcere e ao inferno simultaneamente. Com que desplante me acusa dentro da minha casa, sem tremer nem temer?*

— *O jovem inocente e manipulável que Vossa Reverendíssima conheceu e perverteu não existe mais* — respondeu com igual cólera, dentes rilhados, olhar esgazeado.

— *Fui transformado em criminoso por vós ambos: o senhor e a viúva Ordoñez, e não vos temo. Estou disposto a enfrentar-vos em todas as situações, não mais servindo para ser utilizado ao talante dos vossos desmandos e paixões vis.* (Pela tela mental do alucinado passou a ideia do conúbio do sacerdote com a mulher sensual, e, inspirado pelos inimigos desencarnados, pisoteou na ferida moral.) *Pensa que ignoro as suas sortidas na alcova da agora viúva? Sempre quando nos afastávamos, o meu ex-patrão e este servidor, o senhor sacerdote penetrava no solar e buscava conforto físico nos braços da senhora. Pensa que somos todos idiotas e cegos, que os empregados, somente por causa da situação inferior de servos, não pensamos nem sabemos distinguir o certo do errado? Não é mais à boca pequena que se comenta a respeito da sua e da conduta da senhora.*

E após breve pausa ante o padre atoleimado, boquiaberto, prosseguiu:

— *Denuncie-me às autoridades e ver-se-á a braços com graves responsabilidades e informações que interromperão a sua carreira eclesiástica, se por acaso não desencaminhar dos rumos a sua vida. Estou disposto a qualquer coisa. Basta apenas provocar-me. Tente, portanto, e não me venha com esse ar de inocente, de vítima, que somente se tem beneficiado do espólio das viúvas e dos órfãos, como dizem as Sagradas Escrituras. Eu também sei pensar e não é por acaso que sou fiel à Religião, não podendo dizer o mesmo de Sua Reverendíssima.*

O jovem estava possesso, ultrapassando os limites do temerário. Sob a pressão psíquica dominadora de um dos seus adversários desencarnados, que trabalhara mentalmente em favor daquela injunção penosa, não conseguia refrear a língua, nem comportar-se como seria de desejar-se.

Quase a suar sangue, o sacerdote descontrolado avançou, punho cerrado, bochechas trêmulas, boca espumante, como se fosse agredir o interlocutor, que lhe gritou na face:

— *Tente, covarde, pois que será a última coisa que fará e que também farei. Aqui estou! Venha!*

Num relâmpago de discernimento, o padre compreendeu a magnitude daquela hora e o alto nível de atrevimento do seu pupilo, detendo-se, atoleimado.

Jamais imaginaria tal ocorrência, especialmente partida daquele a quem considerava um subtipo humano.

Nunca se deve desconsiderar a criatura, seja de qual nível social for. Cada ser é toda uma historiografia de vida, que se encontra amortalhada pelo esquecimento, e que subitamente pode irromper em explosões destrutivas ou manifestações de santificação. O ser humano é um enigma, inclusive para ele próprio que, não se conhecendo, não tem dimensão das infinitas possibilidades que possui.

Atordoado, sentou-se na cadeira de espaldar alto, apoiou os cotovelos sobre a mesa de madeira trabalhada, e, resfolegando, com a respiração alterada, permaneceu mudo de indignação e ódio.

Quando conseguiu falar, gritou, estentórico:

– *Fora daqui, cão leproso, miserável traidor! Rua, ingrato miserável!*

Santiago desejou estrangulá-lo, mas se conteve a esforço, porque a chama do ódio também lhe crepitava em todo o corpo, dominando-lhe as fibras mais íntimas.

Sob a pressão da força poderosa do adversário espiritual que o dominava, sentia-se agigantado, possuidor de uma energia que ainda não experimentara, nem mesmo no momento em que pressionara a almofada sobre o rosto do indefenso *Don* Fernando.

Estava enfurecido, no umbral da loucura.

A voz do cônego continuava atroando nos seus ouvidos, e o duelo de ofensas prosseguia num crescendo estarrecedor.

Nesse momento, a mãezinha espiritual do catalão surgiu no cenário torvo e aproximou-se do filho possesso, expulsando, com a sua energia balsâmica, o inimigo impiedoso, que o deixou tombar, quase sem forças, numa outra cadeira, vitimado por uma crise de nervos extenuante.

Acercou-se-lhe, tomada de infinita ternura, e balbuciou-lhe aos ouvidos da alma: *"Vai-te em paz, meu filho! Deus te proteja e te socorra neste momento!"*.

Ao mesmo tempo, aplicou-lhe energias especiais nas áreas do coração e do cérebro, revigorando-o e cooperando para o seu reequilíbrio. Era tudo muito rápido, mas de efeito impressionante, porque o possesso pareceu despertar, e, embora não demonstrasse arrependimento pelo que havia acontecido, levantou-se trôpego, procurou a porta de saída e renovou-se ao contato com o ar gentil que soprava suave, trazendo o perfume de rosas no quase anoitecer. A brisa que lhe rociava a face e o corpo fez-lhe muito bem, auxiliando-o na recomposição do organismo nervoso, e seguindo a pé, alcançou, minutos após, o solar, onde buscou refúgio no seu aposento, sentindo-se em quase total atonia.

Cerrou a porta à chave e mergulhou em reflexões profundas, a fim de medir as consequências que adviriam do seu choque com o sacerdote, envolvendo a viúva, e quais as providências que poderia tomar no momento em que fosse chamado a dar explicações. Ainda se encontrava confuso, astênico, e nessa exaustão adormeceu... Viajando pelo país da Imortalidade, sonhou com a genitora, que o aguardava além da esfera física, a fim de confortá-lo e orientá-lo na conduta futura. Essa ocorrência, que tivera lugar noutras vezes no passado, constituía um verdadeiro refrigério para o jovem extravagante, que se reanimava, readquirindo forças para prosseguir, apesar de não conseguir dar a continuidade que se fazia indispensável. Nesse encontro grave, ela procurou elucidá-lo, advertindo-o com enérgica doçura:

— *Que fizeste da oração que te ensinei quando criança e te demoravas no meu regaço? Onde tens colocado o coração, que te permitiste tantas alucinações? Valerá a pena o prazer fugidio com a consciência em brasa de remorso e o sentimento ferido pelas setas do crime? Até onde seguirás por esse caminho sem retorno? Que esperas do amanhã, entregando-te aos vapores tóxicos dos desejos inferiores, das mentiras, das lutas cruéis geradoras de inimizades contínuas? Desperta, meu filho, para a Grande Luz, que é o Mestre Jesus, o Crucificado sem culpa! A tua vida é uma sucessão de existências, malogradas umas, perturbadoras outras, que te granjearam adversários impiedosos que te sitiam e teimam por destruir-te. Avança para o bem, arrepende-te das aberrações praticadas, sai deste solar de conforto e de miséria, trabalha arduamente para ganhares o pão de cada dia com dignidade, enquanto é tempo... Ainda podes recomeçar a vida, que se encontra turbada pelas sombras dos teus próprios erros. Não duvides do Amor de Deus, nem O vejas nas figuras infelizes daqueles que dizem representá-lO. Ele se apresenta em toda a Natureza, não necessitando de pessoas que O possam humanizar. Eleva o teu pensamento a Ele e receberás a resposta de que necessitas.*

Por enquanto, anoto, no teu comportamento, somente a infâmia das atitudes criminosas, contra quem te recebeu de braços e coração abertos, e retribuíste com a traição, o adultério e o assassinato... A tua vítima está louca de dor, e acompanha-te com outros a quem prejudicaste antes. Desperta, filho do coração, enquanto ainda há tempo, embora os compromissos infelizes que já assumiste. Deus te convidará ao resgate, no momento próprio, mas não aumentes o fardo das tuas dívidas. Tenho velado por ti, mas não me tem sido facultado penetrar nos teus sentimentos, voltados somente para a luxúria, para a suspeita, para o ódio, e mais recentemente também para o remorso... Abre-te ao bem e o bem tomará conta de ti. Agora, dorme, para repousares e despertares mais tarde com novas ideias na memória...

O torpor que o tomou todo não lhe facultou despertar senão em horas avançadas da noite em triunfo. Lentamente recuperou a memória do estado onírico, evocando algumas das lições que lhe foram transmitidas pela genitora. A recordação da mãezinha, suave e bela, no entanto, assinalava-lhe as lembranças, como se houvesse sido visitado pela *Virgen de la Macarena*, de sua devoção.

Lágrimas bem vertidas, traduzindo dor e saudade, arrependimento e promessas interiores de alteração de conduta, escorreram, lentas e refrescantes, pela sua face, convidando-o a novos comportamentos.

9
O INFORTÚNIO IRROMPE VIOLENTO

Santiago Flor y Ruiz, não obstante algo estremunhado, enfrentou as atividades do dia com relativa serenidade, sem qualquer arrependimento em relação ao atrito mantido com o cônego *Don* Lorenzo de los Hoyos.

Dava-se conta da próxima irrupção da sua cólera, trabalhando para eliminá-lo conforme lhe estivesse ao alcance. No entanto, havia descarregado a lava da ira que o vinha asfixiando na suspeita justificada e no torvelinho das paixões vivenciadas.

Logo lhe foi possível, quando foi chamado por Dona Josefa para atender aos compromissos que lhe diziam respeito, não resistiu e, aproveitando-se da ocasião em que se encontravam a sós, relatou-lhe em palavras rápidas e tormentosas o infeliz sucesso que tivera lugar na véspera com o sacerdote.

A senhora foi tomada de uma grande surpresa, pois que não imaginava que o amante chegasse a tal dislate, qual o de agredir verbalmente e quase ir às vias de fato com um representante da Religião, aquele que se encontrava envolvido na trama sórdida dos acontecimentos que também a maculavam. Ficou estarrecida, e sem palavras de início, para logo irromper em mal contidas acusações:

– *Que lhe está acontecendo, que perdeu completamente o equilíbrio? Como pôde enfrentar o homem que foi o seu benfeitor e o introduziu neste lar, ao mesmo tempo amigo nosso e representante de Deus na Terra?*

– *Fui introduzido aqui como espia do amo e da senhora, proposto por ele, para que desse conta da conduta de ambos, o que, diga-se honestamente, nunca me permiti fazê-lo. Respeitei o patrão até quando fui convidado a matá-lo, e preservei a intimidade da senhora, sem a desvelar ao arguto miserável.*

— Percebo que você vem enfermando da mente e do controle nervoso. Não tem mais a serenidade para enfrentar os desafios, as ocorrências, desequilibrando-se por quaisquer palavras que lhe chegam na condição de brasas ardentes.

— É a situação em que me encontro, mordido na consciência pelo remorso, que não consigo anular, e vendo inimigos em toda parte, como se estivesse entrando em delírio.

— Isto, porém, é muito perigoso e pode resultar em inesperados acontecimentos desditosos. Procurei mimá-lo, há pouco, concedendo-lhe a honra da presença constante ao meu lado, sem provocar suspeitas, e você estraga todo o programa, somente porque o nosso confessor desejou arrancar-lhe algumas informações, utilizando-se da sua habilidade perturbadora? Onde tem colocada a razão? Ignora que a melhor posição é a de credor de confiança, ao invés de tornar-se opositor perigoso? Que espera fazer? Já pensou na possibilidade de desculpar-se com o senhor cônego?

— Jamais o farei. Prefiro a perda de todos os favores, a rebaixar-me ao seu nível abjeto de criminoso maldisfarçado. Reconheço a minha desgraça, mas não sairei dela para novas conjunturas ainda mais infamantes, seguindo ao lado do vergonhoso sacerdote que, afinal, parece valer mais do que eu nesta casa...

A seta foi disparada com o propósito de ferir a dama, que, muito hábil, não se deixou atingir, dando prosseguimento ao seu sermão-reproche:

— Agora estamos diante de um inimigo feroz, que não medirá esforços para vingar-se das ofensas de que foi vítima, digamos que, algumas injustamente, sem qualquer fundamento. Cabe-lhe uma radical mudança de atitude, qual a volta à simplicidade daquele homem bom e nobre, belo e gentil a quem tenho amado.

— Confesso que não mais o sou. Sinto um demônio na minha mente, que trabalha para que eu me perca, e toma da minha garganta, obrigando-me a falar o que penso mas não devo dizer, assim envolvendo-me em alucinadas situações, que somente me conduzem ao matadouro...

— Pois é necessário atingir a maioridade da razão, do autocontrole, a fim de não pôr fora o futuro que nos aguarda, agora quando as portas da

felicidade se nos abrem favoráveis, anunciando-nos a conquista das bênçãos que temos o direito de desfrutar.

– Mesmo com a memória do crime perseguindo-nos?

– Mesmo assim, pois que é tarde demais para recuar, e não havendo alternativa, cumpre-nos avançar, e aguardar os acontecimentos do porvir.

Depois de um silêncio extenuante e cheio de inquietações, ela propôs:

– Façamos de conta que nada aconteceu. Os empregados não podem tomar conhecimento da turra, o que lhes daria um imenso prazer. Aguardemos a atitude do nosso cônego que, certamente, virá ter comigo para apresentar queixa e esperar de mim alguma resolução que lhe ilibe a honra que sente ultrajada.

– Qualquer coisa, estarei disposto a ceder, menos pedir-lhe perdão ou desculpas, pois que, afinal, ele desejou parecer inocente, como se fosse apenas eu o responsável pela morte do amo, quando ele praticamente me mandou executá-lo, certamente com a anuência da senhora...

– Não volte a espicaçar-me, acusando-me, pois que não ignoro a minha responsabilidade no ato, de que não me arrependo, e se fosse necessário, repeti-lo-ia outra vez, a fim de reconquistar a minha liberdade, a minha paz de espírito. Assunto, portanto, encerrado. E não volte a criar-me problemas, porque igualmente não sei até quando estarei disposta a amar alguém que me amarga as horas com a sua insegurança e crueldade...

Santiaguito deu-se conta, por fim, do caráter da mulher com quem lidava, e após receber instruções a respeito das atividades para aquele dia, que lhe cumpria executar, retirou-se contrafeito. Percebia que estava pisando em terra movediça e que qualquer passo em falso, a sua vida ficava reduzida a mínimo valor, facilmente superável.

Por sua vez, o senhor cônego não conseguiu sair da postura em que se entregou na sala, às escuras, buscando o meio mais hábil para a vingança que não poderia tardar. Constatava que o mancebo, que supunha estúpido e manipulável, não o era tanto, conforme o considerava. A alternativa de eliminá-lo veio-lhe à mente como um provável recurso solucionador do impasse.

✦

Logo após o falecimento de *Don* Fernando, prosseguindo na correspondência com S. Exa. o arcebispo *Don* Armando González y Villabuena, que fora homenageado, quando da sua visita a Salamanca, o cônego solicitara-lhe que fosse feito um estudo objetivando transferi-lo para outra diocese ou bispado, onde pudesse melhor servir à sua Igreja. Dizia-se disposto a contribuir com o que fosse necessário para a concretização desse objetivo, sabendo que ações de tal natureza exigem compensações significativas. Afirmava a necessidade de pastorear outro rebanho, de entregar-se com fervor à fé religiosa, além do que já vinha fazendo, porém, percebia que os anos aumentavam com celeridade e as suas eram possibilidades mínimas, não contasse com a ajuda providencial do venerando amigo e benfeitor.

Sua Excelência, ainda sensibilizado com as honras de que fora objeto e a distinção que recebia do cônego, sempre zeloso pelo seu bem-estar, que lhe enviava periodicamente mimos e presentes significativos, prometeu interferir junto às autoridades eclesiásticas e, na primeira oportunidade em que se apresentasse uma chance, não se olvidaria do amigo e servidor devotado, conforme vinha sendo.

Ao mesmo tempo, o cônego mantinha na Casa Paroquial um servidor, algo demente, que o acompanhava desde quase o início do seu sacerdócio. Obediente como um cão fiel, não raciocinava com equilíbrio normalmente, muito menos quando orientado pelo seu patrão, a quem amava e submetia-se por temor.

Chamava-se Héctor de las Palmas, talvez porque houvesse chegado ao país procedente das Canárias, e ninguém sabia como o conseguira. Sem parentes nem aderentes, devia contar cinquenta anos de idade e fora acolhido pelo sacerdote, quando o encontrara marginalizado pelas ruas da cidade, apupado por crianças e adultos, perseguido sem piedade em razão da sua feiura e do seu estado de quase demência.

Esse gesto de solidariedade e sentimento cristão era talvez o único na economia moral do sacerdote, que dera pouso e dignidade ao infeliz, que passou a servi-lo dentro dos seus limites, demonstrando sempre através dos olhos brilhantes e da palavra limitada a gratidão profunda e o zelo pelo seu protetor.

Durante aquela noite tormentosa, ocorreu ao homem que se sentia ultrajado por quem se lhe transformou em adversário gratuito, um bom desforço, utilizando-se da truculência do protegido que, ademais, não teria como denunciar o amo, tornando a sua palavra credora de fé e de respeito.

Com essa ideia a esfervilhar na mente, acalmou-se e buscou o repouso de que necessitava em razão do choque nervoso de que fora vítima. Jamais, porém, perdoaria o agressor, não fosse ele homem dotado de temperamento forte e apaixonado, que havia programado o poder e o conseguiria a qualquer preço.

Após a noite de sono refazente e calmante, atendeu aos deveres religiosos, celebrando a missa matinal, batizou diversas crianças, confessou os pecadores, sem pensar nos próprios pecados e gravames, sentindo-se desembaraçado após o almoço, quando planejou visitar a mansão dos Ordoñez, o que fez sem delongas.

Dona Josefa, surpreendida, recebeu-o com efusão de alegria, certamente fingida, para diminuir-lhe o efeito da agressão do fâmulo, destacando-o com um lanche muito bem cuidado e o refinamento de que muito gostava o prelado, que se supunha melhor do que as demais pessoas que sempre buscava subordinar.

Transcorrido o tempo próprio para o repasto, agradecido e comovido, solicitou à senhora uma entrevista em particular, onde lhe pudesse apresentar algumas questões que o vinham afligindo.

A astuta logo compreendeu o de que se tratava, e com aparente satisfação conduziu-o a uma saleta no andar térreo, reservada anteriormente para atividades comerciais de *Don* Fernando.

Tratava-se de um espaço muito agradável e confortável. Duas janelas abriam-se para o jardim, permitindo a entrada da luz e do ar, quando necessário. Muito bem decorado com cortinas pesadas de veludo e seda, que lhe davam um ar de austeridade, tinha o piso quase totalmente coberto por tapetes espessos, sobre um dos quais se encontrava a mesa de despachos, envernizada em tom escuro com uma cadeira de braços na mesma cor, uma estante com alguns livros e documentos, quadros dispostos com harmonia nas paredes forradas de seda e duas outras cadeiras fronteiras à mesa onde se sentava o senhor da casa, para os convidados.

Dona Josefa houvera rearrumado o espaço, dando-lhe um toque muito especial, a fim de atender aqueles que a buscavam para cuidar dos negócios em andamento deixados pelo esposo, bem como discutir com o senhor Angel Aguirre, o testamenteiro responsável pelos seus bens, e alguns visitantes outros que exigissem mais cerimônia, embora houvesse no solar uma outra sala especialmente destinada a essa finalidade.

Conspirando contra a paz que deveria ser recuperada, Santiaguito chegou ao vestíbulo exatamente no momento em que viu os dois adentrarem-se na sala reservada, e, inspirado pelas forças malignas que ora o conduziam, teve ideia de ficar na parte externa, no jardim, onde talvez pudesse ouvir a conversação que acreditava ser sigilosa, conforme o era.

Correu para a parte lateral e ficou à espreita, conseguindo ouvir claramente o diálogo, que em alguns momentos fez-se acalorado e perverso.

— *Venho queixar-me do verme asqueroso que aqui introduzi, quando da existência de Don Fernando, e que me agrediu com vulgaridade e sanha assassina na Casa Paroquial onde esteve a meu convite, a fim de relatar-me, conforme se comprometera, suspeitas mantidas por uma serva desta casa, que parecia conhecer os infortúnios que aqui tiveram lugar e aqueles seus causadores...*

— Qual a razão, por que o desrespeitou?

— Ao indagar-lhe em torno do quanto conseguira saber, envolveu-nos no homicídio que praticou, praguejando, totalmente enlouquecido, e referindo-se ao nosso relacionamento pessoal, como se o Demônio dele se tivesse apossado.

— Afinal, ele não esquece essa acusação idiota? Que tem a ver com os nossos sentimentos e a nossa conduta? Noto também que se está tornando um perigo para a nossa estabilidade, merecendo ser disciplinado conforme convém, a fim de ficarmos em paz.

Ante essa declaração que confirmava as suas suspeitas, o jovem quis adentrar-se no pequeno recinto e cometer nova alucinação, contendo-se a custo, a fim de ouvir até onde os covardes e cruéis inimigos pensavam levar os acontecimentos.

— *Tenho pensado em algumas alternativas* — redarguiu o cônego, que exteriorizava ódio e rancor profundo na voz alterada. — *A primeira delas seria denunciá-lo à polícia, correndo o risco de sermos envolvidos pelo traidor; a segunda seria envenená-lo com habilidade e precaução, o que também nos exporia a riscos desnecessários; a terceira...*

Exatamente nesse momento, surgiu Susanita, que o surpreendeu quase colado ao peitoril da janela por onde escapavam os sons dos diálogos comprometedores.

Felizmente, ele a viu primeiro, antes que ela o chamasse nominalmente, assim despertando os seus adversários no conciliábulo infame.

Ele afastou-se do lugar de escuta e convidou-a a sair dali, dando-lhe uma explicação qualquer, sem sentido, e buscando a parte interior do solar, onde se deteve por um pouco ao seu lado, embora a mente em febre e o coração sofrendo disritmias resultantes da ansiedade e do conflito que o perturbavam.

Desgraçadamente, lamentou-se em silêncio, não ouvira a terceira opção para o seu aniquilamento. Não havia qualquer dúvida, porém, que ele seria a próxima vítima, graças à urdidura criminosa dos dois amantes, que agora se denunciavam, sem margem à postergação indefinida dessa ação criminosa. Ser-lhe-ia difícil lutar contra a correnteza, sentindo-se abatido.

Conseguiu desembaraçar-se da concubina e tentou voltar ao posto de escuta. A noite descia suavemente, considerando-se a amplitude do dia primaveril, que teimava em continuar derramando a sua taça de luz poente.

Quando, porém, se acercou da entrada da herdade, viu a carruagem do cônego saindo e carregando a odienta personagem.

Respirava com dificuldade, tal a angústia que dele se apossou. Resolveu caminhar um pouco na direção do rio Tormes, que alcançou com relativa facilidade. A brisa perfumada, rociando-lhe o rosto esfogueado, terminou por acalmá-lo, facultando-lhe pensar com serenidade. Embora amasse aquela cidade muito antiga, que fora conquistada por Aníbal, *o Cartaginês,* por volta do ano 222, sabia que ela havia sido vítima de muitas derrotas e vitórias. Oportunamente houvera sido vencida pelas legiões romanas, que nela construíram um posto militar na estrada que levava da cidade de Augusta Emerita, atualmente Mérida, à de Asturica Augusta, na atualidade Astorga... A sua era, portanto, uma história de batalhas incessantes, porquanto os godos, e, mais tarde, os mouros, a dominaram por largo período. Fora novamente reconquistada, para logo tombar vencida mais uma vez pelas invasões mouras, que nela se instalaram a partir de 1095, ali ficando até a época da sua definitiva expulsão da Europa... Na sucessão dos tempos, mais modernamente, fora vencida pelos franceses, depois pelo inglês Wellington e, por fim, pelos espanhóis que a trouxeram de volta às suas raízes. A velha Salmântica, como era denominada no passado, em consequência, foi enriquecida na sua arquitetura, particularmente nas suas catedrais em estilos românico e gótico, na sua *Plaza Mayor*, e também possuidora de cultura, em razão da sua Universidade fundada e edificada pelo rei Afonso IX, em pleno período medieval. A ponte que os romanos construíram ainda permanecia vigorosa, desafiando o tempo... Sua história gloriosa, feita de ascensões e quedas, culminava, por fim, com os novos combates em favor da liberdade impostos pelos *carlistas e liberais (isabelistas),* fatalidade decorrente das paixões humanas e irrefreáveis ambições.

No íntimo, havia uma lição silenciosa naquela história do tempo e da cidade. Tudo se edifica para ser derruído e novamente se erguer. A Lei de Destruição encontra-se em a Natureza, e realiza o seu ministério para novos logros, o que não justifica o crime nem a desgraça humana.

Como dos escombros do passado renasciam novas expressões de cultura e de civilização, era possível que também ele pudesse recuperar a dignidade perdida e ascender ao patamar da harmonia que atirara fora, quando vencido pela ambição e tormento do sexo.

A noite surpreendeu-o debruçado na amurada do rio, contemplando as águas plácidas que corriam suavemente, enquanto o céu salpicava-se de lanternas mágicas estrelares, informando que há outros pousos além dos limites da imaginação humana. Estranha calma dominou-o por inteiro.

Lentamente a movimentação de pessoas diminuiu, e ele deixou-se arrastar pelas recordações da sua existência singular. Poderia agora, se soubesse manobrar os instrumentos do destino, adquirir posição social, enriquecer-se, utilizando-se da viúva sem escrúpulos, usando para com ela das mesmas abjetas armas com que lutava: a hipocrisia, a traição, a sordidez... Como, porém, encontrar a paz nesse torvelinho? Os pensamentos atabalhoadamente lhe invadiam a casa mental e ele constatava, por outro lado, a proximidade da ruína.

Nesse comenos, enquanto espairecia, buscando a renovação indispensável ao equilíbrio, conseguiu liberar-se da constrição perniciosa dos Espíritos infelizes que o vergastavam e sentiu-se desprotegido e só... Experimentou essa solidão indefinível do coração e da alma que se faz criança, carecendo de ternura, de entendimento e de amor puro, qual linfa transparente jorrando na rocha descampada em a Natureza...

Perdeu-se no tempo, retornando à mansão em avançadas horas da noite, quando tudo era silêncio.

Dona Josefa não deu explicações ao comparsa, nem ele indagou sobre coisa alguma, havendo sido estabelecido um silêncio constrangedor, em que ele buscava desincumbir-se dos deveres, e ela evitava-o quanto possível, quase acintosamente.

Conhecendo-a agora em nova dimensão de caráter, tampouco deixou-se preocupar. Sabia que algo estava sendo elaborado e resolveu confiar nos fados que sempre velavam pelo seu destino.

Uma semana após, um fato novo sacudiu a Cúria e, de alguma forma, a cidade, que se inundou de júbilo.

Havia chegado a notícia que *Don* Lorenzo de los Hoyos havia sido nomeado bispo e deveria exercer as suas funções em *Ciudad Real*, graças ao prestígio do arcebispo *Don* Armando González y Villabuena.

Pode-se dizer que foi uma surpresa geral, igualmente para o homenageado, que a anelava, mas não esperava ser tão rápida.

Cada um dos envolvidos na trama trágica da morte de *Don* Fernando experimentou, por sua vez, uma reação específica. Dona Josefa rejubilou-se, porque iria ver-se livre do fardo, que lhe pesava na emoção de forma desagradável. Santiago Flor supôs-se liberado da vingança do sacerdote, e o próprio, embora feliz com a ascensão episcopal, lamentava perder a convivência libertina com aquela que o embriagava de prazer, e agora poderia ser uma fonte inesgotável de moedas para o aumento da sua fortuna ignóbil.

Tomadas as providências pelas autoridades eclesiásticas, a sagração foi assinalada para um mês depois da nomeação, havendo sido organizada uma comissão de festejos, entre os quais fora programada uma recepção faustosa na residência Ordoñez.

Nesse ínterim, a viúva esfuziante de alegria pela próxima libertação da presença do amante de quem se encontrava saturada, convidou Santiaguito à saleta de negócios, a fim de tomar providências quanto ao futuro de ambos.

Sem circunlóquio, foi diretamente ao assunto, informando-o:

– *Como você há de ter depreendido, recebi a visita do nosso futuro bispo, que me narrou em detalhes a altercação mantida entre ambos. Inclusive, fez questão de referir-se à sua suspeita infeliz em torno de um relacionamento inexistente entre mim e ele, o que já não lhe tenho como comprovar. Agora, com o afastamento do homem cristão para outra cidade, certamente lhe desaparecerá o motivo de suspeição descabida. Deus nos enseja a oportunidade de dar prosseguimento aos nossos sonhos de felicidade.*

Ele olhou-a, agora com melhor e mais profunda visão da realidade, e pôde averiguar, mais uma vez, quanto era abjeta aquela mulher, por quem se apaixonara. Comparava-a, sem dar-se conta, com Susanita, jovem e fiel, percebendo que os seus sentimentos transferiam-se da primeira para a outra, que o amava febril e lealmente, sem uma face oculta de cinismo e de vulgaridade, porquanto somente o seu era o carinho pelo qual disputava e vivia.

Tomado de um rancor que crescia insensivelmente no íntimo, sorriu, dando a impressão de aquiescência e de esperança à insana, sem esquecer-se do que ouvira, quando ela concordara com a sua eliminação, bem como a confissão clara da sua vinculação sexual com o sacerdote.

Ela tentou mostrar-se romântica no seu contentamento, mas ele manteve-se reticente, sem arroubos, perguntando-lhe em que poderia ser útil, a fim de contribuir em favor da futura recepção.

Ela explicou em rápidas palavras o que havia imaginado, inclusive a homenagem que lhe iria prestar mediante um valioso presente, e de quem se libertaria por definitivo.

— *Não havendo mais assunto de importância, rogo licença para afastar-me, pois tenho alguns labores a executar, que não podem ser retardados.*

— *Nem para estar comigo?* — interrogou, amuada.

— *É exatamente para atendê-la e fazer que tudo flua bem que necessito apurar-me* — respondeu com cinismo e indiferença.

Ele não mais se deixaria sucumbir, arrebatado pelos seus encantos que, agora observados com outra óptica, não eram tão sedutores, e já apresentavam os sinais da decadência orgânica de que ninguém se livra.

Impossibilitada de retê-lo e percebendo-se em situação desvantajosa – ignorava que o amante acompanhara o triste diálogo, no qual firmara o propósito de o eliminar em plano elaborado pelo concubino –, resolveu-se por aguardar oportunidade mais feliz.

Passadas as emoções da surpresa, *Don* Lorenzo, inundado de alegria, começou a programar a sua futura investidura e arrumar-se para a transferência para a futura sede episcopal.

Recebeu a comissão dos festejos, apresentou sugestões para as atividades civis, religiosas e sociais, em torno da sua ascensão religiosa, não podendo ocultar as expectativas de felicidade que se lhe desenhavam no mundo íntimo.

Não esquecia, porém, o ressentimento do atrevido que o humilhara dolorosamente. Pelo contrário, à medida que os dias se passavam, mais se lhe acentuavam as mágoas, ampliando-lhe o desejo de vingança. Agora que se afastaria por definitivo da cidade, onde fora feliz e sofrera a hórrida humilhação, acreditava na possibilidade de um desforço que servisse de lição profunda ao atrevido, assim lavando a sua honra ante o maldito a quem ajudara e lhe trouxera desgosto e ingratidão.

Atordoado pela sede de vingança, numa das noites precedentes à sua consagração como bispo, manteve um grave diálogo com o seu protegido Héctor.

O mentecapto não compreendeu tudo quanto lhe seria transmitido, porém, fiel ao benfeitor, deixou-se arrastar pelas suas sugestões e imposições, tornadas muito claras, ao solicitar-lhe:

— *Você não ignora, Héctor, que me deve a vida, que o mantenho com dignidade e o defendo de todo mal. Há um dever de retribuição de sua parte para comigo. Chegou o momento de você demonstrar-me a sua gratidão, atendendo-me a um desejo.*

Fez uma pausa proposital, pigarreou, pois que lhe pesava na consciência a urdidura do crime que planejava, da vingança ultriz de que se iria utilizar por meio do néscio, incapaz de ter dimensão da gravidade do que iria realizar, prosseguiu:

— *A senhora viúva Dona Josefa Ordoñez mantém um empregado, a quem ofereci trabalho, de nome Santiago, que se transformou em meu figadal inimigo, inclusive, aqui mesmo nesta sala, há dias, ameaçou-me a vida, tentando estrangular-me, o que não fez, porque reagi.*

Estava colérico. Havia retornado mentalmente àquele momento que não conseguia olvidar. Assim tomado de fúria, acercou-se do demente, colocou-lhe o dedo na face, e impôs:

— *Cabe a você lavar a honra do seu benfeitor e do homem religioso, hoje distinguido com alta dignidade, conforme mereço. Assim, espero que, logo depois da minha consagração a bispo, você encontre uma forma de eliminar o bandido. Basta que o acompanhe a distância, que lhe observe os passos, que se lhe torne a sombra sem ser percebido, e, numa noite qualquer, manejando um punhal, seja resolvida a pendenga. Logo após, saindo daqui, ficaremos livres de qualquer complicação, e eu saberei compensá-lo conforme merece.*

Em face do seu caráter venal, o religioso havia pensado em eliminar Héctor também mais tarde, em *Ciudad Real*.

O infeliz não tinha dimensão do que lhe era solicitado e, sem qualquer hesitação ou raciocínio, sorrindo bestialmente prometeu:

— Meu patrão e benfeitor esteja seguro que tudo sairá bem. Eu conheço quem é o infame e procurarei aprender com ele a melhor forma de fazê-lo desaparecer.

Na sua ingenuidade doentia, deixou-se dominar pelo ódio, pensando em aplicar-lhe coima.

A partir de então, Héctor passou a vigiar a residência onde vivia Santiaguito, e percebeu-lhe o hábito de caminhar na direção do rio, debruçando-se sobre a amurada da velha ponte romana, onde ficava perdido em reflexões...

Esse hábito originara-se na noite do desespero, que lhe oferecia refazimento e solidão, de que sentia necessidade, a fim de ordenar os pensamentos tumultuados. Não poucas vezes, ali se deixava permanecer até quando o silêncio abatia-se sobre a cidade.

Héctor, na sua idiotice, percebeu quão fácil lhe seria eliminar o incauto, utilizando-se de um punhal que lhe fora fornecido pelo cônego. Tinha ordens, porém, de aguardar a celebração dos atos eclesiásticos, culminando o crime pouco antes da viagem para a outra cidade.

Assim mesmo, para certificar-se do êxito da sua futura façanha, deu ciência ao patrão, que exultou ante a possibilidade da vingança e a falta de testemunhas nas horas avançadas da noite, em razão da facilidade do cadáver ser atirado às águas do rio sonolento.

As festividades de consagração do novo bispo transcorreram em clima de entusiasmo dos cidadãos. Eram poucos aqueles que tinham notícias do horrendo passado do sacerdote, que ali chegara como aventureiro e fora amparado após os crimes que praticara. Esses mesmos, que ainda se recordavam, reconheciam que o jovem dissoluto transformara-se em um nobre religioso, que agora era guindado a um posto eclesiástico de alta responsabilidade.

Para a liturgia da consagração, veio especialmente convidado o arcebispo *Don* Armando González y Villabuena, que se fez acompanhar da sua corte tradicional, sendo todos hospedados com honra e deslumbramento no palácio arquiepiscopal da cidade.

Don Lorenzo fez parte da comissão de recepção, e, logo lhe foi possível, conseguiu uma entrevista com Sua Excelência, quando se desobrigou do compromisso de uma régia compensação pelo título conseguido, o que fez com eloquência, para deslumbramento do prelado que se sentiu feliz pelo acerto do seu ato, conforme pensava.

O jantar, na residência de Dona Josefa, revestiu-se de brilho incomum, quando abriu a sua mansão à sociedade por primeira vez após a dolorosa partida do esposo.

Tudo estava em ordem e obedecia ao ritual da elegância, do luxo, da ostentação. A recepção aos convidados foi de excelente qualidade, e enquanto as carruagens despejavam à porta de entrada as autoridades civis, militares, religiosas e algumas personalidades gradas da sociedade, servidores contratados para o evento encarregavam-se de servir bebidas refinadas e *canapés* para espicaçar o apetite, aliás desnecessariamente, porque em tais ocasiões nunca falta...

Santiaguito, a contragosto, encontrava-se vestido de *livrée,* conforme convinha em um momento de tal envergadura, e a viúva em traje de rainha, ostentando joias valiosas, recebia os convidados sem ocultar o orgulho, enquanto mantinha preso ao pulso, por uma delicada corrente de ouro, o *abanico* sevilhano, ornado de madrepérolas reluzentes, que lhe davam um ar de grandeza incomum.

A mesa principal, assim como as outras menores que se espalhavam por diversas partes da sala central e da saleta, estavam cobertas com finíssimas toalhas de linho branco, bordadas e adornadas, ostentando belos candelabros de prata que mantinham longas velas acesas, apresentavam os respectivos *serviettes*[11] ao lado dos jogos de louças de *Limoges* para os diferentes manjares, variados copos e taças de finíssimo cristal da Boêmia, talheres e suportes de prata, arranjos florais de pequenos volumes e vasinhos, igualmente delicados com água perfumada.

---

11. *Serviettes:* Guardanapos (nota do autor espiritual).

Grupos musicais distribuíam-se pelos jardins tangendo guitarras dolentes e outros instrumentos de corda, quando chegaram o novo bispo, os senhores arcebispo e cortesãos.

O aplauso estourou no ar, enquanto fogos de artifício espocavam, colorindo a noite esplendorosa.

As calçadas de ambos os lados da rua estavam repletas de curiosos, que acorreram febris para verem o desfilar da grandeza humana e também para homenagearem mais uma vez o homem que se encontrava no auge da fama. Os comentários, uns apimentados ou entusiastas, misturavam-se ao ruído dos coches e dos animais, dos convidados e da música, assinalando momento de grandeza da senhora viúva e da própria cidade, que sempre se engalanava para festas retumbantes.

A um sinal da senhora, o mordomo convocou o *maître* a fim de que desse início ao desfile de manjares, após estarem dispostos nos seus respectivos lugares, adredemente estabelecidos, os afortunados participantes do honroso banquete.

A regular distância, na rua, ficavam os cocheiros e pajens, que sequer teriam direito a qualquer migalha do poder e do desperdício. Afinal, a sua condição de servos não lhes concedia qualquer mínima consideração, a que já se encontravam habituados...

Os brindes sucederam-se após breves palavras louvaminheiras dos presentes, os aplausos interrompiam as libações, e a lauta refeição prolongou-se por quase três horas, sendo surpreendente a capacidade estomacal dos comilões insaciáveis.

Como o inevitável suceder das horas sempre se encarrega de tornar passado o presente e trazer o futuro para a atualidade, terminada a comilança, que se assinalava pelo desarranjo que passou a dominar a delicada e bela decoração, com os restos que tombaram sobre os tapetes, toalhas, acompanhados pelo vinho derramado, algumas taças quebradas e muito esbanjamento, os convidados começaram a partir, abraçando a anfitrioa e o novo bispo, que ficaram no vestíbulo para as homenagens finais.

Alguns empregados se encarregaram de buscar os coches e cabriolés para os seus respectivos proprietários, encerrando-se lenta e ruidosamente o festim, que a cidade comentaria por largos dias.

Santiago foi buscar a carruagem do senhor bispo, que estava semiébrio, conforme lhe comprazia, e o vendo, acercou-se, chamou-o nominalmente, e, distendendo-lhe a mão num gesto de grande surpresa, que ele beijou com asco e dever religioso, arengou:

— *Os dias de alegria compensam aqueles de dissabor. De minha parte, tudo está esquecido, e desejo-lhe felicidade...*

Apesar do gesto surpreendente, o catalão não saberia dizer se houvera percebido algo estranho no semblante e na voz pastosa do inimigo, que simbolizasse ameaça ou desprezo, despedida ou olvido da discussão grosseira.

A verdade, porém, é que isso pareceu tranquilizá-lo um pouco, diminuindo-lhe a angustiante expectativa que o vinha martirizando.

Pela madrugada, a mansão silenciou e os seus membros recolheram-se aos respectivos aposentos, havendo antes uma rápida limpeza das salas atulhadas de despojos e sujeira, como se ali se houvessem reunido combatentes e a ralé, não a sociedade educada e artificial pertencente à refinada comunidade.

No dia imediato, os diligentes empregados recompuseram o solar sob a inspeção do mordomo e as ordens da senhora, que se apresentava cansada, mas feliz.

Ao cair da tarde chamou, como de hábito, o servidor preferido e auscultou-o com a sua habilidade peculiar.

— *Não posso negar* — disse o fâmulo — *que o senhor bispo concedeu-me um gesto de nobreza, informando-me haver esquecido o incidente e desejando-me felicidade.*

— *Por fim* — redarguiu a senhora —, *ele dá mostras de piedade cristã, de civilidade e de reconhecimento por tudo quanto vem recebendo desta casa e dos seus servidores. Estando de viagem assinalada para próximos dias, certamente deseja organizar tudo na retaguarda, a fim de ser recordado de maneira agradável e respeitosa.*

Depois de demonstrar a felicidade que a invadia, interrogou de chofre:

— *E nós, como ficaremos? Com as marcas do que já passou ou com as expectativas do futuro dourado?*

Surpreendido com a indagação direta, ele respondeu:

— *Espero que Deus me inspire a pensar apenas no futuro, após tantas situações penosas.*

Ambos sorriram maliciosamente, e ele pediu licença para retirar-se.

A verdade, no entanto, era bem outra para o senhor bispo. O perdão, o esquecimento de ofensas não faziam parte do seu cardápio de conduta.

Continuou instigando Héctor, que prosseguiu vigiando com agudeza psicopata a sua futura vítima.

Chassez le naturel, il revient au galop,[12] informa Destouches na sua comédia *O Glorioso*, no 3º ato, no século V, procurando demonstrar e expressar o pensamento em torno do inútil esforço de pessoas que buscam violentar a própria índole, mudando de conduta, porém voltando a ser-lhe vítima. Foi o aconteceu com *Don* Lorenzo.

À véspera da sua viagem com alguns fâmulos que o acompanhariam e do protegido, as forças do mal conspiraram para que a tragédia fosse consumada.

De ambos os lados da vida, os instrumentos da perversidade irmanavam-se no mesmo propósito: a extinção da existência de Santiago Flor y Ruiz.

Os seus inimigos do Além orquestraram na mente perversa do bispo, dando campo à índole infeliz, às ordens severas que passou a Héctor a fim de que, naquela noite, ficasse encerrado o capítulo da desonra, e as águas do Tormes se encarregassem de conduzir o cadáver do infame para as margens, talvez distantes da cidade...

Desse modo, açodado pelos insensíveis verdugos espirituais, Héctor aguardou nas cercanias da ponte romana, discretamente oculto pelos tufos vegetais floridos e árvores que margeavam o rio, a chegada do solitário *habitué*, que daquele local fizera, quase por compulsão noturna, o seu rincão de paz.

A mãezinha desencarnada de Santiaguito intentou em vão inspirá-lo a que não seguisse àquele sítio, ou ali chegando, que logo retornasse à herdade. Porém, insensível ao apelo da Entidade enobrecida, continuou a marcha atraído pela fatalidade dos seus atos ignóbeis, e, como o fazia sempre, debruçou-se na amurada, ficando a contemplar as águas lentas, que delicada fatia de lua minguante prateava.

O inimigo insólito, mentalmente hipnotizado pelo amo cruel, acreditando estar servindo ao seu salvador, acercou-se suavemente e,

---

12. *Chassez le naturel, il revient au galop* – Expulsai a natureza e ela voltará a galope (nota do autor espiritual).

impulsionado pelo ódio de que se viu tomado, cravou-lhe a arma branca várias vezes na área pulmonar, no pescoço, não dando tempo sequer à vítima de voltar-se na sua direção. Jorrando o sangue em abundância e gemendo dolorosamente, o corpo tombou no passeio, sendo erguido de imediato pelo musculoso assassino que o atirou por sobre a mureta, acompanhando-lhe a queda nas águas plácidas e observando-o submergir. Ali se deteve por alguns segundos, e porque o corpo não voltasse à tona, saiu à disparada, retornando à Casa Paroquial, onde o aguardava o patrão ansioso.

Trêmulo, pálido e gaguejando, informou ao bispo que se houvera desincumbido do trabalho que lhe fora confiado com todo o êxito imaginável.

O prelado abraçou-o, por primeira vez, ofereceu-lhe uma taça de vinho, após o que o despediu, a fim de estar em condições para a viagem que seria iniciada pela manhã cedo.

Quando o rosto do dia começou a adornar as sombras noturnas com a claridade do seu sorriso, o novo bispo de *Ciudad Real* e a sua comitiva deixaram Salamanca para sempre, sepultando no desconhecimento os crimes que ele houvera praticado, mas dos quais jamais se esqueceria ou ficaria impune ante os Soberanos Códigos da Divina Justiça.

10

Crimes, castigos e alucinações

Foi Susanita quem deu por falta de Santiaguito. Pela manhã, como de hábito, foi vê-lo e não o encontrou na habitação que permanecia arrumada, o que lhe causou estranheza, porque não era do seu costume dormir fora do solar. Supôs tratar-se de alguma ocorrência inesperada, que seria explicada durante o dia, mas isso não aconteceu.

Dona Josefa requereu a presença do administrador da sua casa e foi informada que ele não aparecera durante todo o dia, o que a inquietou, preferindo aguardar um pouco mais o desenrolar dos acontecimentos. Porque, à noite, não houvesse notícia do jovem catalão, ela resolveu notificar ao delegado de polícia, a quem convidou vir à sua casa, demonstrando-lhe estranheza e preocupação ante o fato inusitado, porque jamais antes acontecera.

O delegado não teve dificuldade em elucidar o enigma, narrando-lhe que, por volta do meio-dia, fora encontrado um corpo apunhalado, preso a ramagens na margem direita do rio, um pouco fora dos limites da cidade, e que ele mandara buscar, deixando no necrotério para o necessário reconhecimento. A senhora, algo assustada, solicitou ao seu mordomo que acompanhasse a autoridade policial, a fim de auxiliar no esclarecimento da ocorrência.

Quando ele retornou, trouxe a fatídica notícia de que se tratava do jovem servidor, que fora miseravelmente apunhalado pelas costas.

O choque não poderia ser pior, prostrando-a em um desmaio, sucedido de grande aflição.

Quando Susanita cientificou-se da tragédia, correu na direção do necrotério, a fim de verificar por ela mesma o triste fim do amante, retornando quase desvairada, dominada por pranto volumoso e recheado de queixas e blasfêmias, bem de acordo com o seu temperamento agitado.

O solar participou do sofrimento geral, enquanto Dona Josefa mandou providenciar um enterro digno para o cadáver com a celebração de uma *Missa de corpo presente*, conforme a prescrição religiosa, dita cristã.

Nesse momento, deu-se conta do quanto estava a sós. Antes, o marido podia confortá-la em qualquer situação em que se deparasse, o sacerdote animava-a e o último amante compensava-a. Havia perdido a todos em poucos meses, e agora, possuidora de verdadeira fortuna, provava a amarga solidão, que lhe abriria as comportas da consciência para o remorso implacável, que a faria sucumbir posteriormente sob os camartelos do desespero.

Susanita sabia que ele preferia, nos últimos tempos, caminhar solitário, negando-lhe que o acompanhasse na direção da ponte romana, de onde sempre retornava com boa aparência. Certamente fora vítima de algum bandido, supunha com razão, que não lhe dera tempo para a defesa, considerando-se a sua forma física ágil e estrutura muscular robusta.

A ninguém ocorreria a ideia de quem fora o responsável pelo ato covarde e odioso, que agora seguia orgulhoso e com pompa na direção dos altos encargos que lhe diziam respeito, adquiridos, reconheçamos, com os recursos da bajulação, do suborno, da desdita de outras vidas...

Após alguns dias de extenuante viagem, embora as paragens em lugares de repouso, finalmente o séquito chegou à sede do novo bispado.

Recepcionado pelos sacerdotes de *Ciudad Real,* amplamente homenageado, instalou-se com luxo e presunção, como lhe era do agrado, no palácio que lhe fora reservado pelos seus superiores eclesiásticos.

Para trás ficavam todas as ocorrências infelizes, que procurava esquecer, a fim de dar prosseguimento ao sonho de conseguir fortuna e destaque social, sem pensar, uma vez ao menos, na fatalidade da morte que a todos arrebata, encerrando-lhe as ambições estúpidas e os métodos subalternos por consegui-las.

Continuou oferecendo a Héctor a assistência que o néscio passou a merecer, mesmo sem ter lucidez para o discernimento, porém sem descartar a possibilidade de eliminá-lo em momento próprio, por tratar-se--lhe de constante ameaça, já que não confiava cegamente em ninguém, assim transferindo o caráter venal que possuía para as demais pessoas.

Mais de um mês após haver chegado, recebeu longa missiva de Dona Josefa, que relatava a lutuosa ocorrência que abalara o solar e chocara a cidade, sem que até aquele momento as autoridades tivessem a mínima lógica explicação para a ocorrência fatal, exceto a afirmação de que se tratava de um crime praticado por algum bandido que talvez o haja assaltado àquela hora tardia da noite. Lamentava-se a dama pela falta de conforto moral e o acúmulo de preocupações que ora a dominavam.

Libando a alegria da certeza de que o crime ficaria insolúvel como outros tantos, alegrou-se o tenebroso sacerdote, e brindou o próprio êxito, em saudação à *deusa vitória,* numa demonstração estúpida de politeísmo.

Passados alguns dias, respondeu à dama, procurando consolá-la, recordando-a de Jesus, e convidando-a a que, logo fosse possível, viesse a *Ciudad Real*, a fim de espairecer e receber mais diretamente o conforto moral da fé religiosa e da sua amizade. Certamente não se tratava de uma oferta pastoral, mas de dar prosseguimento ao relacionamento vil, a que se acostumara, e aproveitar-se da angústia da amante para explorá-la até a exaustão, já que a sabia muito rica.

Astuto, a sua missiva era portadora de um duplo sentido. Quem não conhecesse o comportamento de ambos, destinatário e remetente, ali veria somente uma página de nobre dedicação do pastor pela ovelha em sofrimento, mas ela podia decodificar o que se ocultava nas entrelinhas.

A missiva em resposta alcançou a dama em estado de tormento íntimo. Estremunhada, em razão das sucessivas noites indormidas, caminhava sob o açodar da consciência para o desequilíbrio da razão.

Ninguém burla as Leis Divinas impunemente, pois que se encontram escritas na consciência de cada um, que as pode ignorar, anestesiar, mas nunca deixar de experimentar-lhes a presença na ocasião oportuna.

Quando tombou sobre as águas, ainda com vida, afogando-se sem a menor possibilidade de sobrevivência, Santiaguito manteve-se preso ao corpo em decomposição por vários dias, ouvindo as ameaças dos seus adversários e de *Don* Fernando, que se lhe apresentava como um demônio mitológico, deformado pelo ódio e sequioso de vingança. Ao sofrimento que experimentava, impregnado pelas dores que o *corpo astral* assimilara, eram agora adicionadas as imprecações e ameaças desses terrificantes fantasmas que aguardavam momento próprio para o dilacerarem, conforme prometiam. Consumada a desgraça que planejaram, trazendo para a sua convivência o detestado e imprevidente mancebo, iriam desforçar-se do mal que padeceram no passado e mais recentemente mediante o assassinato do nobre senhor, ora transformado em um verdadeiro louco...

Logo se libertou do fardo carnal, em indescritível padecimento, foi arrebatado por um poderoso vendaval que o envolveu e o atirou contra rochedos e paredes, árvores e tudo quanto podia provocar-lhe dores acerbas, enquanto as vozes desvairadas acusavam-no e prometiam-lhe desforços ainda mais inomináveis.

Nesse estado foi conduzido de volta ao Solar Ordoñez, sem saber como ocorria a locomoção, e quase estrangulado por *Don* Fernando, acompanhou o desespero da ama e concubina, que se contorcia na alcova entre soluços e receios que se avolumavam, espicaçada por estranhas personagens falecidas a solicitação do esposo traído e trucidado.

— *Reconheces, infame* – interrogou-lhe, em desespero o Espírito infeliz –, *o lar que te acolheu, a amante que roubaste de mim e a alcova onde me asfixiaste?*

— *Não sei de nada!* – gritou o desvairado. – *Isto é um pesadelo terrível, do qual tenho que despertar. Não é possível!*

— *Sim, é possível. Pois foi para esta região miserável que me empurraste com o teu crime, por ela estimulado e pelo vil sacerdote que te mandou matar...*

— *Não é verdade! Don Lorenzo perdoou-me...*

— *Tu o crês, porque és estúpido, não conhecendo a alma humana de um traidor e selvagem sem qualificação. Ele mandou-te assassinar, utilizando-se de Héctor, o seu idiota protegido.*

— *Não posso crer, e peço socorro a Deus, à minha mãezinha para que me liberte deste pesadelo inominável.*

— *É tarde, infame. Pagarás, gota a gota, todas as lágrimas e suores que verti, acompanhando a tua injuriosa conduta, o desrespeito ao meu lar com essa rameira, que também iremos trazer para cá, a fim de cobrar-lhe os crimes abjetos que cometeu.*

— *Liberte-me, fantasma da minha consciência! Você morreu, desgraçado, e não se pode levantar do túmulo para vir afligir-me.*

— *É o que pensas, estúpido e infame. Trucidar-te-emos, eu e outros amigos que te odeiam, até que fiques reduzido a nada, nada que sempre foste, desgraçado. Experimentarás nossa crueza até não suportares mais, de forma que saciemos nossa sede de vingança...*

O Espírito debatia-se inutilmente, dominado que estava pela força do seu cobrador e pelo peso da culpa que lhe assomava terrível.

Simultaneamente, os inimigos outros assediavam a aturdida Dona Josefa, que se debatia nos conflitos, agora aflorados com a perda física do amante, sem amparo moral, exceto da fiel servidora María de la Concepción, que passara a ajudá-la, dominada por imensa compaixão.

Na sua ignorância, suplicava a proteção da Mãe de Jesus para a infeliz, a quem estimava e tinha reconhecimento pela sua bondade e gentilezas para com a sua pessoa. Era, porém, insuficiente a sua irradiação de misericórdia e destituída de energias que pudessem balsamizar as aflições da dama em desespero.

Entregando Santiaguito a outro inimigo, *Don* Fernando, aproximou-se da mulher adúltera e gritou-lhe o nome várias vezes com forte vibração de ódio.

Ela não escutou com a audição externa, mas nos refolhos do ser, e respondeu, assustada:

– *Quem me chama? Que voz é essa? Don Fernando, é o senhor?*

Travar-se-iam, a partir de então, os diálogos que a levariam à loucura por obsessão, e de que ninguém poderia libertá-la ou sequer entender o que se passava.

A vítima, sumamente infeliz, longe dos sentimentos da compaixão e da misericórdia, a soldo da chusma de obsessores também tiranos, agora se comprazia em infelicitar aquela que se entregara a toda sorte de disparates morais, enganando-o, humilhando-o, mas principalmente a si mesma traindo-se e atirando-se no paul dos sofrimentos sem remissão por largo tempo.

Ele prosseguiu, gritando-lhe o nome e acusando-a, enquanto ela percebia algo confusamente, a princípio, para mais tarde tornar-se muito clara a comunicação, conforme fosse mergulhando na consciência ultrajada pelo remorso, que agora começava a despontar.

– *O senhor morreu, Don Fernando, deixe-me em paz! Talvez seja o Demônio que me vem excruciar ou cobrar-me dívidas que não tenho para pagar.*

— Sim, sou eu mesmo, despudorada, que retorno do inferno a que você e o seu amante me precipitaram, mas do qual me libertei por momentos para fazer justiça.

— Não, não pode ser. Os mortos não voltam. Dormem até o momento do Juízo Final, quando Deus decidirá sobre o seu destino...

— É o que dizem os enganadores, que sabem não ser assim. Não há sono, nem repouso, nem paz, nem alegria, senão para os justos e felizes. Eu, como outros desventurados, somente encontramos sofrimento e revolta, necessidade de vingança e de destruição, no meu caso por tua culpa e dos teus parceiros desnaturados. Pagar-me-ás, como o teu amante assassinado já me está devolvendo a alegria, por vê-lo trucidado e infeliz. O mesmo irá acontecer-te e ao feroz sacerdote, em cujas dores nos banquetearemos. É somente questão de tempo.

Levando as mãos à cabeça e tentando arrancar os cabelos em um episódio de loucura, a senhora foi amparada pela servidora fiel, que solicitou socorro aos gritos, atraindo outra criada, assustada.

Começava o martírio da pobre desavisada.

A cena pungente continuaria pelos dias sucessivos, assinalados pela pertinaz perseguição até chegar à loucura total, em razão de encontrar-se desprotegida do conforto legítimo da fé, do milagre da oração, da confiança em Deus.

Enquanto esse flagelo tinha lugar, provocado pelas forças vivas do Mundo espiritual, a inconsolável Susanita carpia seu desespero, muitas vezes atendida pelo recusado Jaime, que tentava reaproximação, esquecendo-se da humilhação a que fora submetido.

O seu era um sentimento de amor e compaixão pela moça desnorteada que, sem apoio de qualquer natureza, poderia enfermar.

Desse modo, renunciando ao orgulho ferido e a qualquer comportamento egoísta, envolveu-a em ondas de carinho e de assistência, contribuindo para a sua futura recuperação.

O tempo, esse incomum enxugador de lágrimas e amortecedor de sofrimentos, se encarregaria de recompor a moça que, por fim, aceitou a proteção do ex-namorado, com ele transferindo-se de volta aos sítios de onde se originava: Torremolinos.

◆

Menos de um ano após os vergonhosos acontecimentos narrados, à medida que adquiria ascensão e lograva respeito em *Ciudad Real*, Don Lorenzo de los Hoyos, fiel ao seu propósito de não deixar testemunhas da sua vileza, foi aplicando arsênico nos licores que oferecia a Héctor até a dose fatal, que o retirou do mundo físico.

O infeliz começou a apresentar os sintomas do envenenamento, que foram disfarçados pelo bispo, não o encaminhando a um médico, como seria de desejar, antes lhe oferecendo mezinhas inócuas, que sequer lhe diminuíam as sensações dolorosas, que culminaram na dose letal menos de dez dias após a primeira aplicação.

Quem poderia sentir a falta do pobre mentecapto? Pelo contrário, os servidores do prelado não deixavam de o elogiar pela gentileza e devotamento junto ao enfermo, confortando-o, dando-lhe, pessoalmente, os chás e as demais infusões domésticas tidas como medicamentosas, concedendo-lhe após a morte um enterramento cristão, permanecendo acima de qualquer suspeita.

O passado, que se desenrolara em Salamanca, encerrava-se nos painéis do mundo físico, sem qualquer problema para o infame sacerdote.

O tempo, no entanto, se encarregaria de colocar nos devidos lugares, a justiça, a caridade, o equilíbrio, a ordem...

11

Abyssus abyssum invocat[13]

Don Carlos, que fora obrigado a refugiar-se na Inglaterra depois de sofrer a perseguição do general Rodil, que invadiu o reino de Portugal e o arrancou do seu lar, fazendo que fugisse para Laguardia, depois para Santarém e, por fim, Évora, onde, sob a mediação da Inglaterra, teve a vida poupada, firmando o tratado Évora-Montre, que o obrigava a residir na velha Albion, conforme aconteceu.

Tentado a renunciar a qualquer pretensão pela coroa espanhola, foi-lhe oferecida a substanciosa importância de 30 mil libras anuais, o que não aceitou, conseguindo, após reiterados esforços, retornar ao seu país, acompanhado pela barão de los Valles.

Chegando ao seu e ao território dos antepassados, influenciou os seus partidários e facultou que recrudescesse a lamentável guerra civil, que se prolongaria por quatro dolorosos anos de lutas fratricidas (1835-1839) quando, finalmente, foi assinado o tratado de Vergara, encerrando-se as injustificáveis atrocidades de ambos os lados.

Embora fosse um homem de grande valor moral, portador de afabilidade, cumpridor severo da palavra empenhada, era também religioso quase fanático, não possuindo o necessário talento que se lhe fazia indispensável para a governança, e, por consequência, não se tratava de um forte para a desincumbência dos altos encargos que lhe diriam respeito como rei, em razão da debilidade do caráter.

O bispo *Don* Lorenzo encontrava-se em *Ciudad Real*, nesse período belicoso, e odiando o *carlismo*, embora a vinculação católica do seu

---

13. *Abyssus abyssum invocat*: O abismo chama o abismo (salmo de Davi, capítulo 42, versículo 7), equivale dizer que um erro leva a outro (nota do autor espiritual).

chefe, desencadeou, conforme nos recordamos, a perseguição a *Don* Fernando sob essa justificativa, e na sua nova condição, logo estabelecido e relacionado, recorreu, não poucas vezes, à Inquisição, já sem a força do passado, utilizando-se da vileza moral do *alcalde Don* José Mateus de Santander, para dar prosseguimento às suas torpezas e ambições desmedidas.

Aparentando honorabilidade e zelo pela cúria e os seus fiéis, não conseguia superar a odienta cobiça por muitos bens pertencentes a judeus *conversos*, que passou a perseguir com maldisfarçada ferocidade, a fim de apropriar-se da parte terceira que, pelas leis inquisitoriais, pertenciam à Igreja, portanto, administradas por ele, que sabia como incorporar uma boa quota aos próprios bens.

Conseguindo dissimular com astúcia a personalidade sórdida que mascarava com a mansidão de dócil pastor, encontrou, na autoridade administrativa da cidade, um cômpar sob medida para dar prosseguimento à sanha de crueldade e de perseguições que o iam alucinando a pouco e pouco.

Os seus algozes espirituais, que o espreitavam em encarniçada perseguição, ainda não detectada pelos seus sentidos orgânicos, urdiam planos infames, a fim de o enredarem em alguma trapaça confusa, na qual se fizesse vítima da própria insânia e começasse a experimentar as consequências da sua vilania.

Tudo é uma questão de tempo e oportunidade, que nunca faltam nos destinos desarvorados e insanos.

Em *Ciudad Real* prosseguiu aficionado das touradas, tornando-se um frequentador habitual e honorável do camarote especial, com destaque na grande *Plaza de las Virtudes*.

Apesar de seu caráter corrupto e temperamento apaixonado, violento e perverso, tornara-se moderado, não obstante reconhecer em *Don* Carlos um homem religioso, quase às raias do fanatismo, porém que ele detestava, talvez sem motivo, razão pela qual informava que ele seria no trono um temerário adversário de Deus e da Igreja, dessa maneira dispondo de justificativas para o combater.

Dessa maneira, não foram poucas as pessoas que lhe caíram nas malhas finas da perseguição, graças a um bem montado esquema de sicários que ele reuniu, sempre sob a tutela da fé religiosa, da estupidez dos seus membros e dos interesses servis de que se encontravam dominados.

A insânia sexual e o despudor de *Don* Lorenzo, após o largo período de estabelecimento social e de conquista de relativo poder, que pareciam sob controle, começou a açular-lhe os desejos inferiores, e ele volveu a *caçar* no seu rebanho alguma presa fácil, mas que fosse sedutora.

Acostumado à conduta e à hipocrisia mantidas em Salamanca, acreditando no desvalor da mulher e no desrespeito que ela se permite, logo descobriu fascinante senhora entre as suas *ovelhas*, que periodicamente buscava, conforme a tradição, o consolo do confessionário para apresentar os seus conflitos e ansiedades, perfeitamente normais em uma viúva jovem, mas que a perversidade e malícia de alguns teólogos haviam catalogado como graves pecados contra Deus e a própria alma.

Agora que ele se libertara um pouco da paixão pelos objetivos da projeção a que aspirava, passou a observar melhor a dama, que contava pouco mais de trinta e cinco anos, portadora de porte altivo, corpo elegante e bem-cuidado, face austera e caráter rígido.

Não teve dúvida que aquela deveria ser a sua próxima conquista, dependendo, é claro, da maneira como encaminhasse a sedução.

Na celebração do aniversário da cidade ocorreu um momento especial, quando o temerário teve ocasião de conversar com a senhora fora do confessionário. O diálogo foi inexpressivo, porém suficiente para espicaçá-lo nos desejos inferiores. Acreditou que aquela mulher teria que lhe pertencer a qualquer preço, insinuando-se com os seus maneirismos e a palavra fascinante, ocultando os seus sentimentos.

A dama pareceu lisonjeada com a atenção que lhe estava sendo dispensada, e longe de perceber o perigo que a situação iria provocar no suceder do tempo, demonstrou agrado, embora o respeito com que se manteve diante do prelado.

Haviam encontrado, os inimigos do bispo, uma brecha moral para desencadearem o combate na sua etapa final.

Incansáveis, raramente desistindo dos intentos cruéis a que se entregam, quando na sanha doentia da perseguição, dispunham então de meios para envolver o atrevido, que se considerava irretocável, acreditando ou fingindo crer que jamais tombaria nas urdiduras do mal que sabia movimentar.

Por intermédio do *alcalde Don* José Mateus, não teve dificuldades em tomar conhecimento da história da atraente viúva, tornando o seu comparsa o veículo para os objetivos indignos que acalentava. Conhecia as deficiências morais do cúmplice e a sua dependência do álcool, que lhe fazia abrir a boca escancarando-a e, claro, informando tudo quanto era real e imaginário.

Tão envolvidos estavam um com o outro os lapuzes, que novas incursões no terreno da infâmia e da traição em nada alteravam o sinistro comportamento que se permitiam.

Dois dias após a procissão comemorativa, na qual o *alcalde* era sempre distinguido com a honra de também carregar o andor da *Virgen Inmaculada*, o sequaz invitou-o a uma taça de vinho no seu palácio episcopal à noite, após o jantar.

Acreditando tratar-se de novos planos para a usurpação de patrimônio amoedado de outrem, o convidado demonstrou alegria imensa e, à hora aprazada, estava na residência de Sua Reverendíssima.

Ambos demonstravam grande alegria: o convidado, dominado pela expectativa de saber o de que se tratava, e o anfitrião, diante da perspectiva de conseguir o que cobiçava, antegozando a satisfação da posse sensual da futura vítima.

Aos primeiros goles do capitoso vinho, o bispo interrogou:

— *Que informações me pode dar a respeito da senhora Isabel de Alcázar y Toledo?*

— *Trata-se da viúva de um dos homens mais honráveis de Ciudad Real, invejada e exaltada pelas suas virtudes cristãs e comportamento moral. Desde o desaparecimento do esposo, que a morte arrebatou de maneira cruel, que ela somente comparece aos atos religiosos, evitando qualquer atividade que a comprometa fora do domicílio. Conhecida pela bondade e colaboradora de diversas ordens religiosas, especialmente dedicando-se à caridade, é um baluarte da nossa comunidade.*

— *E o marido, por que se destacou entre os notáveis da cidade?*

— *Don Gilberto de Alcázar y Toledo procede de nobre família tradicional da nossa província. Herdou dos ancestrais largos tratos de terras cultivadas, um verdadeiro latifúndio, e bens de alto valor, que soube administrar, mesmo sendo jovem, quando a morte o arrebatou, com menos de quarenta anos de idade, enlutando a nossa região. Foi pranteado longamente, e muitos dos seus beneficiários ainda recorrem à ajuda da respeitável dama.*

— *Alguma coisa no passado, de um ou de outro, que lhes desabone o conceito de que desfrutam?*

— *Absolutamente, não. Toda a trajetória do caballero como da dama está assinalada pela dignidade, pela probidade, pela honra.*

— *É claro que não descendem de judeu converso ou de mouros, será verdade?*

— *Sem a menor sombra de dúvida. Cristãos-católicos fervorosos, os seus ancestrais sempre foram fiéis a Deus, ao Papa e à pátria, não existindo a mais mínima possibilidade de existirem antepassados entre esses hereges e inimigos da Igreja.*

As taças eram sempre recheadas e os dois sombrios viciados prosseguiam na conversação morbosa, um tentando encontrar uma brecha moral na estrutura da senhora e o outro, sem dar-se conta, coerente com a verdade dos fatos.

Por fim, em um lance de lucidez intelectual e de liberdade mental, interrogou ao sacerdote:

— *Por que a preocupação de Vossa Reverendíssima em torno da vida dos Alcázar y Toledo, já que antes, pelo que me parece, nunca os houvera chamado a atenção.*

O religioso começou a soltar baforadas de um dos charutos que sempre reservava para momentos especiais como esse, e, com o olhar perdido na própria demência e insatisfação, redarguiu, com ar de indiferença:

— *Ela chamou-me a atenção, há pouco... E nunca será demais estar informado da vida pregressa das personagens que se me acercam.*

— *Deseja dizer, que está interessado na senhora?*

— *Depende do que você considera como interesse.*

— *Gostaria de alertá-lo que a dama vem sofrendo uma corte desagradável de muitos afortunados cidadãos de nossa comunidade, viúvos e solteiros, sem abalar-se na postura que vem mantendo...*

— *Não o duvido!* – interrompeu-o o clérigo com certa animosidade na voz.

— *Bem, para mim, é um alívio, pensar que o nosso bispo está consciente dos nossos limites que, é claro, são muitos, e dos adversários que nos espreitam em toda parte. A nossa cidade é pequena, quase provinciana, desacostumada às extravagâncias dos grandes centros urbanos, preservando suas tradições e costumes, especialmente os que dizem respeito à família...*

— *Sei disso* — interrompeu-o, novamente, já um tanto mal-humorado. — *Tenha em mente, porém, que o meu dever de pastor exige tomar conhecimento da vida de todos aqueles que compõem o rebanho... Ademais, convenhamos, todo mundo tem um preço, carrega uma falha no caráter, é portador de alguma desgraça que jaz desconhecida. Tenho-o constatado nas confissões que me fazem, quando as realizam honestamente, porque um grande número sempre encontra meios de escamotear a verdade, desvelando-a lentamente e com muitas incorreções.*

Sorriu, segurando a pança que se avolumava, tornando-se desproporcional à sua regular estatura. O volume do corpo ia absorvendo vagarosamente o pescoço e implantando a cabeça, cada vez mais, nos ombros estreitos, que lhe tiravam a aparência que, aliás, nunca fora *guapa*.

Parcialmente satisfeito com as informações colhidas, o que lhe iria auxiliar para os planos de sedução que tinha em mente, com os cuidados que uma conquista de tal monta exigiam, reteve o prefeito pelo tempo de apenas mais uma ou duas *copas*, quando se retirou, sem haver entendido exatamente o propósito da sua visita àquele palácio.

Excitado, em face da perspectiva de mais uma conquista, pôs-se a reflexionar por mais algum tempo, antes que fosse vencido pelo sono, parte em razão do álcool ingerido e, por outro lado, em decorrência do cansaço natural.

Por primeira vez, sentiu-se sair do corpo com perfeita lucidez, experimentando o fenômeno do desdobramento espiritual, quando foi surpreendido pelo grupo de Espíritos perversos e zombeteiros que o aguardavam além do mundo físico. Foi *Don* Fernando, desfigurado e dominado por ira incontrolável, quem se lhe acercou por primeiro, quase o apavorando, e gritou-lhe, estentórico:

— *Reconheces-me, miserável? Certamente estás surpreendido com a minha aparência. Mas ela é resultado do que fizeste comigo, tu, a maldita e o traidor! Não morri, nem morrerei. Ficarei aguardando-te para cobrar-te toda a infâmia, porque se acerca o momento do teu retorno, que me felicitará com a oportunidade de infligir-te as dores que me impuseste. Vil e covarde, como pudeste esconder-te na sotaina, em nome de Jesus, o Mártir da bondade e do amor, para cometeres os crimes que ora te pesam na consciência? Como te foi possível utilizar da estupidez da alucinada que elegi como esposa para conspurcar-me a honra no lar, que te acolhia com nobreza e distinção?! Pensavas que os teus crimes ficariam desconhecidos, enquanto navegavas na barca recheada do ouro e do sangue das tuas vítimas? Não acreditando na religião que professas, e ludibriando as tuas vítimas, que pensas a respeito do país da morte? Supões que tudo se reduz a pó e cinza como o corpo na tumba? Enganas-te, malfadado corruptor de vidas! Aqueles a quem feriste e mandaste matar aqui estão conosco. Lembras-te de Santiago? Ei-lo, defronta-o, tu que lhe determinaste a morte traiçoeira e vergonhosa, ou supunhas que o silêncio anulasse a tua hediondez?*

Acorrentado, qual um animal, o catalão foi-lhe apresentado, meio dementado pelo sofrimento, deformado na aparência pelas atrocidades que cometera e pelos maus-tratos que lhe eram infligidos pelos grosseiros adversários.

Don Lorenzo quis gritar, mas a voz ficou silenciosa na garganta túrgida pelo terror. De imediato acreditou estar sendo vítima de um terrível pesadelo, porque, afinal, a morte dilui a vida, conforme pensava, não podendo trazer de volta aqueles que foram arrebatados pelas suas mãos cruéis.

Não saíra da estupefação quando surgiu à sua frente Héctor, ainda em estertores, que, parecendo haver recuperado a razão, perguntou-lhe com ressentimento na voz:

— *Por que motivo me mataste, perverso protetor? Mandaste-me assassinar e tu mesmo me arrebataste a vida. Que te fiz, exceto cumprir as tuas ordens? Certamente receavas que te denunciasse. Como eu o faria, se era o criminoso a teu soldo? Nunca te perdoarei! Vê quanto sofro, sem esperança nem paz entre estes outros desgraçados que empurraste para o Inferno em que nos encontramos. Há, sim, padre, o Inferno, somente que o Satanás és tu, que tens repletado esta região com as tuas vítimas. Pagar-nos-ás a todos, dentro de breve tempo. Não perdes nada por esperar, enquanto planejas nova aberração. Insaciável, a tua loucura será a arma da tua destruição, infeliz!*

Enquanto isso, os *fantasmas* vivos se corporificavam, ameaçadores e debochados. Espezinhando-o, gritavam-lhe:

— *Recorre aos teus malditos e inúteis sacramentos ou exorciza-nos, bandido! Não nos escaparás! Aqui estamos aguardando-te, desde há muito. Não poucas vezes, guiamos os teus passos, pela inspiração, para que seguisses os caminhos sórdidos que percorreste, a fim de te colhermos em nossas redes. Cínico e despudorado, logo mais começarás a sorver na taça da angústia o conteúdo de fezes que tens acumulado, sem as extinguires...*

Gargalhadas e doestos incríveis espocavam no ar. Exposto e desnudado, *Don* Lorenzo saiu da hebetação inicial para a gritaria infrene, pedindo socorro enquanto golpeava o ar em desespero incontido.

Quis correr, porém, estava chumbado àquele solo pegajoso, na paisagem em sombras dantescas, onde estertorava.

Repentinamente percebeu terrível chuva de estranhos materiais como se fossem expelidos por algum vulcão invisível, que o atingiam e geraram pavor na chusma de perseguidores demoníacos que o agrediam. Aumentando o volume que se transformava em correnteza de lava, percebeu que crescia desmesuradamente e começava a afogá-lo, agora num verdadeiro pântano movediço. Quando estava entrando em estertor por falta de ar, despertou, agitado e suarento, saltando da cama fofa, debilmente clareada pela lamparina que tremia diante da oleogravura do Crucificado.

Cambaleante e sem poder raciocinar, abriu a janela, a fim de receber o vento morno que soprava no lado de fora, debruçando-se no peitoril e olhando a noite adornada de estrelas piscando ao longe.

Assustado, tremendo como varas verdes, lentamente se asserenou, reorganizando os pensamentos que se encontravam em desordem sob o impacto do pavor.

"Que lhe estava acontecendo – pensou, intrigado – que facultasse tão vigoroso pesadelo? Teria comido em demasia e a digestão seria a responsável pela ocorrência, ou o vinho em excesso perturbara-o? Havia, porém, uma realidade tão chocante e viva naquelas cenas, que não poderia ser fantasia da mente. Afinal, existiria a vida depois da morte, ou tudo não passava de sugestão, de herança mística da ignorância medieval, do passado mais remoto?"

Afastou-se da janela e buscou a jarra com água fresca, que se encontrava sobre a mesa de cabeceira, e despejando-a em delicado copo de cristal, sorveu em goles a linfa refazente.

A transpiração prosseguia abundante. Procurou o leito novamente, sem lhe ocorrer formular sequer uma oração, cujo poder desconhecia, já que as suas, eram formais, memorizadas, em latim, sem nenhum sentido espiritual nem confortador. Encontrava-se exausto, como se houvesse sido vampirizado nas energias, sentindo-se como nunca dantes lhe ocorrera.

Procurou esquecer a ocorrência desagradável, porém o sono fugiu-lhe, deixando-o em reflexões penosas, talvez pela primeira vez na existência.

Agitando-se, à medida que o tempo transcorria, subitamente teve a sensação de ouvir uma gargalhada que vinha do teto, seguida pela voz de *Don* Fernando, que lhe percutiu nos refolhos da alma, acusando-o e ameaçando-o:

– *Não fugirás, bandido! Este é somente o começo...*

Acreditando-se delirante, levantou-se outra vez e chamou a camareira, solicitando-lhe, urgentemente, um chá calmante, enquanto andava agitado no quarto atapetado, que lhe silenciava os passos pesados.

Atendendo-o com presteza, a ama logo lhe trouxe a infusão medicinal, que sorveu com sofreguidão, passando a transpirar ainda mais, em razão da temperatura da tisana.

Nesse estado viu amanhecer o dia, sem que houvesse recuperado o sono, sem nenhum repouso, e muito inquieto. O dia foi-lhe dos mais desagradáveis, porque a memória gravara intensamente a ocorrência onírica, e os efeitos emocionais foram significativos, gerando-lhe mal-estar orgânico, dificuldade respiratória e digestiva. A missa que celebrou foi destituída de qualquer conteúdo, aliás, como lhe era habitual, sendo pior naquele dia. A sua insensibilidade espiritual não lhe permitia deixar-se penetrar pelo conteúdo do missal, em sua narração da semana de sofrimentos que Jesus experimentara. Afinal, conforme nos recordamos, ele abraçara a doutrina católica como fuga de si mesmo, em um instante de arrebatamento, seguido por alguma esperança, que a convivência no convento logo se encarregara de esmaecer até desaparecer, quase que completamente.

Durante todo o dia tentou esquecer o fenômeno espiritual, sem o conseguir. As lembranças das faces desfiguradas do esposo de Dona Josefa, de Santiago e de Héctor, as ameaças proferidas e a zombaria de que fora objeto feriam-no, passando a amedrontá-lo.

"E se tudo aquilo fosse real – conjeturou, assustado –, que lhe aguardaria a vida depois do túmulo? Nunca houvera pensado nisso seriamente, deixando para fazê-lo depois. Quando depois? Já não era o mesmo de antes, porque os anos assinalavam sua presença, aproximando-o da morte. Bem, morre-se em qualquer idade, especialmente quando se acercam os dias da velhice, da degradação orgânica..."

Para afugentar os fantasmas das lembranças, transferiu o pensamento para a bela viúva Dona Isabel, procurando dar prosseguimento aos projetos de sedução. Aquela dama iria tranquilizá-lo, reconfortando-o e animando-o para prosseguir nos arbitrários comportamentos conforme pensava e desejava.

Indivíduos existem que, mesmo diante dos fatos mais contundentes, buscam expedientes negativos para fugirem à realidade, acreditando que nunca serão surpreendidos pelas inexoráveis Leis da Vida. Supõem-se especiais no Universo, credores de todos os bens da existência humana, apagando-se no nada após desfrutar os favores humanos e enfrentarem a morte... Triste irrisão para esses equivocados enganadores de si mesmos e dos outros! Ninguém escapa à própria nem à Consciência Divina, ínsita em cada qual, constituindo-lhe eixo central em torno do qual giram os objetivos existenciais, despertando num ou noutro dia, mas nunca ficando obliterada para sempre...

Suavizando a angústia que o assaltara, ao anoitecer teve ideia de formular um convite por carta à jovem viúva, convidando-a a vir tomar um chá no seu palácio, em homenagem à memória do seu falecido consorte. De imediato, tomou de papel e pena, pondo-se a escrever com entusiasmo, enquanto a imaginação excitada pela perspectiva de colher bons frutos no futuro, propôs-se à gentil senhora a auxiliá-la a ter diminuídas as saudades do extinto, assinalando-lhe a feliz oportunidade de recebê-la e à sua dama de companhia, no próximo sábado, após a celebração das vésperas. Terminado o convite, que perfumou suavemente, chamou um criado e mandou-o levar à Mansão Alcázar e Toledo.

Prelibando os resultados, que esperava opimos, segurou o ventre desmedido, o que já se lhe ia incorporando aos hábitos, e caminhou um pouco no pátio amplo no lado posterior à entrada do palácio, adornado com grandes vasos de plantas, algumas delas trepadeiras, que cobriam uma parte da área, tornando-a acolhedora. O insano desfrutava do prazer que os crimes lhe renderam, não se dando conta da transitoriedade de todas as coisas, mesmo aquelas conseguidas pelos métodos da licitude, da honradez...

Tomada de surpresa, e sem qualquer entusiasmo, Dona Isabel recebeu o convite do bispo, e não entendendo exatamente a razão do convite, pôs-se a meditar na maneira como responderia ao prelado, no dia imediato.

Sinceramente religiosa, não lhe faltava o amparo divino que a todos se manifesta, especialmente àqueles que confiam em Deus e se Lhe entregam em caráter de doação total. Generosos guias espirituais, particularmente aquele que é responsável pela sua reencarnação, assistem-nos com desvelo e carinho, inspirando-os nos momentos das decisões importantes e dos atos a que se entregam.

A senhora encontrava-se assistida pelo seu *anjo da guarda* e pelo esposo devotado, que a respeitava, acompanhando-a na travessia do vale da solidão, que seguia com esmero e elevação moral.

Assim, não foi difícil à gentil senhora responder ao bispo, aquiescendo gentilmente à invitação, e solicitando permissão para ser acompanhada pelo senhor *alcalde* de Santander, que fora, igualmente, muito amigo do seu falecido esposo, rogando-lhe que lhe estendesse o convite, no que ficaria muito agradecida.

O cínico sacerdote não esperava essa proposta, porém, depois de passado o choque inesperado decorrente da inusual solicitação, passou a crer que seria uma boa conduta, respondeu-lhe, informando estar de pleno acordo, e que estava estendendo a honra ao nobre senhor, igualmente muito seu amigo.

No dia e hora estabelecidos, após a cerimônia das vésperas, celebrada na catedral, anfitrião e convidados rumaram ao palácio episcopal, que fora cuidadosamente decorado para receber os distinguidos convidados. A sala de chá estava arrumada com especial cuidado. Tratava-se de um cômodo vizinho à sala de refeições, ovalada, com janelas laterais e cortinas pesadas sobrepostas a delicados tecidos leves e transparentes, que esvoaçavam ao suave toque do vento morno do entardecer. Paredes pintadas em tom pérola contrastavam com os reposteiros de veludo escuro. Algumas pinturas representativas de prelados importantes e santos prendiam-se às paredes em cordões entrelaçados e longos que as adornavam suntuosamente. Um imenso tapete verde-escuro ostentava a mesa de chá, equipada com um serviço de prata reluzente e trabalhada, enquanto xícaras japonesas muito finas – pele de ovo – deveriam receber o líquido precioso. *Tartas,* doces e sequilhos amanteigados encontravam-se dispostos em recipientes próprios e bandejas brilhantes em torno de um centro de flores delicadas e perfumosas em arranjo bem-organizado. Meia dúzia de cadeiras estofadas cercavam a mesa redonda. Tudo denotava cuidado e especial homenagem aos convidados.

A senhora Isabel fizera-se acompanhar da ama zelosa, que lhe servia de conselheira, já madura pelos anos, encontrando o senhor *alcalde*, que igualmente viera da catedral.

O bispo recebeu-os com indisfarçada euforia, conduzindo-os imediatamente do vestíbulo à sala confortável, que foi elogiada pela convidada, em razão da bela disposição dos poucos móveis, apenas duas cômodas reluzentes, além da mesa e das cadeiras de mogno revestidas de charão. Tudo transpirava bom gosto e refinamento.

Sentados à volta da mesa ricamente servida, foram convidados a iniciar a merenda, sendo atendidos por duas amas uniformizadas, que se desdobravam em gentilezas.

A conversação inicial foi proposta pelo bispo, que se dirigiu à senhora, esclarecendo:

— *Certamente, deve ter-vos causado alguma surpresa o inusitado do meu convite. Após haver estado com madame, há poucos dias, interessei-me por conhecer-vos melhor, sendo informado pelo nosso caro alcalde a respeito da vossa viuvez e da honorabilidade do vosso extinto esposo. Compreendendo a dor da saudade e o drama da solidão, os vossos bons costumes e recato, que melhor socorro poderia ser-vos oferecido, senão aquele que a Igreja reserva aos seus fiéis?! Assim pensando, atrevi-me fazer a invitação que vos enderecei, de forma a colocar os meus serviços de pastor e servo à vossa inteira disposição.*

Embora sem ser diretamente convidado a opinar, o senhor de Santander não titubeou em confirmar a informação, aduzindo, enquanto degustava uma fatia da *tarta* de chocolate cremoso:

— *S. Reverendíssima solicitou-me esclarecimentos a respeito de madame e do vosso finado marido, após o encontro que manteve convosco. Informei-o dos dotes morais e espirituais do extinto, bem como das virtudes e nobreza que vos exornam o caráter.*

Incensada e inexperiente, Dona Isabel, evocando o esposo amado, corou visivelmente, e agradeceu a honra de que se via objeto, afirmando:

— *Esta é a primeira vez que saio do lar com a minha fiel servidora para um compromisso de ordem social, desde que Gilberto foi arrebatado pela morte, deixando-nos neste* vale de lágrimas.

— *De que morreu o nobre senhor: inesperadamente ou foi vítima de alguma enfermidade?*

O bispo desejava impressioná-la demonstrando interesse pelos acontecimentos que a tornaram solitária.

Ela respondeu, com emoção na voz:

— *O médico que o atendeu explicou que se tratou de uma doença do coração, possivelmente hereditária, porque alguns dos seus familiares igualmente morreram com os mesmos sintomas, antes dos cinquenta anos. Gilberto passou a apresentar deficiência respiratória, com dores na área cardíaca estendendo-se pelo braço esquerdo e refletindo no pulmão. Cada dia sentia-se menos resistente para os deveres que lhe diziam respeito, abatendo--se facilmente e entrando em funda melancolia, que nem as visitas dos amigos, as boas notícias que chegavam das nossas propriedades e o devotamento dos servos, a par do meu carinho, conseguiam minorar. Repentinamente, em uma noite inesquecível, sem conseguir dormir, assistido pelo médico, levou a mão ao peito, referiu-se a uma dor insuportável, contraiu-se todo e tombou morto no leito...*

Revivendo esse lutuoso acontecimento, a senhora emocionou-se até as lágrimas, o que inspirou no cobiçoso mais interesse, em face da atração que ela exercia sobre os seus desregramentos.

Ele desculpou-se por havê-la feito recordar momentos que deveriam ficar olvidados, levantou-se gentil para ajudá-la, mas a ama acudiu-a, pressurosa, e a conversação mudou para um rumo ameno e mais agradável.

O restante do lanche transcorreu jovialmente e, quando a noite começou a espiar a Terra pelos olhos das estrelas alvinitentes, Dona Isabel, após agradecer as deferências, retirou-se, no que foi acompanhada pelo senhor de Santander, que se prontificou a acompanhá-la de cabriolé até a sua residência, a fim de evitar algum constrangimento naquela hora pelas ruas da cidade.

O bispo não cabia em si de contentamento. Acreditava que houvera impressionado positivamente a dama, no que estava certo. Não se dava conta, porém, que ela era portadora de conduta totalmente oposta à de Dona Josefa. Amável e delicada, não abdicava dos seus princípios, nem abria oportunidade para qualquer atrevimento, em face da educação que lhe fora ministrada pelos pais severos e dignos.

Fazia algum tempo que *Don* Lorenzo experimentava um estranho incômodo digestivo, sem maior gravidade. Posteriormente começou a registrar leves dores no fígado, que atribuía serem fenômenos biliares, usando a medicina caseira para essas indisposições. No dia seguinte ao chá, porém, amanheceu com os evidentes sinais de uma icterícia, tomado pela cor amarelada da disfunção hepática. A boca se apresentava com paladar amargo e um estranho mal-estar tomou-o todo. Convidado, o médico diagnosticou acertadamente e propôs-lhe uso de medicação apropriada então vigente, recomendando cuidados alimentares e algum repouso, concomitantemente a abstenção de bebidas alcoólicas, no que era grande viciado.

Ignoravam todos que a cirrose hepática se lhe houvera instalado sutilmente e agora iriam começar as atribulações que se encarregariam de conduzir o criminoso ao tribunal da consciência.

As *sombras* vingadoras que o vigiavam começaram a exultar, aguardando o desfecho da trama que haviam urdido, enquanto o sórdido explorador realizava os seus despautérios.

12

Don Lorenzo de los Hoyos
enfrenta-se a si mesmo

A inexorabilidade do fenômeno da morte, quando precedido de enfermidade afligente, constitui um grande desafio para o Espírito, que se depara com a fragilidade do organismo de que se reveste para a experiência fisiológica, bem como a ductilidade do complexo emocional, que lhe reflete as ânsias, receios e conflitos, esperanças, alegrias e convicções interiores. É nessa paisagem, por onde todos transitamos, que os valores reais assomam, apresentando-se conforme a qualidade de que se constituem, e não mais através das aparências com que se disfarçam.

Temperamentos fogosos e enérgicos, violentos e perversos, quando sob o guante da doença, do sofrimento em geral, a princípio, como de hábito, reagem com arroubos de cólera, como se ameaçando a vida, para depois, ao longo do tempo e da permanência do desgaste, submeter-se ao deperecimento das forças e à injunção penosa até a exaustão das energias. De outras vezes, não conseguindo suportá-lo por falta de estrutura emocional, em razão da impetuosidade descontrolada, optam pelo vergonhoso ato do suicídio, mais complicando a própria situação, por defrontarem a Vida após a consumpção do corpo, de que não conseguiram fugir...

Pensassem, pelo menos periodicamente, na transitória condição de ser humano conforme se encontra, constituído por órgãos e por fibras, por ossos e outros tecidos que o tempo consome, e bem diferente seria a sua conduta ante o inevitável enfrentar dos fenômenos biológicos fadados às transformações decorrentes do episódio do falecimento ou morte.

O orgulho desmedido, porém, que envenena o seu psiquismo, na sua torpe ilusão de superioridade, atribui-se significado irreal, como se fosse exceção no mundo das formas, havendo nascido apenas para o prazer, o poder, o deleite, o triunfo... Basta que se acompanhe a decadência dos grandes líderes da intolerância e das ditaduras, das fortunas e da beleza, vergastados pelo tempo e consumidos pelo suceder dos dias, e se verificará a degenerescência que os toma, em nada diferente daquela que assinala as demais existências.

Para a consecução do programa de desenvolvimento intelectual, moral e emocional do ser, a jornada na Terra é sempre breve, por mais se alargue, e o corpo é elaborado de forma que o uso lhe desgaste os recursos em que se estrutura, a fim de libertar o Espírito, que deve vivenciar outras experiências evolutivas, avançando no rumo da perfectibilidade que lhe está reservada.

Nesse processo de realização e de crescimento, a consciência exerce no indivíduo um papel de fundamental importância, porque se desvela, quando se encontra acobertada pela soberba e pela presunção, ou se transforma em sicário impiedoso, quando acumulou gravames e crimes que se não poderia haver permitido realizar, transformando-se em invulgar geradora de conflitos.

Todos vivemos com a consciência em alerta. A maneira como a conduzamos estabelecerá a futura programação de que ninguém se poderá evadir.

Don Lorenzo que, da existência física, somente retirara a melhor quota, iria defrontar-se, a partir daquele momento, com os arquivos de si mesmo, sem testemunhas humanas, mas vigiado pelas vítimas e comparsas que, do Além-túmulo, trabalharam as suas infâmias e participaram dos seus atos vergonhosos.

É compreensível que todo exterminador de vidas seja um covarde, incapaz de suportar o menor dissabor, o mais leve sofrimento, porque toda a sua força está concentrada na prepotência, na astúcia para ludibriar e impor-se, nas atitudes soberbas com que se caracteriza. O senhor bispo não fugia à regra. Tudo quanto acumulara nos refolhos da alma, que encobria com a falsa presunção dos próprios méritos, supondo-se imbatível e inacessível ao resgate, começou a ressumar, à medida que a enfermidade se lhe foi tornando mais vigorosa e de efeitos mais devastadores.

Menos de duas semanas após, utilizando-se de mesinhas e remédios outros inócuos, teve início o processo de ascite, aumentando o volume do ventre já disforme que, de alguma forma, tratava-se do processo degenerativo em desenvolvimento, sem que o soubesse.

Ante o inusitado da situação, a mente concentrou-se no próprio mal, interrompendo a ambição desgovernada por Dona Isabel e pelos demais interesses ambíguos a que se dedicava. Deu-se conta, possivelmente pela primeira vez, de que também ele atravessaria o *Estige*,[14] sem que possuísse qualquer valor para pagar *Caronte* que o transportaria na sua *barca* para a outra *margem*...

Receio inabitual começou a dominar-lhe os sentimentos, dando início a uma depressão, que lhe facultou ampliar a capacidade psíquica, entrando em sintonia com aqueles soezes inimigos que o aguardavam.

Não possuindo recursos éticos ou morais, nem crença real, ou mesmo uma vinculação com o Senhor da Vida, de cujo nome se utilizava apenas para explorar e intimidar, daí retirando os estipêndios para atender a sua volúpia de poder, as suas eram vibrações doentias, e os pensamentos vulgares, quão destrutivos, estavam incapacitados para voos elevados na busca do Altíssimo.

Desse modo, a princípio foi tomado pela revolta surda e pela amargura do desespero de tudo deixar, sem que houvesse fruído à saciedade, não ocultando o medo em torno do futuro após o túmulo...

De antipático passou a mais agressivo com os empregados e subalternos eclesiásticos, grosseiro com o seu médico, a quem culpa, por não o curar de imediato, tornando-se desagradável, quão brutal, em decorrência da insustentabilidade de um comportamento compatível com a sua posição religiosa ante o testemunho da enfermidade.

Padecendo episódios de insônia, quando a exaustão o dominava, levando-o a um estado de parcial desprendimento, os inimigos se lhe apresentavam deformados e furiosos, ameaçando-o de arrebatá-lo dos destroços físicos para o cumprimento da justiça que tanto desmerecia. Aturdido e mais cansado, retornava ao corpo, suarento e apavorado.

---

14. *Estige:* Rio mitológico dos gregos, que circulava sete vezes o *Inferno*, no qual Caronte conduzia os mortos para a outra margem da vida. Quem lhe mergulhasse nas águas ficaria invulneráve (nota do autor espiritual).

A sua vida mental intoxicava-o cada vez mais, ampliando a gravidade do processo, que passou a afetar o esôfago, produzindo hematêmese periódicas em pequena escala, prenúncio de alguma de maior volume e consequências fatais.

Dona Isabel, visivelmente surpreendida pelo gesto de S. Rev.ma, sentiu-se no dever de convidá-lo, por sua vez, a visitar a sua propriedade, retribuindo-lhe o gesto fidalgo. Deixou que transcorressem alguns dias, após o que enviou um dos seus serviçais ao palácio episcopal, convidando-o a um momento de convivência social, facultando-o ampliar a invitação a quem melhor lhe aprouvesse, incluindo, naturalmente, o sacerdote que o assessorava no ministério religioso, e mesmo a algum guarda-costas, como também ao senhor *alcalde* da cidade.

No momento, o prelado sentiu-se profundamente lisonjeado e animou-se, verificando que o seu plano resultava em proveito que já se anunciava. No entanto, o distúrbio hepático de que se encontrava acometido, embora ainda no começo, nublou-lhe a alegria, insinuando o desfavor de que era objeto. Assim mesmo aceitou a distinção que lhe era endereçada, e confiante na proteção da estrela do seu destino, no dia e no horário convencionados seguiu à faustosa residência, acompanhado pelo seu sacerdote auxiliar, por um pajem e um secretário, tendo antes o cuidado de informar à dama o número de membros de que se constituiria o seu *entourage*,[15] elemento fundamental para o êxito da requintada recepção.

Madame de Alcázar y Toledo esmerou-se nos cuidados e preparativos para acolher os seus convidados, havendo antes tido a previdência de igualmente convidar alguns amigos mais íntimos, tornando aquele um encontro inesquecível, como maneira de homenagear também o falecido esposo.

A residência senhorial situava-se na periferia da cidade e distendia-se esplendorosa em ampla área arborizada com imensos jardins que a contornavam com desenhos caprichosos e geométricos, nos quais destacavam-se as roseiras perfumadas, tendo, ao fundo, luxuriosa horta e rico pomar.

O vestíbulo de mármore era adornado por duas colunas laterais e a porta ampla de carvalho velho e apliques de bronze com a pátina do

---

15. *Entourage:* Círculo, camarilha, corte (nota do autor espiritual).

tempo abria-se para uma faustosa entrada pelo *hall* grandioso, ornado por uma escada bifurcada que dava acesso à parte superior, mais íntima, onde ficara a família.

Estatuetas de marfim e de bronze multiplicavam-se sobre mesinhas de Toledo, com incrustações de madrepérola e outros objetos de damasquino da mesma origem, exaltando a sobriedade caprichosa da sua proprietária. Imenso tapete escuro contrastava com o piso de mármore branco, e a sala para onde foram conduzidos pelo mordomo, embora ampla, apresentava-se acolhedora, na qual se esparramava uma grande mesa adornada por doze cadeiras elegantes trabalhadas em palhinha. O serviço de chá, dos mais requintados, fazia-se acompanhar de frios selecionados de vária procedência, *tartas* e *turrones* de sabores diferentes, inclusive com avelãs inteiras, pães e biscoitos, vinhos e licores especiais para acompanharem os sabores diversos, arranjos florais habilmente dispostos por sobre os dois móveis pesados, colocados lateralmente, e a luz do poente que entrava em jorros filtrados por delicadas cortinas brancas bordadas e com franjas tremeluzentes completavam o maravilhoso cenário da honorável recepção...

Madame trajava-se com indumentária de gala, em negro, que lhe realçava a brancura da pele, enquanto a face se destacava do caprichoso penteado que a envolvia, de onde uma mantilha sevilhana de renda negra tombava até aos ombros, dando-lhe um ar de nobreza que sabia manter.

A senhora elucidou aos convidados que, naquele momento, evocando o esposo inesquecível, desejava retribuir a S. Rev.^{ma}, o bispo de los Hoyos, a homenagem com que a destacara, havendo tido o cuidado de convidar para o evento apenas os amigos mais chegados e uns poucos familiares, sentindo-se regozijada pela oportunidade. Era-lhe, de certo modo, um grande esforço abrir a propriedade com o esposo ausente, mas reconhecia que o período de luto que vinha mantendo com rigor já poderia ser amenizado com algum convívio social, conforme ele próprio gostaria.

Não se pôde furtar à justa emoção, logo franqueando a todos o serviço, atendidos por fâmulos dedicados sob o comando de um *maître* discreto e organizado.

Embora a imensa felicidade que assaltava o convidado especial, era-lhe impossível disfarçar o mal-estar que o enfraquecia a olhos vistos.

Já se podiam perceber os primeiros sinais na face macilenta, da qual não desapareceram as marcas da icterícia, que ele justificou como sendo um incidente orgânico de menor importância, que estava sendo superado. Não havia, porém, mais o fogo da paixão, em face da preocupação que o dominava a respeito da própria saúde, e a debilidade de forças que já o acometia.

A proximidade do verão fizera que a tarde se prolongasse e os braços do vento morno passeassem pela região, ali diminuída a temperatura em face da localização privilegiada do imóvel.

Tudo transcorreu de forma impecável, não sendo prolongada por muito tempo, em razão do desconforto de que *Don* Lorenzo se sentia acometido.

Agradecendo efusivamente a homenagem, e despedindo-se dos demais convidados, retornou ao palácio e atirou-se ao leito, estremunhado e inquieto em razão do agravamento da enfermidade que se lhe apresentava como portadora de muita gravidade, que o médico vinha procurando dissimular.

Açodado pelos conflitos que ora lhe espocavam no cérebro turbilhonado, a cada dia menos saudável se apresentava, afastando-se da celebração da missa e de alguns outros ofícios, pela necessidade urgente de repouso, em face do deperecimento das energias que se esgotavam diante de qualquer esforço.

Assistido pelo médico e auxiliado pelos fâmulos prestimosos, *Don* Lorenzo iniciou a marcha inapelável para o túmulo.

Dois meses após a constatação da disfunção hepática, porque o seu fígado não se recompusesse, em razão do abuso pelo álcool de que fora vítima, as hematêmeses tornaram-se mais frequentes, culminando em uma crise vigorosa que o asfixiou ante o olhar espantado daqueles que o assistiam no tormento da morte. Olhar esgazeado, buscando respirar, enquanto o sangue jorrava aos borbotões pela boca escancarada e as narinas, o moribundo tentava expressar qualquer coisa que a mente não mais podia comandar, tombando fulminado alguns segundos após a ruptura dos capilares do esôfago comprometido.

Um natural contristamento envolveu os seus servidores que o prantearam, enquanto o seu sacerdote-secretário tomava as providências para o velório e o sepultamento condignos do prelado católico.

A notícia logo se espalhou, e a cidade foi acometida por compreensível surpresa e alguma tristeza. Para muitos, constituiu-se um alívio, uma verdadeira felicidade, enquanto que, para outros, como o senhor *alcalde* representava algo muito conflitante: sentia-se feliz por ver-se livre da sua testemunha de arbitrariedades, e, ao mesmo tempo, pelo prejuízo que essa morte lhe acarretaria em relação ao futuro político e econômico.

Logo após, o seu corpo paramentado foi transladado para a Catedral, onde foi colocado em luxuoso caixão, logo depositado sobre uma essa muito bem guarnecida, sobre um manto de veludo negro, adornado com desenhos em fio de prata. O caixão repousava no alto, onde o cadáver impassível, recoberto de flores, não escondia a expressão de horror que permanecia na face algo deformada.

Longos castiçais de prata com velas imensas acesas e a cruz com a representação de Jesus Cristo sobre imenso tapete escuro completavam a cena fúnebre, permitindo o desfile dos visitantes e curiosos, que sempre se comprazem em olhar cadáveres, por certo, por preferi-los, ao invés de contemplarem a vida, que os parece apavorar...

Dona Isabel experimentou igualmente muito pesar pelo falecimento do senhor bispo, enviando coroas de flores com delicado cartão de homenagem ao extinto, o que também fizeram instituições, sociedades, personalidades diferentes. A municipalidade declarou luto oficial por três dias na cidade, e os sinos de todas igrejas com periodicidade plangiam badaladas tristes.

No dia imediato ao falecimento, ao cair da tarde, após as exéquias, entre as quais se destacou a *Missa de corpo presente*, concelebrada por diversos sacerdotes, acompanhada pelo coro primoroso que entoava o *De profundis*,[16] o cadáver foi inumado na catedral, em área adrede estabelecida.

O infeliz sacerdote nem sequer despertara totalmente no Mundo espiritual e já experimentava os acúleos da perseguição dos seus indigitados adversários, que zombavam da sua perturbação e o agrediam com impropérios, legítimos uns, absurdos outros. Atônito, em razão das aflições registradas no perispírito pelo fenômeno da morte por asfixia, teve a ideia de que se encontrava em um pesadelo horrendo. Logo

---

16. *De profundis:* Das profundezas (clamai) – primeiras palavras do Salmo de nº 129, de Davi, recitado nos ofícios fúnebres e também cantado durante as exéquias da mesma ordem (nota do autor espiritual).

desvanecido da ilusão e atraído à realidade, sentiu o ódio dos seus antigos comparsas, que o afrontavam com as mais rudes palavras, em ameaças indescritíveis, agora que não mais se poderia refugiar no corpo, evitando a consciência desperta...

Impossível descrever o estupor que tomou conta do recém-desencarnado, em razão da nuvem de odientos inimigos que formavam um coro sinistro aos seus ouvidos ainda algo entorpecidos, produzindo, ao mesmo tempo, uma visão aterradora, na qual as imagens satânicas de que tanto se utilizara tomavam forma e o espicaçavam, anunciando mais graves tormentos.

As homenagens terrestres nem sequer foram percebidas durante o torpor que o acometeu após o desmaio resultante da hematêmese, pelo refluxo do sangue nos pulmões, produzindo-lhe a parada cardíaca desoladora e fatal. Ato contínuo, adicionava a todas as aflições a dificuldade de respiração, sob a laje da igreja que, ao mesmo tempo, o estreitava no espaço, enquanto parecia de infinita largura em razão da presença das Entidades cruéis que o acusavam e maceravam.

De quando em quando, da hórrida escuridão, destacavam-se as faces deformadas de *Don* Fernando, Santiago, Héctor, que dele haviam sido vítimas diretas, e de outros que lhe atribuíam a responsabilidade das desgraças que experimentaram enquanto na Terra, especialmente nos subterrâneos das igrejas em *Ciudad Real*.

À medida que o tempo transcorria, sem ter a mínima ideia de onde se encontrava e o que era aquela situação, começou a acompanhar a decomposição cadavérica, em decorrência da sensualidade, do apego à matéria, experimentando a presença horrorosa das bactérias que o entumeciam e o devoravam. Gritou, a plenos pulmões, vencido pelo horror, sem que a voz pudesse repercutir, gerando qualquer som, logo retribuído o gesto com mais zombeteiras gargalhadas, numa atroada de blasfêmias e xingamentos que o enlouqueciam, para logo recuperar-se e prosseguir nesse processo alucinante.

Foi informado que se encontrava no Inferno, aquele de que se utilizara para explorar os estúpidos e ignorantes, tomando-lhes bens e haveres, sob a promessa de os retirar da região de sofrimentos sem fim, teimando em discutir que não havia morrido, que tudo era um terrível letargo, no qual os fantasmas da memória tomavam forma amedrontando-o, para cair novamente nas redes da realidade dantesca.

Digamos com franqueza: *Don* Lorenzo de los Hoyos enfrentava o tribunal da própria e da Consciência Divina, que não se organiza conforme os métodos terrestres, mas que se encontra em toda parte onde se apresentam os criminosos, os urdidores de intrigas e infâmias, os rebeldes e perversos, aqueles que da vida somente retiraram o melhor proveito para si mesmos...

A triste saga da sua desdita se arrastaria por alguns decênios de insuportáveis sofrimentos, até que a bênção da reencarnação o traria de volta à Terra, acompanhado por alguns dos seus ferrenhos inimigos, a fim de começarem a depuração e reparação dos males praticados, no mesmo solo onde haviam infligido as mais rudes perseguições e dissabores a outras criaturas humanas.

Não se atrasa a Divina Justiça, não deixa de alcançar aqueles que nela se encontram incursos, não é postergada indefinidamente. Sempre chega no momento próprio, porque também se apoia no amor e na misericórdia, ensejando ao ímpio a oportunidade de refazimento do caminho, o renascimento corretivo, a dor libertadora das marcas da crueldade que a outros infligiu...

✦

No fim do século XIX, pelas ruas da nobre cidade de Salamanca, uma mulher esfarrapada e esfaimada, que sempre buscava a porta da catedral para mendigar, carregava duas crianças vencidas pela idiotia, ambas igualmente cegas.

Na sua litania o sofrimento cantava dolentemente, suplicando socorro e compaixão. Tratava-se da antes soberba e depravada Dona Josefa ora reencarnada, carregando os filhos enfermos: *Don* Lorenzo de los Hoyos e Santiago Flor y Ruiz de volta ao abençoado refúgio carnal, a fim de se recuperarem dos delitos praticados contra eles mesmos. Hebetados pelos gravames de que foram vítimas, vez que outra se agrediam, mordiam-se e esbofeteavam a genitora, que revidava, igualmente dilacerada pelo desespero...

Desnecessário esclarecer que os demais envolvidos na trama das vidas aqui narradas igualmente retornaram ao proscênio terrestre, sem que se reencontrassem na etapa inicial de recuperação para a qual a Justiça os houvera recambiado à Terra, no processo de renovação interior e de iluminação, indispensável para a avaliação dos desastres que causaram e o reconhecimento de que lhes era preciso recomeçar em outra condição, assim dando prosseguimento ao processo libertador no rumo do aprimoramento moral e espiritual.

Ninguém viola as Divinas Leis sem colher-lhes os frutos ácidos dos atos infelizes.

FIM DA SEGUNDA PARTE

TERCEIRA PARTE

1
Pilarzito descobre o passado e integra-se no presente

Transfiramo-nos, de volta, às terras quase virgens da América Espanhola do Sul, especialmente a um dos seus países formosos...

Pilarzito, revendo-se na exótica e grotesca figura do sacerdote, que saíra da galeria inferior da Igreja onde praticara mais um hediondo crime, manteve a lembrança de que o acidente com o touro que o paralisou, conforme tivera o pressentimento desde que chegara a *Ciudad Real,* era decorrência natural dos delitos que se permitira praticar anteriormente, quando vivenciara aquela personagem, em época que não lograva identificar, o que, afinal, é de secundária importância. O mal realizado sempre retorna àquele que o desencadeou, não sendo exigível tempo determinado ou lugar estabelecido. A Lei sempre se cumpre, a despeito dos impedimentos que lhe são colocados para que não alcance os seus objetivos.

As dores acerbas vivenciadas no Mundo espiritual, e logo depois na existência anterior, auxiliaram-no a descobrir a vida e os seus valores de maneira diversa daquela que experienciara anteriormente. O sofrimento atual, a falta de perspectivas para voltar à vida normal, jamais à arena, as sequelas que adviriam com o tempo, em razão da sua paralisia, iriam contribuir em definitivo para a sua libertação espiritual.

Em plena juventude, havendo sido destruídos todos os seus sonhos de ventura, viu, a pouco e pouco, os amigos afastarem-se, passada a comoção inicial da tragédia, e lutando contra a depressão do choque pós-traumático, sobrevivera, mas destituído de outros ideais em mente. Foi nesse estado de espírito que passou a entender, ante as páginas de *O Livro dos Espíritos,* de Allan Kardec, que ninguém se evade de si mesmo, nem pode deslustrar a Vida através das infâmias e urdiduras do mal, em que se pode deter por algum tempo, nunca, porém, para sempre.

Renovando-se lentamente, aprofundando a mente na leitura esclarecedora e vivenciando a reencarnação, começou a agradecer a Deus a nova oportunidade que se lhe desenhava enriquecedora, enquanto se preparava para aceitá-la com naturalidade e paz no coração.

Reconhecia que não era fácil, porém, na vida, nada é fácil do ponto de vista do utilitarismo, do prazer exorbitante que deseja tudo para si e coisa alguma para os demais. No entanto, iria empenhar-se pela conquista de outro significado e sentido existencial. Utilizar-se-ia da nova condição para desencadear uma cruzada contra a tauromaquia, o culto às infelizes *corridas de toros*, que tantas vidas humanas ceifava e outras tantas inutilizavam em rudes paralisias e limitações orgânicas...

Lentamente passou a nutrir sentimentos de compaixão também pelos animais que eram expostos à crueldade, procedentes de raças indomáveis e espicaçados nos instintos inferiores e na agressividade para deleite de espectadores sanguinários e violentos. A mente foi-se-lhe iluminando, abrindo espaços para diferentes reflexões daquelas a que estava acostumado: prazeres, mulheres e vinhos, mortes e alucinações...

Não lhe saía, porém, da mente, o suicídio do amigo Juan Badajoz y Aguirre, *el Conquistador*, que não houvera suportado o fadário da tetraplegia a que fora empurrado após o acidente com o touro feroz.

Sonhava com ele insistentemente lhe suplicando socorro e amparo, informando encontrar-se em padecimento ultor após o triste erro do autocídio.

Ignorava, o jovem Pilarzito, que o seu amigo fora, anteriormente, o catalão Santiago Flor y Ruiz que, após a existência miserável ao seu lado, na idiotia e nos braços de Dona Josefa, volvera, ainda atormentado pela sede de morte, transferindo os seus delitos contra os touros, dando origem, pela afinidade de gostos, a uma fraternal amizade que anulava as desditosas ocorrências do pretérito. Fragilizado moralmente e sem resistências para o infortúnio, desertara do corpo, mais complicando o quadro das aflições que teriam de ser apaziguadas com mais duros testemunhos e expiações no futuro...

Liberada, após a travessia pelo *vale do sofrimento*, das imposições cármicas originadas nas dissipações a que se entregara, Dona Josefa estava agora reencarnada ao lado de *Don* Fernando, que fora arrancado das sombras espessas do ódio para recomeçar com a antiga esposa, recebendo o odiento bispo como filho em processo de renovação, anteriormente vítima da própria insânia. Os sentimentos de nobreza de *Don* Fernando, que houvera enlouquecido no Além-túmulo, ao presenciar a desonra que pesava sobre o seu lar, encontravam-se em outra faixa vibratória, com os ressentimentos quase anulados, porque também tivera anterior existência de padecimentos ultores, reiniciando a marcha como genitor daquele que também lhe infelicitara os sentimentos. Ao lado da mesma mulher, em processo de reajuste pela maternidade que se lhe apresentava difícil, vez que outra era acometido por suspeição injustificável em torno da conduta da companheira, que logo dissipava ante os testemunhos insofismáveis do seu bom comportamento na sociedade sul-americana ainda exigente em relação aos costumes morais.

A reencarnação abençoada houvera trazido todas as personagens daqueles hórridos períodos vividos em Salamanca e em *Ciudad Real*, que se iriam encontrando ao longo do tempo, de forma que se pudessem harmonizar, resgatando os pesados tributos perante a consciência e a Soberana Justiça.

Em solo, no qual não tinham inimigos naturais, exceto aqueles que os acompanhavam igualmente comprometidos, ser-lhes-ia possível construir a felicidade por meio dos atos de enobrecimento, e pelas dores bem vivenciadas renovarem-se, adquirindo a paz que dilaceraram durante os terríveis comprometimentos.

Dessa forma, Pilarzito conscientizava-se a respeito da imortalidade, da justiça da reencarnação, das comunicações dos Espíritos com as criaturas na Terra, encontrando, nessas informações, grande conforto moral, que lhe atenuava as incertezas e aflições que pesavam sobre a sua juventude não preparada para a situação penosa em que se defrontava.

Havendo retornado ao seu país de origem, após os desenganos sofridos em clínicas e hospitais especializados no estrangeiro, passou a receber homenagens e carinhos inesperados, descobrindo os pais generosos e afetivos que o envolviam em segurança, auspiciando-lhe um futuro menos sombrio do que pensava. A genitora, comovida com a sua desdita, começou a desdobrar-se em assistência carinhosa, tornando-se-lhe enfermeira dedicada, embora a presença de um massoterapeuta, que o auxiliava tonificando-lhe os músculos que tendiam ao atrofiamento.

A irreversível situação em que se encontrava iria auxiliá-lo no processo de autoiluminação, em face do muito tempo físico e mental de que disporia, podendo mergulhar nas leituras edificantes, nas reflexões profundas, retirando-lhes os proveitosos frutos da paz interior, que se lhe fazia indispensável.

Passada a revolta ante a ocorrência lamentável, sempre esperada, mas nunca acreditada de poder acontecer com cada qual, que se supõe hábil demasiado para evitá-la, saindo triunfador em todos os embates, aceitou com relativa paz o impositivo da Lei da Vida. Graças à estatística dos acontecimentos, sempre ocorrerão desastres de tal ou de pior magnitude, porque, na sua falibilidade, a criatura humana está sujeita aos diferentes sucessos existenciais, em face do impositivo da evolução inapelável.

A arremetida de um touro feroz, espicaçado nos seus instintos de agressividade, é portadora de uma força além do seu peso demasiado, alcançando o corpo humano com relativa facilidade e o arrojando distante, para logo voltar a investir com chifradas violentas.

Pilarzito foi muito feliz no seu incidente, porquanto a *fera*, açodada e ferida, dispunha de todas as probabilidades de êxito para destruir-lhe a existência. Nada obstante, estavam-lhe ainda destinadas outras tarefas e não somente aquela de *matador*.

Os testemunhos de solidariedade com que foi distinguido pelos seus concidadãos, que muito o sensibilizaram, embora houvessem diminuído com o passar dos dias, iriam contribuir também para uma mudança de atitude mental e emocional em relação à vida, facultando-lhe sair, embora lentamente, da tenaz depressão que o acometeu após constatar a irreversibilidade do seu quadro de saúde.

Nas obras de Allan Kardec, que passou a ler e aprofundar reflexões, encontrou lenitivo e explicações próprias para esclarecê-lo em torno do insucesso prematuro, entendendo *que não cai uma só folha da árvore, sem que não seja pela vontade de Deus.*

Despertou para compreender que não se encontrava à mercê do estúpido destino conforme as alegações estabelecidas pelo materialismo, mas sim para alcançar a felicidade que a todos espera, dependendo do esforço que se envide pelo conseguir.

Dois anos passaram-se lentos e mortificantes. Como o tempo é sempre o excelente enxugador de lágrimas e o poderoso escultor das faces multiformes do mundo, seja nas expressões minerais, vegetais e animais, a pouco e pouco surgiu dos escombros um novo homem, resignado e disposto à reconstrução existencial.

Visitado, mais de uma vez, por nobres servidores da *Sociedade de amigos dos animais*, essa respeitável organização que vela pelos irmãos em processo de evolução que ainda se encontram na retaguarda, na qual todos oportunamente estivemos, foi ampliando a sua capacidade de respeito por toda e qualquer forma de vida, ensejando que o amor iniciasse no seu imo o despertar, a fim de agigantar-se mais tarde, emulando-o a inscrever-se nas suas fileiras, para erguer a bandeira de proteção aos touros...

Pareceria um paradoxo que o jovem revel, que triunfara através do hediondo comércio criminoso das corridas de touros, agora se transformasse em defensor da extinção do nefasto e degradante esporte sanguinário. Era, no entanto, o momento da sua conscientização, da reconquista do patrimônio da dignidade, que não apenas prescreve o uso do bem, mas também proscreve o crime e todas as suas formas de vigência no organismo social.

Iniciando uma campanha por meio do periodismo escrito, falado e mais tarde televisionado, a solicitação para entrevistas cresceu na razão direta em que a sua cidade, o seu país, depois o mundo hispânico em geral, tomaram conhecimento da revolução que se lhe operara no mundo interior.

Não faltaram aqueles que, a fim de justificarem a perversidade, informavam que se tratava de um desequilíbrio, e com refinada ironia atroavam:

— *A chifrada certeira do touro, que o imobilizou, atirando-o ao solo, produziu-lhe uma lesão cerebral, de onde se derivou um choque psicológico muito grande, que lhe afetou o discernimento, a razão...*

O jovem renovado, porém, não se permitiu afetar, compreendendo que em toda campanha de esclarecimento, os pertinazes desfrutadores da ignorância geral disputam até o fim pela permanência dos recursos em que se comprazem, incapazes como se sentem de avançar em rumos diferentes que os libertem por definitivo...

Estimulado por um devotado médium que o visitou, quando veio à sua cidade em tarefa de divulgação da *Terceira Revelação* judaico-cristã, que é o Espiritismo, a reunir-se com um reduzido grupo de estudiosos, hebdomadariamente, para uma atividade organizada com objetivos iluminativos para o futuro, Pilarzito passou a participar de singela reunião de estudos e fenômenos mediúnicos com vitalidade nova.

Foi o suficiente para que os inimigos do progresso logo adissem às informações sarcásticas anteriores:

— *Enlouqueceu de vez, passando ao culto satânico, envolvendo-se com as forças da magia negra e do mal, naturalmente na busca da cura impossível, que persegue...*

Na sua miopia moral e pequenez espiritual, julgavam pelo que imaginavam, sem terem a mínima ideia da realidade, que não desejavam conhecer, assacando acusações indevidas e arremetendo contra uma Doutrina que se estrutura na crença em Deus, na imortalidade, nas comunicações espirituais, nas quais se comprova a sobrevivência do ser à morte, na reencarnação e, sobretudo, nas incomparáveis lições de Jesus Cristo, insertas no Seu Evangelho, porém, conforme Ele e os seus primeiros discípulos as viveram de maneira irrefragável. Sem qualquer forma de culto ou registro de superstição, trata-se de uma ciência experimental com formidando arcabouço filosófico e exemplar proposta ético-moral de efeitos religiosos. Os que se comprazem em maldizer não estão interessados em conhecer a verdade, mas se erguem para esbordoá-la, para tentar impedir-lhe o avanço. Tem sido assim em todas as áreas do conhecimento e do progresso da sociedade.

Embora as disposições saudáveis, os velhos hábitos passaram a atormentar o jovem paraplégico, tornando indormidas as suas noites, que se tornaram solitárias, experimentando carência sexual, necessidade de revivescência dos prazeres a que se acostumara, embora os poucos anos de vida física. Adicionem-se a essas aflições as lembranças inconscientes das jornadas anteriores, e compreender-se-á o volume de angústias que lhe assomavam de quando em quando, levando-o às lágrimas e a uma incoercível tristeza que o dominava. Analisava, quando nesse estado, que nunca mais fruiria a bênção da carícia feminina, embora a sua função sexual não houvesse sido atingida, nunca beijaria a face de um filho querido e o seu seria sempre o lar de outrem, que o ampararia...

Portador agora de um bom lastro de conquistas emocionais relevantes e forrado de sentimentos nobres, granjeara do seu guia espiritual uma assistência mais frequente, que o inundava de vitalidade e renovava-o sempre quando era vítima do ressumar do passado próximo e remoto.

Havendo aprendido a orar, a vincular-se a Deus através das blandícias da prece, logo se dava conta do que lhe ocorria, e alçava-se nas asas dos pensamentos bons às Regiões sublimes da Imortalidade, de onde se lhe direcionavam socorros e providências alentadoras, qual ocorre com todos aqueles que assim procedem.

Numa dessas crises, a solidão pareceu afetá-lo de maneira especial após uma reunião de estudos, quando pôde acompanhar os sorrisos e a permuta de afeto entre vários parceiros membros do pequeno grupo, retornou ao lar mais desolado.

Nesse ínterim, conseguira adaptar-se à direção de um automóvel especial, que ele próprio conduzia, mantendo relativa independência de movimentos, o que se convertera em grande conquista emocional e de liberdade.

Chegado ao lar, ainda contristado, mergulhando o pensamento nas páginas rutilantes de *O Evangelho segundo o Espiritismo,* deteve-se na mensagem intitulada "Melancolia", que o enterneceu, levando-o a buscar o refrigério da oração ungida de amor e de confiança em Deus. Lenificado pelas vibrações defluentes desse contato com o Psiquismo Divino, buscou o leito com melhor disposição psíquica e adormeceu.

Não transcorreram muitos minutos, desdobrou-se parcialmente do corpo somático, quando lhe surgiu, nimbada de claridades diamantinas, veneranda Entidade que ele supôs tratar-se da *Virgen de la Macarena,* diante de cuja efígie antes e depois das corridas de touros sempre se prosternava em contrição, conforme os padrões da sua crença de então. Fascinado e profundamente comovido, reconhecendo não merecer visita de tal magnitude, automaticamente se ajoelhou, e deixou escapar uma exclamação:

– *Senhora! Sois a Mãe Santíssima do Crucificado,* la Virgen de la Macarena?

– *Não, meu filho* – elucidou a luminosa visitante. – *Sou apenas tua mãezinha espiritual, que vem zelando por ti através dos tempos, convidando-te ao reto caminho, à conquista da paz. Temos jornadeado juntos por largos trechos da via evolutiva, sem que hajamos conseguido alcançar as metas a que ambos nos propusemos. Agora surge nova madrugada de bênçãos, uma oportunidade especial para dizer-te que não lamentes o que te falta por momentos, agradecendo a Deus aquilo que te sobra. Nunca devemos ser infelizes pelo que não temos, antes nos cabe regozijar-nos com aquilo que possuímos. A felicidade que se detém no limite do que se gostaria de possuir é somente ambição de coisas que em nada suavizam a aridez do sentimento. Quando sabemos agradecer as fortunas que nos enriquecem e sobram ao nosso lado, a felicidade faz morada em nossos sentimentos, sabendo aguardar a complementação aspirada pelos nossos anseios. Assim, é método de sabedoria para o crescimento infinito nunca lamentar o que não se tem, louvando-se a vida pelo de que se dispõe.*

Emocionado e tenso, Pilarzito escutava a melódica voz com encantamento, procurando fixar nos refolhos do ser cada palavra, cada expressão da face luminosa portadora de beleza inabitual.

Após a breve pausa, a Entidade voltou a animá-lo:

— *Nunca te esqueças de todas as honras com que a Divindade tem-te distinguido: fama, dinheiro, vigor físico até há pouco, e agora iluminação, sabedoria, esperança, propósitos superiores em torno da vida... Tudo quanto fruis nada te custa: o ar, as paisagens iridescentes do nascer e do morrer do dia, das estrelas faiscantes no zimbório da noite, dos luares prateados, da brisa, do Sol, as bênçãos do pão, da chuva, dos pais generosos e irmãos compreensivos, dos amigos devotados que te cercam de respeito e de carinho... O que te falta, por enquanto, ainda não te faz falta. É somente uma consequência do vazio existencial, que antes preenchias com o prazer exaustivo, o desbordar das paixões, os vinhos e licores excitantes e logo deprimentes... Luta e avança pelo roteiro do bem que poderás desenvolver, aguardando a resposta divina. O Pai não dá pedras a quem Lhe pede pães, nem serpentes a quem Lhe solicita peixes, desse modo, roga, confia e espera, porquanto há tempo próprio para semear e para colher. É natural que a tristeza te visite vez que outra, tendo em mente, porém, que é má conselheira, não lhe dando guarida por muito tempo, antes saindo da sua paisagem de sombras para o oceano de alegrias.*

E dando-lhe espaço mental para melhor captar-lhe o pensamento, concluiu:

— Nunca estiveste a sós, nem mesmo durante o período dos teus disparates... Impediam-nos de uma proximidade maior os sítios emocionais em que te encontravas e as regiões psíquicas em que te situavas. Agora, porém, que buscas outras faixas vibratórias onde se encontram o amor e a bondade, a esperança e a fraternidade, mais fácil se nos torna o acercamento e a convivência. Mantém-te, pois, confiante, porque nunca estarás sozinho. Ama e entrega-te ao Amor, ajuda e orienta, trabalha pela libertação dos teus irmãos deficientes que ainda se demoram na revolta, dominados pelos pensamentos de autodestruição, pela amargura devastadora... Voltaremos a encontrar-nos outras vezes. Deus te abençoe!

Pilarzito desejou reter a Entidade evanescente, mas não o conseguiu, e ainda banhado de lágrimas, sem saber como, despertou emocionado com as impressões felizes que lhe cantavam diferente balada na mente ao compasso da alegria no coração.

Procurou recompor todas as cenas, recordar-se de todas as palavras, insculpir no painel da memória todas as emoções vivenciadas e nunca mais se olvidaria desse encontro na Região espiritual, quando, pela primeira vez, se comunicava com um *anjo de misericórdia...*

Através do estudo e da meditação, foi despertando os potenciais psíquicos e passando a captar melhor as presenças espirituais, seus pensamentos e sugestões, distanciando-se daqueles perniciosos e perturbadores, para sintonizar com aqueloutros edificantes e felizes.

Isso não o impedia de rever e dialogar mentalmente com o suicida Juan Badajoz, encorajando-o e convidando-o a participar das reuniões semanais que lhe fariam muito bem, conforme aconteceu *a posteriori*.

A lembrança da sugestão espiritual, a fim de que se recordasse dos irmãos limitados, os deficientes físicos ainda revoltados, manteve-se-lhe viva na memória, o que o levou mais tarde a desenvolver um movimento em favor desses companheiros de lutas, tímido a princípio, para depois mais ativo, convidando todos aqueles que se sentiam discriminados em razão dos seus limites, a que se unissem e juntos desenvolvessem um programa de reabilitação, voltando a ser úteis a si mesmos e à sociedade, porquanto as suas dificuldades e deficiências não os impediam de realizar tarefas específicas e muitas delas bastante desafiadoras. Ao mesmo tempo, convocou-os à prática de esportes saudáveis, a competições estimuladoras, à vida normal que mereciam desfrutar, pois que eram pessoas em condições de viver em clima de felicidade.

O resultado não poderia ser mais oportuno, porque logo começou a receber correspondência de invidentes, paraplégicos, tetraplégicos e portadores de outras limitações, procurando inteirar-se de como participar de um programa dessa natureza, da necessidade de fundar-se uma sociedade mais bem organizada, com a finalidade de os orientar e traçar diretrizes de ajuda para todos.

Pilarzito estava novamente liderando vidas que se encontravam momentaneamente estancadas e poderiam oferecer uma valiosa contribuição em favor da sociedade, libertando-a do grosseiro preconceito contra os deficientes físicos.

Como sempre ocorre, não faltaram opositores entre os que se consideram suficientes orgânicos, esquecidos de que, de um para outro momento, poderão estar no outro lado da faixa, participando do grupo de limitados, já que não existem privilégios em favor de uns e somente castigos para outros.

O ex-toureador agora participava da Sociedade protetora dos animais, do Movimento Espírita na sua cidade, abrindo o elenco de realizações para a nascente Sociedade de amparo ao deficiente físico.

O bem de que se tornava objeto liberava-o do uso infeliz que fizera da sua capacidade mental e dos recursos da religião anteriormente professada, que somente fora utilizada para a exploração, a submissão dos ignorantes que foram deixados na retaguarda, na infelicidade...

O amor cobre realmente *a multidão dos pecados.*

Essa força edificante chamada amor, que brota espontânea e desenvolve-se sob os estímulos da inteligência e as vibrações confortadoras do sentimento, é, sem dúvida, a conquista de um estágio superior no processo da evolução espiritual. Quem ama encontra-se mais próximo de Deus, vivenciando-O talvez sem dar-se conta. Quem deseja ser amado, ainda peregrina pelos dédalos das paixões, desejando submeter os demais aos seus caprichos infantis e às suas necessidades primárias, sem qualquer esforço para sair das baixadas por onde transita, galgando os montes elevados da afetividade pura.

2
TRAMAS DAS TREVAS E PROGRAMAS DA LUZ DIVINA

Na atual conjuntura sociopolíticamoral do planeta, em que os valores espirituais são tidos como atraso cultural e psicológico da criatura humana, que estaria buscando soluções mágicas para os seus problemas, que não teria discernimento nem paz para solucioná-los, ou apenas se manifesta como fuga das responsabilidades, mediante as tentativas religiosas, ainda é muito difícil o trânsito pelas decisões do equilíbrio, do benfazer, da construção do progresso ético e das legislações baseadas na justiça social.

O homem e a mulher preocupados apenas com o corpo, que os deslumbra e os amargura, conforme a situação em que o sintam, perdem a identidade de ser racional e belo para sofrer a injunção de padrões estabelecidos por mentes desarmonizadas que vêm elaborando cada vez mais esse culto, por meio da musculação, dos anabolizantes, dos implantes, das cirurgias corretoras ou definidoras de linhas e contornos, das dietas castradoras, conspirando contra os seus valores internos de harmonia e felicidade.

Êxito significa-lhes triunfo sobre os outros, conquista de láureas inexpressivas, de recepções extravagantes, das luzes que espocam nos *flashes,* nos poucos momentos de glória, que a ironia periodista sintetizou em *quinze minutos,* para logo desaparecer, sucumbindo em depressões rigorosas, sem qualquer estrutura para o autoenfrentamento.

Superconfortados, não se encontram equipados dos recursos valiosos da confiança em Deus, das suas infinitas possibilidades como Espírito que são, das finalidades essenciais e reais do corpo físico, deixando-se atormentar em inquietações totalmente destituídas de legítimo significado. As jovens, buscando o ideal do corpo perfeito, magro, desvitalizado, tombam na anorexia ou escorregam na bulimia, completando o que consideram ideal com silicones e tratamentos cirúrgicos perigosos, cujas sequelas surgirão na primeira oportunidade. Os rapazes entregam-se à estafante ginástica para desenvolvimento dos músculos, tornando-se, algumas vezes, verdadeiras aberrações das formas, para o deslumbramento do *ego*, em infeliz postura narcisista que o tempo irá consumir, deixando marcas irreversíveis como decepções e amarguras.

A competição destrutiva instala-se-lhes nas fibras íntimas, e os esportes transformam-se em profissões rendosas, e algumas criminosas para sustentar os estatutos dos chamados *cartolas*, enquanto, nos demais segmentos da sociedade, a disputa para suplantar quem se lhes encontre à frente, deles faz atormentados e inquietos. Às vezes conseguem chegar ao pódio, muito vergastados pelos conflitos que os atiram no uso de drogas químicas devastadoras...

Sem que nos detenhamos em uma visão pessimista ou anarquista em torno dos valores humanos, não podemos esconder as incomparáveis grandezas e conquistas do século passado e deste que, nada obstante, continuam defrontando o ser humano carente, inquieto, violento, infeliz...

Nessa conjuntura morbosa, o intercâmbio entre as duas Esferas da Vida faz-se pujante, caracterizado pela sintonia e aspirações dos habitantes do mundo físico, que se encontram envolvidos pelo psiquismo dos equivalentes na Erraticidade. Pugnas terríveis, perseguições implacáveis, aguerridos combates, incessantes tramas de vingança travam-se fora da matéria densa com objetivos doentios de tornar a raça humana desvairada e perdida, transformando-se pasto de prazeres dessas mentes insanas, que se comprazem na vampirização e exploração das demais existências.

Evidentemente, aqueles que se afeiçoam à promoção do pensamento ético, dos sentimentos nobres, das realizações relevantes, da reconstrução do grupo social para melhor e menos atrabiliário experimentam as tenazes da perseguição desenfreada desses adversários da paz e do desenvolvimento moral dos que transitam no corpo físico, transformando-se em verdadeiros inimigos implacáveis na sua sede de destruição.

Pilarzito e os seus ideais não ficaram indenes à sórdida conspiração.

Pessoas desinformadas dos objetivos buscados pelo jovem e os seus companheiros levantaram-se para acusá-los de atentado contra a ordem pública, realizando reuniões de magia, de curandeirismo, de demonismo... Porque as portas da pequena agremiação estivessem sempre abertas para quem desejasse participar das suas atividades, as acusações infundadas diluíram-se, mas novas agressões foram trabalhadas sob a inspiração dos desencarnados perversos.

María del Carmen era uma jovenzinha de 18 anos que, atraída por uma entrevista do ex-toureiro, passou a frequentar o grupo de estudos espiritistas. Mais interessada na fama do rapaz do que nas propostas doutrinárias, deixou-se fascinar pelo encanto do rapaz e entrou em tormento emocional, causado pelos Espíritos que esperavam desmantelar o grupo em começo.

Não suportando a angústia que a visitava, após uma reunião semanal, quando a oportunidade se lhe fez favorável e o jovem seguia na direção do seu veículo, pediu-lhe ajuda para que a levasse em sua companhia até próximo do seu domicílio, no que foi gentilmente atendida.

Enquanto o veículo deslizava por imponente avenida arborizada, abruptamente dominada pela paixão servil, interrogou-o:

— *Certamente você está cansado de mulheres que se lhe entregam facilmente, não é verdade?*

— *Isto ficou no passado* – ripostou o moço com o semblante aberto em um sorriso jovial. – *Agora as minhas são outras aspirações e os meus interesses são mais profundos e significativos.*

— *Isso quer dizer que você não mais se interessa por mulher alguma?*

— *Não exatamente. Eu penso que mulher alguma se interessará por um deficiente como eu. Em face dessa conclusão, venho colocando o pensamento e os sentimentos em outras áreas do comportamento humano, a fim de poupar-me de futuras decepções.*

— *Não concordo com você. O acidente que o imobilizou parcialmente não lhe tirou a beleza nem algumas das funções orgânicas fundamentais, conforme penso. Você prossegue sedutor e talvez mais atraente, porque agora adiciona à beleza física os dotes do Espírito, que são mais importantes do que quaisquer outros.*

— *Não me dou conta de onde você deseja chegar.*

— *É fácil de entender. Eu estou apaixonada por você e penso em não abrir mão do meu objetivo de conquistá-lo. Como você não me tem dado a importância que mereço, resolvi assumir a iniciativa da declaração.*

Tomado de surpresa e constrangido, Pilarzito redarguiu:

— *Certamente você está brincando, zombando das minhas limitações, o que não me parece justo... É claro que lhe tenho devotado respeito e notado sua presença em nosso trabalho com a consideração que todos me merecem...*

— *No entanto, ainda não percebeu que eu ali me encontro exclusivamente para conquistá-lo?*

Porque lhe identificasse a veemência da informação e a palidez que lhe assomou à face, o rapaz lhe respondeu:

— *Pensava, é claro, que você, como todos os outros, ali estivesse para uma finalidade mais significativa, que é a busca da consciência, da realidade espiritual, de ambições mais elevadas.*

— *Pois cumpre-me informá-lo que não. Desde que li algumas das suas entrevistas e senti-lhe a solidão, o sofrimento, que me resolvi por ser o anjo que o conduzirá na noite escura por onde transita, carregando a lâmpada acesa do amor e da compreensão.*

— *Bem, não esperava informação tão clara e definição de comportamento tão contundente...*

— *E preferiria a hipocrisia, a mentira, a dissimulação?*

— *Não se trata disso... Ocorre que ali, em nossa casa, as minhas, e penso que as preocupações de todos, são com outras metas, diferentes ansiedades... É verdade* – e disse-o com segura inflexão de voz – *que no começo, após a terrível provação que se abateu sobre mim, caminhei na noite escura, sem rumo e sem paz, atormentado e infeliz. Logo depois, porém, à medida que me fui libertando da autocompaixão e da revolta, descobri um mundo novo, que eu desconhecia, e resolvi adentrar-me nele, desbravá-lo, na expectativa de encontrar a razão da existência humana.*

E fazendo uma pausa para melhor coordenar as ideias, aduziu:

— *Encontrei, no Espiritismo, a força hercúlea para sair do abismo, e espero mantê-la para prosseguir intimorato. Não nego que experimento momentos de solidão, de tristeza, como todo mundo, o que também ocorria antes, quando vivia no píncaro da glória e desfrutava do prazer até a exaustão. Assim, venho colocando a mente e o coração nesse objetivo, deslocando para mais tarde as aspirações de um lar, de uma família... Agradeço, sensibilizado, a sua informação, que me levanta o ânimo e dá-me uma outra visão da existência e do sentimento do próximo.*

— Estou disposta a viver com você quanto antes. Não cederei o meu lugar a ninguém, caso já exista alguém ou que venha a aparecer.

— Parece-me um pouco exagerado da sua parte — ripostou, sorrindo. — Afinal, não sou nenhum novo Apolo mitológico ou moderno sex simbol, ou astro que arrebata moçoilas desorientadas... Reconheço os meus limites e não estou confiante em minhas possibilidades ainda não testadas. O assunto requer reflexão e cuidado. Por enquanto você não me inspira outro sentimento, senão o de fraternidade...

— Então, recusa-me?! — perguntou, esfogueada pelo desejo e pela perturbação.

A pobre María del Carmen estava sendo vítima de vigorosa obsessão que se lhe instalava, em face das aspirações íntimas e dos delírios de prazer que acalentava. Quase que incorporada por adversário cruel, dispunha-se a qualquer resultado da sua opção transtornada.

Por outro lado, os programas da Luz Divina desenvolvem-se com segurança, anulando as forças tenebrosas que se comprazem na alucinação e na impiedade.

Amparado pela abnegada mentora, que se desvelava para assistir o jovem em a nova conjuntura a que se entregava, não trepidou em acercar-se-lhe, inspirando-lhe cuidado e segurança.

— Não se trata de uma recusa. Convenhamos que não sou um aproveitador de jovens ansiosas, para logo consumar os desejos da inferioridade animal que persistem em minha natureza. Venho tentando domar as minhas inclinações infelizes e prosseguirei. O que ocorre é bem diferente de uma recusa. Como já transitei muito por essas experiências, desde mais jovem, sei que o fogo do desejo passa rápido, qual chama em erva seca, apagando-se de imediato por falta de combustível. Não me iria aproveitar do seu estado emocional, a fim de explorá-la. O assunto demanda tempo e reflexão. Não sou mais o guapo muchacho de outrora, sedutor e irresponsável. Hoje sou um homem comprometido com deveres elevados, firmado em compromissos graves que deverei preservar. Diante da sua informação, que me surpreende, necessito de muito tempo para digerir o seu discurso e pensar na maneira como conduzir-me...

A jovem não o deixou terminar. Pediu-lhe parar o carro. Colérica, ameaçou-o com palavras ásperas e algumas outras vulgares de acusação indevida, saiu desarvorada e bateu com força a porta, afastando-se, quase alucinada...

Pilarzito, em vão, chamou-a, tentou convocá-la de volta. Foi tudo inútil.

O jovem espiritista já houvera compreendido que se encontrava em uma rude batalha, na qual as forças do mal desencadeariam pertinaz combate contra as tentativas da realização do bem, particularmente no que diz respeito à libertação de consciências e à ampliação do conhecimento intelecto-moral dos indivíduos.

Sendo o Espiritismo uma revivescência do Cristianismo na sua pulcritude inicial, desvestido de dogmas e de superstições, de cerimoniais injustificáveis e de aparatos próprios para um sacerdócio organizado, que se transformou em poder político e socioeconômico, tem por meta auxiliar o ser humano a galgar níveis de consciência mais elevados, arrancando-o do marasmo da *fé cega* para facultar-lhe os altos voos por meio da crença racional e lógica. É natural que haja conspiração contínua para obstaculizar-lhe o avanço, partida daqueles Espíritos de ambos os planos da vida que se comprazem em preservar a ignorância das massas, a fim de manipulá-las a seu bel-prazer. Sentindo-se debilitados pela força hercúlea do conhecimento firmado nos fatos irretocáveis da comunicabilidade espiritual, tornaram-se adversários contumazes das novas ideias e dos seus paradigmas. Não os podendo vencer através de argumentos bem-estruturados, investem contra os seus vexilários e divulgadores, médiuns e servidores abnegados, gerando-lhes embaraços e percalços cruéis, mediante os quais pretendem descoroçoá-los, afligi-los e afastá-los do ministério de amor e luz a que se dedicam.

Ademais, os próprios fenômenos cármicos procedentes das experiências fracassadas em pretéritas jornadas abrem-lhes brechas morais, que são os seus expurgatórios, nos quais encontram campo para as sórdidas perseguições em que se comprazem, particularmente aqueles que se encontram desvestidos da argamassa celular.

Pilarzito já se houvera dado conta dessa luta vigorosa e sem quartel, porquanto percebia que, não obstante os excelentes resultados dos empreendimentos desenvolvidos, sempre surgiam dificuldades ilógicas, incompreensões descabidas, que não podiam partir dos membros dos diferentes grupos nos quais mourejava, sendo antes as pessoas verdadeiras vítimas de inspiração infeliz procedente da Erraticidade inferior. É certo que a inferioridade de cada um permitia essa intercorrência, no entanto, o programa perturbador estava sendo desenvolvido fora do mundo físico...

Desse modo, percebeu, na reação de María del Carmen, a ação de algum adversário oculto que o desejava afligir, ao mesmo tempo infelicitando a jovem insensata, que facilmente se deixara fascinar.

Sabia que no comportamento sexual das pessoas existe uma válvula muito fácil de ser aberta pelos seus adversários desencarnados, que é o estímulo para as paixões ardentes e perturbadoras da sensualidade. São incontáveis aqueles que, atormentados pelos desejos infrenes do seu estágio de evolução ainda primário, tornam-se instrumentos de seres espirituais do mesmo nível de evolução, que os exploram e obsidiam, levando-os à exaustão, à loucura da posse e, quando não logram os seus intentos infames, atiram-nos nos sorvedouros da depressão, do suicídio...

Porque se encontrasse em paz de consciência, lamentou o incidente desagradável, mas não se permitiu perturbação interior.

Recordou-se do encontro mantido com a mensageira de luz e envolveu a desorientada em vibrações de harmonia, prosseguindo no rumo do lar.

Nada obstante, a cena retornou-lhe à mente após deitar-se, sem conseguir conciliar o sono. Foi então que se lembrou de recorrer ao beneplácito da oração. E, ao fazê-lo, ampliou a percepção mediúnica, lobrigando a presença de um ser espiritual de aspecto asselvajado que o ameaçava, exprobrando-lhe o comportamento.

— *Certamente não se recorda de mim!* — exclamou o adversário desconhecido. — *É sempre assim que acontece, pois que aquele que pratica o mal facilmente dele se olvida, enquanto a sua vítima jamais o esquece. Sou a sua consciência adormecida que agora deve despertar para o justo resgate.*

E dando à voz o timbre da arrogância e do ódio, continuou:

— *Sou o desditoso Héctor de las Palmas. O nome faz recordar-se de alguém? Isso, porém, não é importante. Sou a sua vítima infeliz. Induzido a matar, não trepidei fazê-lo, em minha idiotia, e o realizei com habilidade estremada, para atender a sua insaciável sede de poder. Logo depois, porque eu talvez pudesse constituir-lhe um peso, sendo um delator em potencial, você matou-me, calma e seguramente, envenenando-me. Por que fez isso, Don Lorenzo de los Hoyos? Como pôde ser tão perverso, para assassinar, fria e covardemente, um desgraçado deficiente mental conforme eu era? Não consigo entender como a crueldade é tão hábil em escamotear a consciência, liberando-a de culpa, quando sabe da gravidade do crime que pratica! Não lhe posso dizer o quanto tenho sofrido, porque o tempo não passa para mim, permanecendo o momento (eterno) das dores impostas pelo veneno fatal que me foi aplicado. Demorei muito para entender o que houvera acontecido, embora as falsas homenagens que me foram dedicadas e o sepultamento honroso de que fui objeto. Despertei, porém, amparado por outros infelizes como eu, e adquiri a lucidez, que me permitiu encontrá-lo em outras roupas, sendo, todavia, o mesmo infame destruidor de vidas...*

Havia no agressor sentimentos diversos de ódio e ressentimento, de dor e de angústia, de aturdimento e de culpa. Enquanto acusava, expressando todo o seu sofrimento, a fácies, deformada e ameaçadora, traduzia o inferno interior em que se debatia o antigo demente.

— *Hei de destruí-lo, custe-me o impossível. Não apenas eu me encontro empenhado nessa campanha, mas também muitos outros que formamos um bem preparado bando de cobradores desalmados. Não fugirá de nós, embora a mudança que se lhe operou desde a época dos seus descalabros. Agora já não tem a púrpura nem o destaque social, nem a posição religiosa, nem o poder político, aprisionado conforme se encontra na semi-imobilidade. Cavaremos a sua sepultura com as unhas nas carnes dilaceradas e o aguardaremos quando retorne, vencido e desventurado como nós mesmos.*

Colhido pela informação cruel, Pilarzito foi acometido pelas reminiscências que lhe dormiam nos refolhos do Espírito e reviu a cena perversa em que se enredou assassinando o seu *Quasímodo*[17] fiel.

Tudo foi muito rápido e as lágrimas aljofraram-lhe os olhos, logo se tornando uma torrente. Tomado pelo sincero arrependimento, balbuciou, à meia-voz:

— *Se não lhe for possível perdoar-me a perversidade, pelo menos desculpe-me. Eu era louco e não me dava conta. Hoje tenho ideia do mal que pratiquei. Embora não possa retroceder no tempo, a fim de desfazê-lo, confio no futuro que me permitirá a recuperação. Ainda não tenho ideia de como esses fatos ocorreram, porque lentamente descubro apenas fragmentos que*

---

17. *Quasímodo* – Trata-se de uma personagem central na magistral obra *O corcunda de Notre Dame*, de autoria de Victor Hugo, quanto encarnado na Terra (nota da Editora).

me dão uma imagem imperfeita dos acontecimentos. Todavia, o arrependimento e os testemunhos que me têm sido exigidos pela Vida possuem grande valor. Não sou somente o infame sacerdote, mas também o demente que renasceu nos braços de uma outra vítima... E que agora recomeça a caminhada sem pernas para avançar. Não lhe rogo perdão, volto a explicar, mas pelo menos compaixão...

— Nunca o perdoarei, nem terei compaixão, senão aquela com que fui assassinado — interrompeu-o o vingador.

— Nunca é uma palavra que não existe — elucidou o ex-toureiro. *— Ante a impossibilidade momentânea de encontrarmos a melhor solução para o problema, entreguemo-lo a Deus, que saberá como resolvê-lo e confiemos no futuro. O importante, penso, neste momento, é que você seja feliz. Eu já encontrei o meu rumo, e chega a hora de você também descobrir a nova senda que deverá percorrer...*

— Como se atreve — interrogou, o indigitado — *a falar-me dessa forma, com mansidão de cordeiro, sendo um lobo ingrato e traiçoeiro? Naqueles já distantes dias eu não podia pensar, não raciocinava conforme deveria. Agora, não. A minha razão, dominada pelo desejo de vingança, é lúcida e hábil, proporcionando-me os meios próprios para o desforço. Não me escapará, miserável!*

— Continuarei sob a governança de Deus, conforme o mesmo sucede com você. Ante a impossibilidade de o convencer, avancemos no tempo e confiemos no amanhã.

Não pôde prosseguir, porque a emoção turbou-lhe o raciocínio e foi acometido por um delíquio, perdendo a consciência.

Impossibilitado de saber o que ocorrera durante o vágado, despertou mais tarde banhado por álgido suor. Procurou recompor as lembranças e fixou na memória o nome do seu opositor, o infeliz Héctor de las Palmas. O cansaço terminou por vencê-lo pelas primeiras horas da madrugada. Despertando cansado e maldisposto no dia seguinte, fez o desjejum frugal e entregou-se à correspondência, sem que se lhe apagassem as cenas da agressão espiritual.

Naquela mesma noite, na atividade mediúnica de socorro aos desencarnados, Héctor veio trazido pelos nobres mensageiros à comunicação, havendo recebido cuidadoso tratamento espiritual, a fim de ser esclarecido oportunamente quanto aos novos compromissos que lhe diziam respeito para abraçar em favor da própria felicidade.

Os dias sucederam-se sem quaisquer acontecimentos dignos de anotação, exceto os disparates de María del Carmen – que se afastou temporariamente do grupo –, que retornavam à mente de Pilarzito, especialmente no que se referia à necessidade de uma companhia feminina. Sutilmente, o tormento do sexo, que parecia acalmado, começou a ressumar, aturdindo-o uma ou outra vez. Cônscio dos seus novos deveres, porém, procurava superá-los por meio do trabalho, da oração e dos pensamentos saudáveis.

Menos de um mês transcorrido após o incidente com a jovem, Pilarzito e os amigos foram surpreendidos pela visita inesperada dos seus genitores, que vieram cobrar a responsabilidade deles por a haverem induzido a práticas demoníacas, cujo resultado era o desequilíbrio emocional em que ela se encontrava, ao lado das acusações pesadas, quais a de que fora vítima de acosso sexual pelo ex-toureiro. Pretendiam ir à polícia, no entanto, resolveram vir conhecer os membros da atividade, a fim de informar-se o de que se tratava, preparando-se para recorrer a outras providências posteriormente.

Surpreendidos pelo inesperado acontecimento, todos se entreolharam aturdidos. Pilarzito, tomando a palavra, esclareceu aos pais da moça o que houvera acontecido e convidou-os a que participassem de uma das reuniões públicas – as que eram frequentadas por María del Carmen, que não tinha acesso àqueloutras de caráter mediúnico – e concluíssem por eles mesmos. Sinceramente emocionado, lamentou o acontecido, explicando que, pelo fato da paixão atormentada de que se sentia possuída a moça, não lhe coube alternativa, senão explicar-lhe o que se passava com ele, longe de qualquer sentimento, exceto o da fraternidade...

Foi tão sincera a sua narração que os visitantes entenderam o fato e lamentaram-no, sem, porém, saberem o que fazer com a filha agora enferma.

Foi então que o paralítico prontificou-se a visitá-la com outros amigos, a fim de tentarem uma psicoterapia espiritual, já que ele acreditava na interferência obsessiva de algum ser adversário, ora a atormentando.

Naquela mesma noite, ao terminar a atividade de estudos, ao lado dos genitores mais calmos, Pilarzito e dois companheiros rumaram ao seu lar, a fim de iniciarem o estudo espírita do Evangelho no seio da família.

À sua chegada, a moça os surpreendeu alucinada, acusando-os de feitiçaria e de perversidade, de depravação e de conduta reprochável.

Serenos e confiantes, conversaram com o perturbador, aplicaram a bioenergia na paciente e leram comovedora página de *O Evangelho segundo o Espiritismo,* de Allan Kardec, neutralizando a fúria da adversidade.

Deixando-a algo tranquila e recompensado pela natural gratidão dos genitores, demandaram os próprios lares, para ali retornarem por diversas vezes até a recuperação total da enferma espiritual, que volveu às atividades do grupo, após a conquista da saúde.

A batalha entre as forças do mal ia sendo vencida pela perseverança e programação das Entidades do bem, interessadas na instalação da felicidade nos corações e mentes humanos, dando início a uma Era Nova de paz, apesar da vigência preocupante da violência e do crime que ainda permanecem dominadores na sociedade sofrida destes dias.

Vencida essa etapa, que se prolongou por alguns meses, Pilarzito e os seus amigos constatavam, cada vez mais, a grandeza e o poder do amor, sobretudo a vitória do dever e da ordem em relação aos gravames e conturbações de todo jaez, que predominam em a natureza humana ainda vinculada às suas heranças ancestrais.

3

A SUPREMA VITÓRIA DO AMOR

Três anos se haviam passado desde o momento em que o ex-toureiro se unira ao pequeno grupo de estudos espíritas, iniciando a sua real transformação moral. As lutas prosseguiam severas, embora as resistências internas de todos também tivessem sido fortalecidas, oferecendo-lhes mais amplo tirocínio e melhor visão da realidade.

Profundamente convencidos da Vida espiritual e da superior qualidade da Doutrina que abraçavam, resolveram ampliar o trabalho criando uma instituição que pudesse atender às exigências legais do país e mais servir à comunidade.

Após saudável contato com um advogado que se responsabilizou pela documentação adequada para a formação da entidade, que também seria filantrópica, já que a ação do Espiritismo nunca se dissocia da caridade que ilumina, educa e atende às necessidades humanas, foi inaugurada a nova sede do Instituto Espírita Allan Kardec.

Para a solenidade inaugural foi convidado o jovem médium que anteriormente ali estivera e desencadeara o superior processo que ora culminava na instituição que se dedicaria ao estudo, às experiências fenomênicas do Espiritismo e à prática da caridade por todos os meios salutares ao alcance, bem como diversas autoridades civis e militares e grande público que acorreu pressuroso, a fim de saberem o que é Doutrina Espírita.

Agora vinculado à Sociedade protetora dos animais, à Sociedade de promoção dos deficientes e à Instituição Espírita, Pilarzito não dispunha de tempo excedente para a autocompaixão, tampouco para agasalhar sentimentos perturbadores.

O bem que proporcionava aos demais, lentamente, foi-se-lhe transformando em alegria de viver, passando a entender que o *milagre da vida* revela-se quando se está preparado para entendê-la nos seus reais parâmetros, que estabelecem o respeito ao culto dos deveres e aos compromissos pela constante transformação moral e cooperação social. Enquanto a existência lhe sorria destaque e prestígio, dinheiro e beleza, utilizara-se de tudo de forma egoísta, consumindo as energias na volúpia do gozo breve. No momento em que se encontrava com menores recursos, tornara-se um lutador intimorato de valiosas causas de promoção da criatura humana e da sociedade.

É certo que as dificuldades interiores, remanescentes dos atos equivocados do pretérito, não o abandonaram de um para outro momento. Havia, porém, maturidade psicológica e discernimento para enfrentá-las à medida que surgiam, dando-lhes sentido e significado, que sempre resultavam em benefícios.

Por meio das reuniões hebdomadárias de atendimento aos descoroçoados e infelizes do Mundo espiritual, Héctor de las Palmas foi orientado carinhosamente e recuperou-se, abandonando os mórbidos interesses de desforços, bem como descobriu a alegria da imortalidade, sendo encaminhado para programas de educação pessoal e de esclarecimento profundo.

Juan Badajoz y Aguirre, *el Conquistador*, igualmente foi encaminhado pela Misericórdia Divina às reuniões socorristas do instituto, onde recebeu a ajuda adequada para o seu sofrimento ímpar, bem como auxílio para superar o largo transe de sofrimentos decorrentes do suicídio, que o martirizava por anos a fio, encontrando, por fim, a paz e motivos para recomeçar em outra condição sob as bênçãos da submissão às Leis Divinas e aos impositivos dos resgates que se lhe encontravam insculpidos na sua economia moral de Espírito devedor, mais de uma vez falido lamentavelmente.

O amor cobre, sim, a multidão de pecados, conforme dissera Jesus. Em toda parte é o sol presente quando domina a treva, é a esperança que jamais desfalece e a força que impulsiona para a frente, construindo a felicidade.

Quando o amor se estabelecer no imo da criatura humana, a revolução de que é portador modificará a sociedade, após transformar o indivíduo. Sem amor, a criatura enlouquece e morre, fanada na sua oportunidade existencial.

Plantas e animais fenecem quando desamados. O Amor de Deus vitaliza-os no seu *habitat*, no entanto, quando deslocados para outros meios, particularmente nas cidades, residências, parques e lugares outros, necessitam do tônus do amor para vibrarem em harmonia e esplenderem de vida...

O novo Pilarzito, ora dedicado à reflexão, à prece e aos atos nobres, descobriu-se possuidor de faculdades mediúnicas, que se apresentavam ostensivas, passando a cooperar nos trabalhos desobsessivos e iluminativos por meio da psicofonia e da psicografia, sob os auspícios da nobre mentora espiritual, o que lhe ampliou o campo de ação para a conquista de si mesmo.

Os seus genitores, embora não participassem ativamente do movimento novo de espiritualização do filho, em face das fortes vinculações com a Religião dominante, sentiam-se felizes e davam-se conta dos valores que exornavam o caráter do jovem, hauridos na Doutrina a que se filiava. Seus irmãos, por sua vez, respeitavam-no e, vez que outra, compareciam às reuniões de divulgação, bem como àquelas outras festivas.

Considerando as imensas dificuldades sociais que o seu país atravessava, e seguindo o regulamento do instituto espírita, logo foi possível, com os amigos e cooperadores, deu início a um movimento em favor da aquisição de um edifício onde, mais tarde, passou a reunir crianças desamparadas, começando com uma pequena escola e uma creche para, no futuro, torná-lo uma residência dedicada à educação e à edificação de vidas, que seriam encaminhadas à posteridade.

María del Carmen, por sua vez, passou a considerar a oportunidade muito valiosa de que dispunha, descobrindo-se igualmente possuidora de faculdades mediúnicas, que lhe permitiram a indução obsessiva, conscientizou-se do compromisso que houvera assumido antes de reencarnar-se e compreendeu que poderia cooperar com segurança nas múltiplas atividades que o instituto se propunha desenvolver.

Estudante de Psicologia, buscou aprofundar-se mais na *ciência da alma*, realizando pontes de identidade com as propostas espíritas, de modo a encontrar respostas e soluções para muitos dos transtornos que vitimam os seres humanos, amadurecendo emocionalmente e cooperando no atendimento aos pequeninos da creche.

A transformação interior proporcionou-lhe peregrina beleza a exteriorizar-se em um rosto bem traçado, portador de linhas harmônicas e emoldurado por vasta cabeleira negra ondulada que lhe caía sobre os ombros, num conjunto bem moldado com o corpo esguio e longilíneo, que a fazia atraente.

Sem saber como explicar-se, Pilarzito, que somente a via anteriormente com olhos e sentimento de fraternidade, começou a descobri-la de maneira diferente, e, sem dar-se conta, enamorou-se da jovem, a quem teve ocasião de confessar o que ora lhe sucedia. Em um encontro informal, confidenciou-lhe o estado íntimo.

– *Hoje, diferentemente do que nos aconteceu* – começou, hesitante, o ex-toureiro –, *sou eu quem se atreve a expressar-lhe sentimentos de amor e ternura, que já supunha mortos. A verdade é que me sinto profundamente constrangido por ter de tomar esta decisão. No entanto, considerando o respeito e a admiração que lhe devoto, acompanhando o esforço que você envida para manter uma conduta à prova de qualquer dúvida, não mais postergo o momento, falando-lhe a respeito do amor que me domina em relação à sua pessoa.*

A moça, surpreendida, mas nem tanto, porque percebia a mudança que se operara no jovem, corou, emocionada, deixando-o falar.

– *Hoje, amadurecido pelo sofrimento e pela alegria de viver* – deu prosseguimento à conversação –, *dou-me conta de que a solidão é má conselheira, e que todos viemos ao mundo terreno para as bênçãos do amor, embora a multiplicidade de aspectos em que ele se apresenta. No meu caso, embora os limites que me acometem, o coração pulsa e vibra de emoção e todo o corpo freme de expectativa quando penso em você, na possibilidade de construirmos um lar através do matrimônio, no qual a bênção dos filhos coroe as nossas mais caras aspirações.*

Compreendendo, no entanto, as deficiências orgânicas que me assinalam, é quase um atrevimento falar a uma jovem bonita e bem apresentada, requestada por jovens candidatos muito afortunados, a respeito do pouco que lhe posso oferecer ante o muito que outros têm para lhe dedicar. Não desejo, porém, perturbá-la, com esta declaração, que, sei, talvez desagradável, mas atender às ânsias do coração e da mente que sonham, anelando por algo, possivelmente remoto ou totalmente improvável...

— *Não se subestime tanto* — interrompeu-o, também emocionada, a jovem —, *porquanto, se me apresentei a você em um momento de transtorno emocional, a verdade é que sempre houve um sentimento de afeto por você, que o meu desequilíbrio não soube direcionar, nem dimensionar. Hoje, que ambos somos outros em formação moral e espiritual, que amamos ideais convergentes e amadurecemos ao calor de algum sofrimento e de muitas experiências, estamos em condições de vincular-nos, sem receio da tentativa. Como não ignoramos, tudo são experiências, nem sempre felizes, mas que se podem transformar em conquistas se soubermos como fazê-lo e nos afadigarmos pelo conseguir.*

— *Como é do seu conhecimento não tenho quase nada a oferecer-lhe, além do meu amor. Os limites orgânicos são acompanhados por limites econômicos, sociais e os altos compromissos médicos, que me exigem valores bastante significativos, ao lado da massoterapia que não posso dispensar... Os recursos advindos da aposentadoria e outros que resultam de alguns depósitos bancários, que restaram dos dias de abundância e desperdício, ora se acabando, creio que não serão suficientes para dispensar-lhe tudo quanto merece...*

— *Quando alguém planeja consociar-se matrimonialmente* — interrompeu-o, novamente, com suavidade —, *não o faz com o que a pessoa tem, ressalvadas algumas exceções, mas com a pessoa com quem se vai casar. O que me interessa é você e não as suas posses, pois que se elas fossem fundamentais, todos os ricos seriam imensamente felizes na união conjugal, o que raramente acontece.*

Os dois jovens, tomados pela emoção do namoro, adquiriram a expressão romântica e abraçaram-se em prolongado silêncio, após o que Pilarzito expôs:

— *Nunca desejaria perceber que o seu é um sentimento de compaixão...*

— *Compaixão!* — exclamou, silenciando-o mais uma vez. — *Eu o amo. Sempre o amei, desde que o vi. É como se já nos houvéssemos amado em algum tempo e lugar distantes, mas presentes na memória espiritual. A compaixão é um sentimento muito diferente do amor que sinto por você, e jamais interferirá em nosso futuro comportamento, como substitutivo da afeição. É certo que ela está presente quando se ama, com um sentimento de beleza e ternura, de carinho e enternecimento, nunca, porém, como mecanismo de fuga da realidade para outra postura.*

– Prometo respeitá-la e amá-la até o fim dos meus dias... e prosseguir além do vale da morte.

Após essa afirmação, beijaram-se embevecidos e, quase a uma só voz, revelaram:

– Digamo-lo, quanto antes, aos nossos pais e aos nossos amigos.

A notícia a todos surpreendeu agradavelmente, em particular aos genitores de Pilarzito, que se preocupavam com o seu futuro terreno. Os amigos do instituto exultaram, porque agora podiam contar com a segurança relativa que sempre existe em tudo na Terra, que a entidade seguiria em frente, tendo em vista que ambos, já trabalhadores, seriam os seus baluartes para o futuro.

Do namoro ao noivado, e deste ao matrimônio, foram poucos meses, para sermos exato, apenas seis.

As bodas foram celebradas no próprio instituto, com a presença do Meritíssimo Juiz, que os uniu perante a Lei, dos familiares e amigos de ambos os consortes, após o que, um dos membros proferiu algumas palavras sobre o alto significado do casamento, concluindo com uma oração de súplica a Deus em favor da felicidade de ambos.

Os nubentes preferiram não se afastar da cidade, continuando nos compromissos a que se vinculavam, sem maiores complicações que as criaturas se impõem em nome da felicidade.

Logo depois, porque o trabalho que desenvolvia na comunidade fosse relevante, o ex-toureiro passou a merecer consideração dos seus conterrâneos, que mais de uma vez o homenagearam com títulos de benemerência pelos serviços prestados, sendo indicado, oportunamente, para exercer uma função pública, na qual poderia contribuir valiosamente em favor das suas campanhas de dignificação do deficiente e de protetor dos animais, bem como auferir um salário para manter digna a existência.

◆

A ascensão do abismo, vencidas as duras etapas de renovação e de crescimento interior, dava-se de forma natural, como resposta da Vida aos sacrifícios e programas dignificantes que estavam sendo vivenciados.

O Espírito pode comprometer-se, e isso acontece amiúde, fazendo-o soçobrar na viagem pelo oceano carnal, singrando águas encapeladas e enfrentando rudes tormentas. No entanto, logo se conscientize da realidade, deve-se impor o dever de reparar todos os males que haja praticado, envidando esforços hercúleos para localizar-se onde deve desenvolver os compromissos de dignificação humana e restauração dos valores que foram desperdiçados ou se perderam por inépcia e descaso pessoal.

Ninguém ascende ao cume da montanha sem passar pelas bases difíceis, muitas vezes cobertas por pedregulhos afiados, cardos pontiagudos, abismos desafiadores... À medida que conquista a altura, mais amplos se lhe fazem os horizontes visuais e mais bela a paisagem se apresenta, enriquecida pelo ar balsâmico e puro da elevação.

Igualmente, no que diz respeito à ascensão moral e espiritual, os primeiros são os desafios mais graves e mais perturbadores, porque a pessoa não lhes está acostumada à presença, equivocando-se a respeito da finalidade e dos objetivos da vida. Vencidas as primeiras etapas, logo se tornam mais exequíveis as próximas conquistas até o momento da vitória.

Don Lorenzo de los Hoyos e aqueles que participaram das suas alucinações, após o abismo em que tombaram, rumavam, felizes agora, em ascensão triunfal.

O Amor de Deus jamais se escusa.

Quedas e ascensão constituem o binômio da luta do Espírito imortal no seu processo de aperfeiçoamento, no rumo que elege para Deus.

Anotações

Anotações

Impressão e Acabamento
Bartiragráfica
(011) 4393-2911